Corazón de Siervo

Corazón de Siervo

Llamamiento irresistible

Si eres dependiente de Dios, entonces eres confiable

A. D. Azpiolea

XULON PRESS

Xulon Press
555 Winderley Pl, Suite 225
Maitland, FL 32751
407.339.4217
www.xulonpress.com

© 2024 por A. D. Azpiolea

Todos los derechos reservados únicamente por el autor. El autor garantiza que todos los contenidos son originales y no infringen los derechos legales de ninguna otra persona u obra. Ninguna parte de este libro puede ser reproducida en ninguna forma sin el permiso del autor. Las opiniones expresadas en este libro no son necesariamente las del editor.

Debido a la naturaleza cambiante de Internet, si hay direcciones web, enlaces o URLs incluidos en este manuscrito, éstos pueden haber sido alterados y pueden ya no ser accesibles. Los puntos de vista y las opiniones compartidas en este libro pertenecen exclusivamente al autor y no reflejan necesariamente los de la editorial. Por lo tanto, el editor no se responsabiliza de los puntos de vista u opiniones expresados expresadas en la obra.

A menos que se indique lo contrario, las citas de las Escrituras están tomadas de la Reina-Valera Revision. Los derechos de autor ©1960.

Paperback ISBN-13: 978-1-66288-936-3
Ebook ISBN-13: 978-1-66288-937-0

DEDICADO A

*A todos aquellos, llamados de Dios
para servirle en el cuidado de sus pequeños
y que aún conservan en la despensa de su alma
intacto, su frasco de alabastro,
lleno de perfume de nardo puro, celestial.*

*Es tiempo de quebrarlo
es tiempo de ser
olor fragante de Cristo
en medio de esta generación*

A.D. Azpiolea

ÍNDICE

Prólogo. xi
Inspiración y contexto xv
Prefacio. xxi

Capítulo I: *Idiomas Espirituales* 3
El cruce del Besor
  "El idioma de las cicatrices" 3
El efod y la higuera
  "El idioma de las vestiduras" 17
El corazón de David
  "El idioma de las actitudes . . . .
El corazón de Dios
  "El idioma de la dependencia" 49

Capítulo II: *La visión del corazón de Dios* 65
Ingredientes y proporciones
  "Edificación coordinada de la verdad" 65
  "El punto de partida"
¿Qué ves cuando miras?
  "La misión de los doce" 83
Mirad a mi
  "Los dos montes" 99
¿Hacia dónde? ¡Señor!
  "El viaje de los siervos" 119

Capítulo III: *El ministro del corazón de Dios* 148
Ungido
  "David: Hijo, Siervo y Rey" 149

Martillo que quebranta la piedra
  "Simón Pedro. Una vez vuelto"............................ 171
Sobrevivientes "CERO"
  "Pecadores o Nacidos de nuevo" 187
Idolatría. En el nombre de Jesús
  ¡Yo! ¡Yo cristiano! ¡Yo siervo!............................. 205

Capítulo IV: *Jehová Jireh* 223
Las primicias
  "Habitando la bendición" 225
Los diezmos
  "La redención del dinero" 237
Las ofrendas
  "Un acto de adoración" 255
Las siembras
  "Siendo parte los unos de los otros" 271

Capítulo V: *Identidad ministerial* 287
La piedad
  "La llave ministerial paulina" 289
Espejos o espejismos
  Imitadores de Cristo..................................... 309
"La palabra del corazón de Dios"
  "Jesús y el fariseísmo" 321
Por la locura de la predicación
  "Buenos días, Atenas" 339

Capítulo VI: *La Predestinación* 353
Elección Divina
  "Para ser adoptados hijos suyos" ....
Vislumbre del carácter de Dios
  "En El no hay sombra de variación" 359
Elegido por El
  "El llamamiento de Dios" (I) 369
La gracia que gracia conquista la justicia
  "El llamamiento de Dios" (II)............................. 381

Capítulo VII: *Un abismo llama otro abismo* 387
Abismo soberano
  "El desafío íntimo del hombre" 389

La mirada puesta en la tierra de Uz
"Delante de Jehová" 399
El cuarto hombre
"El joven de Dios" 417
Desde un torbellino
"Dios responde a Job 425

<u>Capítulo VIII: ¡Avivamientos! La restauración de los púlpitos.</u>....435
El avivamiento de Bet-el (parte I)
"Altares donde derramarse" 437
El avivamiento de Bet-el (parte II)
"Hombres de confianza" 437
El avivamiento a los gentiles (parte I)
"Almas cambiando de reino, no de iglesia" 455
El avivamiento a los gentiles (parte II)
"El estado natural de la iglesia"...................... 455

PRÓLOGO

Para apreciar y aprovechar de mejor manera todo lo expresado en este libro, es bueno conocer al autor, mi hermano y amigo Daniel Azpiolea.

Daniel fue ganado para el Señor por un fiel cristiano, el Pastor Raúl Ameri, quien una tarde fue a visitarlo y le habló del Señor. Daniel recibió a Jesús y nació de nuevo, y fue transformado de un hombre del mundo bien profundo, en un discípulo de Jesús comenzando a servirle de inmediato.

Es Pastor ordenado por una iglesia muy exigente para ello, presbiterio de por medio, examinado por una decena de pastores de experiencia quienes, con gran alegría, recomendaron a la iglesia su ordenación al ministerio pastoral.

Por la gracia del Señor, fui testigo de todo ese proceso, a causa de haber sido el Pastor de la iglesia que lo ordenó.

Todo esto es sin duda muy importante.

Pero abordar la lectura de "Corazón de Siervo" desconociendo lo sucedido previamente, no daría a Dios la gloria suficiente. Tampoco le daría la debida trascendencia que tiene el contenido de estas páginas.

Aquí el hecho que quiero destacar.

Años atrás, Daniel se enferma gravemente, años de hospital, cirugías, una gran lucha por su salud, cuatro años en silla de ruedas, hasta que los médicos llegaron a la conclusión que Daniel partiría de este mundo en poco tiempo.

Su esposa Patricia, muy lejos de entregarse a ese diagnóstico, comenzó un período de oración y clamor, sin rendirse, y nuestro poderoso Dios, sanó a Daniel para la gloria de su Nombre.

Esto es verdad, el Señor lo sanó. Fue un hecho de enorme testimonio para los médicos, quienes no podían salir de su sorpresa, quienes hicieron lo humanamente posible, y lo científicamente posible, pero todo eso no fue suficiente.

También fue un hecho de Dios muy trascendente para la iglesia en Argentina, y entre muchos hermanos, también para mí.

Sorprende a muchos ver hoy a Daniel de pie tras el púlpito predicando el evangelio del reino de Dios, enseñando y escribiendo sobre temas absolutamente necesarios para el liderazgo actual y los que vendrán luego.

Verlo con la soltura, fuerza y unción con la que ministra las verdades de Dios, es para alabar al Señor, por este nuevo propósito en su vida.

Siendo testigo cercano de todo este proceso, debo reconocer que el Señor sanó a Daniel no solamente para quitarle esa enfermedad y dejarlo vivir con su hermosa familia un tiempo más.

Estoy seguro. que Dios lo sanó para darnos a conocer mediante su servicio tras un púlpito, o en centro de capacitación ministerial, o mediante la lectura de este libro, todo aquello que Dios mismo consideró necesario que debemos notar y considerar los siervos de Dios.

De manera muy especial me refiero a todos aquellos que están en este tiempo experimentando la dulce voz de su llamamiento al ministerio.

Todo fue hecho con la guía de Espíritu Santo, siendo yo testigo, *que trabajaron juntos.*

Ha sido impactante para mí el haber permanecido muy cercano a él, y muy especialmente a su esposa, y a sus hijos, en los momentos donde parecía que partiría a la patria celestial, y ahora, estar viendo los resultados de su ministerio, y digo:

"Es imposible que todo esto ocurra sin una intervención poderosa de Aquel, quien todo lo puede. Dios lo consideró fiel para este propósito, lo sanó, y le dio la riqueza espiritual que surge de Corazón de Siervo",

Nos hace notar aquello que nuestro Padre Celestial quiere y pide a quienes se encargarán del cuidado de su rebaño.

Amo a Daniel, amo a Patricia su esposa, y amo a sus hijos. A todos ellos los vi crecer, y hoy me alegro muchísimo haber sido su Pastor, y serlo todavía, según él así lo expresa.

Dios lo sanó para el cumplimiento de su propósito, el cual ya podemos comenzar a ver y disfrutar. Nos llevará a una introspección profunda, muy necesaria y saludable para acudir al servicio del Todopoderoso.

Es mi oración a Dios, que él forme en cada lector un corazón de siervo

Pastor, Juan Calcagni

Pastor Juan Calcagni

"Inspiración y contexto"
CHARLES HADDON SPURGEON.

Extracción del libro: *"Discurso a mis estudiantes"* <paginas 40-41>

El que centenares hayan errado su camino y tropezado contra un púlpito, es un hecho desconsolador pero evidente, que se deja ver en **la esterilidad de los ministerios** y en el decaimiento de las iglesias que nos rodean.

Es una calamidad espantosa para un joven errar su vocación; y por lo que hace a la iglesia sobre la cual se impone, **el conflicto en que su yerro la mete** es de los más penosos que se puede imaginar.

Cuando pienso en los males, sin contar, que pueden resultar de un error en cuanto a nuestra vocación para el pastorado cristiano, me siento abrumado por el temor de que alguno de nosotros se muestre remiso en el examen de sus respectivas credenciales; y preferiría que nos halláramos en grande duda y nos examináramos muy a menudo, a que nos constituyéramos en estorbo de esa profesión. No faltan muchos métodos exactos por los cuales puede un hombre sujetar a prueba en sí mismo acerca de ese punto.

Una vez **teniendo asegurada su salvación personal,** le es menester investigar lo que haya sobre el asunto ulterior de su llamamiento a este cargo: lo primero, (su salvación) tiene para él un interés "vital" como cristiano, lo segundo, (el llamamiento) lo tiene igualmente "vital" para él, cómo pastor.

Es lo mismo profesar el cristianismo, sin conversión
que ser pastor sin vocación

¡En ambos casos se adopta un nombre, y nada más!

CAPÍTULO UNO
Idiomas espirituales

Prefacio

TEMAS DE ESTE CAPÍTULO

El cruce del Besor
"El Idioma las cicatrices"

El efod y la higuera
"El idioma de las vestiduras"

El corazón de David
"El idioma de las actitudes"

El corazón de Dios
"El idioma de la dependencia"

PREFACIO

Las Sagradas Escrituras del *"Antiguo Testamento"* fueron escritas en su mayoría, para Israel, el pueblo adquirido por Jehová Dios.

Pero a diferencia de cualquier libro que narra la historia de determinado pueblo o nación, las Sagradas Escrituras, son *"Inspiradas por Dios"*.

Podemos afirmar, que Dios escogió hombres para que cuenten la historia, *"pero escogió a cada uno de esos hombres muy cuidadosamente, los llenó con su Espíritu y los inspiró para que hagan esa tarea"*

Muchos de nosotros las hemos aprendido, las preciosas historias de Israel y de los siervos del Señor, tal como están escritas, desde temprana edad en las escuelas dominicales de nuestras iglesias. Hemos atesorado esas historias en nuestro corazón por años, y nos han bendecido siempre, las recordamos y las contamos a nuestros hijos. ¡Y damos Gloria a Dios por ello!

Ahora bien, todos nosotros hemos crecido en muchos aspectos. Hemos crecido en edad, hemos crecido en conocimiento de Dios; hemos crecido en fe, y han crecido exponencialmente nuestras responsabilidades.

Algunos de nosotros ya tenemos compromisos con el púlpito, y aquellos que hoy están aquí, y aún no tienen ese tipo de compromisos, muy pronto los tendrán, sin duda alguna.

"Corazón de Siervo, fue concebido para ayudar a todos los siervos del Señor, algunos quienes ya han acudido a la preciosa voz de su llamado, y muchos otros que están experimentando el irresistible deseo de servir al Señor; añadiendo conocimiento pero, sobre todo, contarles para provecho, nuestras vivencias, experiencias dadas por el Señor, en el hermoso camino que emprendimos al servirle.

Experiencias y testimonios de aquellas personas valiosas en Dios, quienes, a través del tiempo, Él mismo ha puesto en nuestros caminos para bendecirnos.

Deliberadamente hablo en plural para describir mejor este trabajo en particular. Servir al Señor, atender a su llamado, ir a la tierra que nos mostrará, no solo me ha involucrado a mí, por el contrario, en mi caso en particular vinimos todos, esposa hijo e hijas a la tierra del llamado, ¡y ha valido la pena!

El plan de Dios para el desarrollo de su ministerio ha comenzado mucho antes que nosotros naciéramos, el llamado que usted recibió fue cuidadosamente planeado por Dios hasta que cada uno de nosotros hayamos llegado al momento adecuado para oírlo y poder contestar: **"Heme aquí, Señor, envíame a mí"**.

Y ese ministerio suyo, concebido desde antes de la creación del mundo, ahora está en nosotros, **"Y no nos ha dejado solos"**, fiel a su promesa.

Imperceptiblemente, nos ha rodeado, nos ha provisto de pastores que nos cuiden, de maestros que nos enseñen, de hombres y mujeres de fe que nos desafíen, de hombros disponibles en donde derramar algunas lágrimas, de manos que se extienden a nuestro favor, de brazos que saben de abrazos.

Él nos ha dado todo para ponernos un día, de pie frente a un púlpito, en un altar de Dios,

Con muchos ojos que nos miran, y algunas oraciones secretas como la mía hoy, diciendo: *"Padre, usa a tu siervo, habla a mi corazón"*.

Usted ha sido llamado
Usted es un siervo de Jesucristo
Usted fue hecho por él, y para él

PREFACIO

Él es la puerta de las ovejas

Y nos fue conferida la responsabilidad de darle al pueblo de Dios, un mensaje de parte del Padre.

Pero Dios por medio del Profeta Isaías, dice esto:

"Porque como desciende de los cielos la lluvia y la nieve, y no vuelve allá, sino que riega la tierra, y la hace germinar y producir, y da semilla al que siembra, y pan al que come, así será mi palabra que sale de mi boca; no volverá a mí vacía, sino que hará lo que yo quiero, y será prosperada en aquello para que la envié". (Isaías 55: 10/11).

Ahora podemos agregar una conclusión más completa, diciendo que:

La palabra de Dios es como la lluvia o la nieve que caen del cielo; pero bajo el cielo, no solamente está Israel, sino que están todas las demás naciones de la tierra.

Además, agrega que: Así como la lluvia cumple con su propósito de germinar la tierra y no vuelve al cielo sin fruto, también la palabra de Dios no volverá a Él vacía sin cumplir el propósito por el que fue enviada.

Cómo aplicar la palabra de Dios:

- *Como toda historia, la misma relata los hechos ocurridos, quienes fueron los actores de tales hechos, y que hizo cada uno de los que participaron de esos hechos.*
- *En las Escrituras del Antiguo Testamento, se cuentan las historias del pueblo de Israel en diferentes momentos y situaciones.*
- *Las historias particulares de quienes guiaban al pueblo de Israel en cada momento hayan sido profetas, jueces, reyes, gobernantes, los padres de ellos, los hijos de ellos, con el propósito de conservar todos los hechos históricos que dan origen a su identidad como pueblo de Dios.*
- *Los componentes del pueblo de Israel son irrepetibles, quienes los guiaban son irrepetibles, las circunstancias son irrepetibles,*

los motivos y razones son irrepetibles, y las reacciones de cada uno de los actores también son irrepetibles.

Dios ha escogido cuidadosamente a aquellos que somos o seremos sus siervos. Y cuando nos llamó a cada uno de los que aquí estamos, no lo hizo por cuanto sabemos, no lo hizo por capacidad intelectual, **"solamente nos vio y se dijo: He aquí en él o en ella, puedo confiar"**

Para tener en cuenta:

- *Las historias narradas en el Antiguo Testamento son verdad.*
- *El primer receptor ha sido Israel.*
- *El receptor de hoy está frente a usted.*
- *La palabra de Dios sigue siendo viva y eficaz.*
- *Debe penetrar hasta partir el alma y el espíritu.*
- *Y no debe regresar a Él vacía, sin cumplir su cometido.*

Teniendo en cuenta estas premisas, vamos a adentrarnos en el primero de nuestros "Entrenamiento de capacitación ministerial".

Veamos un ejemplo de dos versiones diferentes:

- **(Juan 16:14)** *<versión Reina Valera 1960>*

"El me glorificará, porque tomará de lo mío y os lo hará saber."

- **(Juan 16:14)** *<versión Sagradas Escrituras 1569>*

"El me clarificará, porque tomará de lo mío y os lo hará saber"

En la actualidad somos afortunados en contar con varias versiones traducidas de los textos bíblicos porque nos ayudan a tener cabal entendimiento de la palabra de Dios.

En este caso la traducción de 1569 nos muestra que el Espíritu Santo nos **"clarificará"** al tiempo que necesitemos compartir una verdad de Dios, a su pueblo.

PREFACIO

No es que Dios haya mantenido las verdades de su Palabra en secreto, sino que, simplemente El da luz sobre el texto, cuando El considera necesario que su pueblo comprenda ese texto en su total dimensión.

Para que esto pase, quien primeramente debe comprender la total dimensión de ese texto, es aquel quien Dios ha elegido para que lo comparta.

El mismo Señor que me ha llamado, me ha hecho comprender algunos aspectos "no muy populares" del ministerio. El mismo Señor, me ha hecho comprender algunos aspectos también "no muy populares" respecto a la predicación de su Palabra.

Él es el Dios de los cielos, su palabra es su voz, y su voz demanda "fidelidad" en la voz de cada uno de nosotros, los llamados a servirle.

Comprendí que mi llamamiento en esta etapa de mi vida es: *"hacer notar al pueblo de Dios, algunos íntimos detalles"*

Es su Palabra
Es su siervo
Es su pueblo
Es su propósito
Es en su tiempo
Es en su voluntad

A. D. Azpiolea

CAPÍTULO UNO

IDIOMAS ESPIRITUALES

"El cruce del Besor"
El idioma de las cicatrices

Texto focal: 1 Samuel 30: 1/ 19

Cuando David y sus hombres vinieron a Siclag al tercer día, los de Amalec habían invadido el Neguev y a Siclag, y habían asolado a Siclag y le habían prendido fuego.

Y se habían llevado cautivas a las mujeres y a todos los que estaban allí, desde el menor hasta el mayor; pero a nadie habían dado muerte, sino se los habían llevado al seguir su camino.

Vino, pues, David con los suyos a la ciudad, y he aquí que estaba quemada y sus mujeres y sus hijos e hijas habían sido llevados cautivos.

Entonces David y la gente que con él estaba alzaron su voz y lloraron, hasta que les faltaron fuerzas para llorar.

Las dos mujeres de David, Ahinoam jezreelita y Abigail la que fue mujer de Nabal el de Carmel, también estaban cautivas.

Y David se angustió mucho, porque el pueblo hablaba de apedrearlo, pues todo el pueblo estaba en amargura de alma, cada uno por sus hijos y por sus hijas; más David se fortaleció en Jehová su Dios.

Y dijo David al sacerdote Abiatar hijo de Ahimelec: Yo te ruego que me acerques el efod. Y Abiatar acercó el efod a David.

Y David consultó a Jehová, diciendo: ¿Perseguiré a estos merodeadores? ¿Los podré alcanzar? Y él le dijo: ¡Síguelos! Porque ciertamente los alcanzarás, y de cierto librarás a los cautivos.

Partió, pues. David, él y los seiscientos hombres que con él estaban, y llegaron hasta el torrente de Besor, donde se quedaron algunos.

Y David siguió adelante con cuatrocientos hombres; porque se quedaron atrás doscientos, que cansados no pudieron pasar el torrente de Besor. (1 Samuel 30: 1/10)

<u>Llorar hasta no tener fuerzas para seguir llorando.</u>

En agosto 23 de 2005, mucha gente fue azotada por la tragedia del huracán Katrina.

No muchos días después, cierto domingo, recibí muy temprano la llamada del Consultante Hispano en la Asociación Bautista de Dallas, mi querido amigo, Pastor Eduard Valdez pidiéndome que me ocupara de estar antes de las 8 a m, en el *"Reunión Arena de Dallas"*, donde estaban provisoriamente las personas de New Orleans, damnificadas por esa tragedia, recibiendo las primeras atenciones por parte del Estado de Texas, y la Comuna de Dallas, para celebrar un Servicio a Dios entre los hispanoparlantes.

Muchas de esas personas estaban en una situación parecida a lo narrado en el texto bíblico Algunos tenían desaparecidos a familiares cercanos y nada se sabía entonces de ellos.

El propio Señor me confió estar compartiendo su amor entre personas que no tenían fuerzas para seguir llorando.

Varios recibieron ese día al Señor como Salvador de su alma, a otros, el dolor los cegaba, y en estos casos solo pude llorar con ellos en silencio.

Cuento este testimonio porque, a decir verdad, nadie se puede preparar de antemano como siervo del Señor para estar en medio de tal situación, ministrando. Con quienes me lo permitieron, sólo les pude compartir acerca del *"Corazón de Dios"*, que pongan en Él, su confianza.

Pastor Eduard Valdez y su esposa Joy

<u>En amargura de alma.</u>

La amargura del alma es producto de una profunda tristeza que carcome la mente y las emociones de los que la padecen.

El pueblo sentía tener *"el derecho"* a permitir que tal sentimiento los gobierne.

"Creían tener derecho a la ira", y el corazón niega todo tipo de reconciliación, gobernado ya por un espíritu inmundo, antes bien está propensa a explotar y que sea bien notorio que tal cosa proviene de su corazón.

La amargura del alma conduce esa ira sin contención a la justificación de actos de violencia.

- ***Y David se angustió mucho, porque el pueblo hablaba de apedrearlo***

El hecho que cambia el rumbo de la historia:

Dios pone de manifiesto el corazón de su siervo David.

Los corazones de los siervos de Dios *"siempre"* son puestos de manifiesto al pueblo.

Dios pone de manifiesto a su pueblo aquello que él mismo, ya ha hecho en el corazón de sus siervos.

"Antes que te formase en el vientre te conocí…" (Jeremías 1: 5)

Hay momentos en que algunos creen que los siervos del Señor, somos una especie de súper héroes o algo por el estilo.

Nada de eso, en momentos como este, los sentimientos afloran, y las lágrimas se derraman, y la preocupación nos juega una mala pasada por un poco de tiempo.

¡Tan solo por un poco de tiempo!

El pueblo de Dios debe ser guiado, y los que servimos a Dios lo tenemos claro.

El pueblo de Dios debe ser sacado de tal estado y los que servimos a Dios lo tenemos claro.

Claro que luego Dios mismo se encarga de intervenir en nuestras vidas para que nuestro corazón de siervos se manifieste.

Resumidas cuentas, Dios mismo procura que el pueblo vea claramente con qué corazón el siervo del Señor los está guiando y de donde proviene tal guianza.

Buscar fuerzas en Él, para guiar a Su pueblo, hacia donde Él nos lo indique.

David fue el único de entre seiscientos hombres, que busco fortaleza en Dios.

El efod.

"Te ruego que me acerques el efod." – dijo David a Abiatar –

Más adelante me referiré a esto y haremos un desarrollo más profundo, pero que bueno es preguntarnos:

¿Por qué David vistió un efod sacerdotal para consultar a Jehová?

David consultó a Jehová, así, como cualquier niño lo hace con su padre, mostrando total dependencia de Dios.

Entonces le pregunta al Señor lo siguiente:

¿Los perseguiré?

¿Los podré alcanzar?

La respuesta de Dios fue categórica: ¡Síguelos porque ciertamente los alcanzarás!

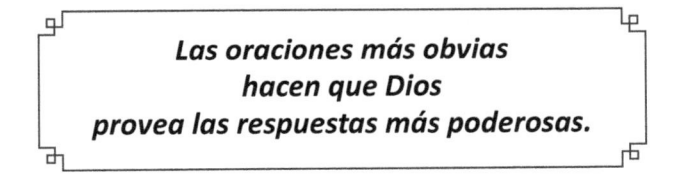

> **Las oraciones más obvias hacen que Dios provea las respuestas más poderosas.**

Veamos una ley del reino de Dios:

"El que es fiel en lo muy poco, también en lo más es fiel; y el que en lo muy poco es injusto, también en lo más es injusto" (Lucas 16: 10)

¿Qué espera Dios de sus siervos?

Si eres dependiente de Él
Entonces eres confiable

El Besor.

- *Partió pues David, con 600 hombres*
- *Partió pues David, con una promesa*

- *Partió pues David, fortalecido en Dios*

Descripción geográfica del Torrente de Besor.

El río Besor nace en el Monte Boker, actualmente Franja de Gaza. En su nacimiento es producto de deshielos que bajan en su primer trayecto a modo de "torrente".

Luego de haber descendido la ladera del Monte Boker, se convierte en un manso río zigzagueante.

Seguramente los amalecitas, que llevaban tres días de ventaja y consigo una carga extra por todas las pertenencias de David y de sus hombres, caminaron algunos kilómetros extras, hasta llegar a la parte de aguas mansas, y poder cruzar con todas las mujeres y niños que llevaban cautivos, más las pertenencias de todos ellos.

Cuando el Señor le dice a David: ¡Síguelos! ¡Los alcanzaras! Ciertamente no estaba en sus planes caminar kilómetros extras, hasta llegar a la parte más mansa del río.

De cara al torrente

¡Precisamente por el lugar de máxima bravura!

<u>**Veamos otra aplicación de este texto.**</u>

- *Si Dios dice que es por acá, significa que es por ahí y por ningún otro lugar*

Cabe resaltar que ese torrente lleva río abajo, todo lo que viene arrancando el agua corriendo en medio de una zona boscosa, corta ramas y troncos, arrastra tierra y piedras; y todo eso impacta en el cuerpo de esos hombres que con prisa, iban al rescate de sus amados.

Y esa tierra arrastrada por el agua a gran velocidad, lastimó los ojos de esos hombres, y esos troncos y ramas lastimaron sus cuerpos duramente.

¡Pero el rescate era más grande que el dolor!

Doscientos no lo lograron. Pero los cuatrocientos ayudándose unos con otros, aguantando los lógicos dolores llegaron a la otra orilla,

¡*Tan solo porque David los condujo en el nombre del Señor!*!

Esto define los caracteres. Definitivamente no es lo mismo haber cruzado que no haber podido.

Aplicación espiritual:

> *La iglesia que realiza la tarea de salvación tiene cicatrices*
> *Cuatrocientos conquistadores de victorias*
> *Doscientos narradores de victorias*

De nosotros depende.

No es lo mismo ni entonces ni ahora, dar un testimonio personal, que contar el testimonio que vivió alguien más.

La recompensa es la misma, y de una u otra manera se da la "Gloria a Dios"

Tanto los que cruzaron recuperaron todo, como así también, los que no pudieron.

La decisión de David ante los planteos de injusticia por parte de los cuatrocientos fue, que todos recuperen todo lo saqueado, tanto los que cruzaron como los que no.

Y por supuesto que todos también recuperaron sus familias.

Y vino David a los doscientos hombres que habían quedado cansados y no habían podido seguir a David, a los cuales habían hecho quedar en el torrente de Besor, y ellos salieron a recibir a David y al pueblo que con él estaba.

Entonces todos los malos y perversos de entre los que habían ido con David, respondieron y dijeron: Porque no fueron con nosotros, no les daremos del botín que hemos quitado, sino a cada uno su mujer y sus hijos; que los tomen y se vayan.

Y dijo David: No hagáis eso, hermanos míos, de lo que nos ha dado Jehová, quien nos ha guardado, y ha entregado en nuestra mano a los merodeadores, que vinieron contra nosotros.

¿Y quién os escuchará en este caso? Porque conforme a la parte del que desciende a la batalla, así ha de ser la parte del que se queda con el bagaje; les tocará parte igual.

Desde aquel día en adelante fue esto por ley y ordenanza en Israel, hasta hoy. (1 Samuel. 30:21/25)

De Jehová es la victoria
lo que nos ha dado Dios, es de Dios

Cicatrices que gritan ¡Salvación!

Porque es parte de la identidad que Dios nos ha dado.

¡Es gratis, pero jamás será barata! (Isaías. 55:1).

Cuáles fueron las características de la iglesia:

A través de los tiempos la iglesia ha manifestado trastornos de identidad en este sentido.

Olvidamos de dónde venimos y adónde vamos; *¡y esto es exactamente lo mismo, a olvidar quienes somos!*

Todo pasa cómodamente, domingo tras domingo.

El protestantismo en su totalidad, se auto proclama *"sucesores de la iglesia primitiva".*

"Y precisamente, nuestra fe se hizo madura viviendo de lucha en lucha"

Somos la descendencia de una iglesia "signada" por cicatrices.

IDIOMAS ESPIRITUALES

Desde sus comienzos, y no cuento con ello, las muertes de "profetas", "sacerdotes", sino desde Juan el bautista, aquel profeta cuya *"vos clamaba en el desierto" ¡Preparando el camino del Señor!*, hasta el último de los mártires del siglo XXI.

Quienes no anhelan las cicatrices de la historia
aquellas que fueron producto de una obediencia extrema

No han entendido a Cristo todavía

Tal vez no nacimos ni en el lugar, ni el momento en que tal fidelidad derivada en "obediencia" haya tenido que ser puesta a prueba.

Tal vez el propio Señor se ha provisto de otros hermanos y consiervos para esa tarea.

No hemos tenido el honor de dar la vida por causa de su nombre

Solo puedo agregar a esto, que, al leer sobre la vida de todos esos hermanos en Cristo Jesús, mi corazón se conmueve y aparece delante de mí la misma pregunta de parte del Señor, cada vez: ¿Qué hubieras hecho si te hubiese convocado a ti?

Las cicatrices de la obediencia son un idioma espiritual

Las cicatrices en el amigo del esposo por denunciar la decadencia moral de Herodes

- *La cabeza de Juan, en un plato da testimonio da testimonio*

Las cicatrices del Señor Jesús, el Cristo de Dios

- *Las cicatrices de los azotes dan testimonio.*
- *Las cicatrices de las espinas clavadas dan testimonio.*
- *Las cicatrices de los clavos en sus manos y pies dan testimonio.*
- *La cicatriz en su costado del filo de una lanza da testimonio.*

Las cicatrices que respaldan las palabras cuentan el testimonio

Funciona como una especie de identificación.

A la mayoría de nosotros, no nos ha tocado padecer cicatrices, visibles o palpables; pero sin duda alguna, llevamos en algún lugar de nuestro ser, cicatrices que el Señor reconoce.

En su presencia, quizás un día nos acaricie una de esas cicatrices y sonría, diciéndonos:

¡Me recuerdo de esta! ¡Ha valido la pena!

Luego dijo a Tomas: pon aquí tu dedo y mira mis manos; y acerca tu mano y métela en mi costado; y no seas incrédulo, sino creyente.

Entonces Tomás respondió y le dijo: !Señor mío y Dios mío! (Juan 20: 27/28)

Entonces vi el cielo abierto, y he aquí un caballo blanco, y el que lo montaba se llamaba Fiel y verdadero y con justicia juzga y pelea.

Sus ojos eran como llamas de fuego, y había en su cabeza muchas diademas y tenía un nombre escrito que ninguno conocía sino él mismo.

Estaba vestido de una ropa teñida en sangre y su nombre es el Verbo de Dios.

Y los ejércitos celestiales, vestidos de lino finísimo, blanco y limpio, les seguían en caballos blancos. (Apocalipsis 19: 11/14)

- *El Cordero de Dios va delante, exhibiendo sus cicatrices que denotan su identidad*
- *La esposa lo sigue, con vestiduras impecablemente blancas y sin mancha*

Las cicatrices son preponderantes para lo que está escrito:

A fin de conocerle, y el poder de su resurrección, y la participación de sus padecimientos, llegando a ser semejantes a Él en su muerte. (Filipenses. 3: 10)

Conocerle en real magnitud

Experimentar el poder de su resurrección

Participar de sus padecimientos

Ser semejantes a él, en su muerte

Cicatrices en sus discípulos, testimonio de su fidelidad

- *Las persecuciones dan testimonio.*
- *Las apedreadas dan testimonio.*
- *Las enfermedades sufridas dan testimonio.*
- *Las torturas dan testimonio.*
- *Las muertes dan testimonio.*

Cicatrices en los mártires, testimonios de su devoción

- *Las presiones por negar su Nombre dan testimonio*
- *Los chantajes que amenazan a sus familias dan testimonio.*
- *Sus cuerpos torturados dan testimonio.*
- *Sus muertes tortuosas y violentas dan testimonio.*

Cicatrices en los perseguidos, testimonios de su amor

- *Sus temores dan testimonio.*
- *Sus persecuciones físicas y mentales dan testimonio.*
- *Sus torturas dan testimonio.*
- *Sus muertes dan testimonio*

**Las cicatrices son "el testimonio
de "haber dado testimonio"
del amor de Dios**

Somos un pueblo que sabe que por alguna razón el Señor nos ha puesto siempre aguas para cruzar por delante.

> **La libertad es al otro lado del Mar Rojo**
> **La tierra de la promesa es al otro lado del Jordán El mundo, es al otro lado del Besor.**

La iglesia del Señor debe ir al mundo, y al mismo tiempo, debe impedir que el carácter del mundo se manifieste en la iglesia

"No os conforméis a este siglo…" Romanos 12: 2

"Id por todo el mundo y predicar el evangelio…" Marcos. 16: 15

David y sus hombres llegaron a ellos

Los llevó, pues; y he aquí que estaban desparramados sobre toda aquella tierra, comiendo y bebiendo y haciendo fiesta, por todo aquel botín que habían tomado de la tierra de los filisteos y de la tierra de Judá.

Y los hirió David desde aquella mañana hasta la tarde del día siguiente; y no escapó de ellos ninguno, sino cuatrocientos jóvenes que montaron sobre los camellos y huyeron. (1 Samuel 30:16/17)

La iglesia que llega al mundo.

Cuando la iglesia llega al mundo, lo hace a través de sus ministerios

*Los ministerios son su ejército
esa es la manera dispuesta por El
no hay otra manera*

*Amado pastor, fortalezca los ministerios
Edifique ministerios
Priorice los ministerios que asoman pujantes*

No sé qué imagen tiene cada uno de sí mismo.
Ser parte de Cristo es ser parte de sus luchas.
Ser hijos de Dios no tiene ninguna relación con la comodidad.

- *Enfrentamos el fariseísmo. Y "Vencimos".*
- *Crucificaron a Jesús. Resucitó al tercer día, Y "Vencimos"*
- *Torturaron y mataron a nuestros apóstoles. Y "Vencimos"*
- *Mataron a nuestros mártires por no negar su Nombre. Y "Vencimos"*
- *Enfrentamos el oprobio de Roma. Y "Vencimos".*
- *Enfrentamos persecuciones y muertes por los Césares. Y "Vencimos"*
- *Enfrentamos a la religión oficial Romana. Y "Vencimos"*
- *Enfrentamos el paganismo Moro. Y "Vencimos"*
- *Enfrentamos en toda época, doctrinas de demonios. Y seguimos "Venciendo"*

El Señor y estos tiempos nos demandan actitudes valientes.
Para salvar las almas es necesario estar listos para pagar los precios.

¡Cristo viene! ¿Cómo nos encontrará?

IDIOMAS ESPIRITUALES
"El efod y la higuera"
El idioma de las vestiduras

Cuando David y sus hombres vinieron a Siclag al tercer día, los de Amalec habían invadido el Neguev y a Siclag, y habían asolado a Siclag y le habían prendido fuego.

Y se habían llevado cautivas a las mujeres y a todos los que estaban allí, desde el menor hasta el mayor; pero a nadie habían dado muerte, sino se los habían llevado al seguir su camino.

Vino, pues, David con los suyos a la ciudad, y he aquí que estaba quemada y sus mujeres y sus hijos e hijas habían sido llevados cautivos.

Entonces David y la gente que con él estaba alzaron su voz y lloraron, hasta que les faltaron fuerzas para llorar.

Las dos mujeres de David, Ahinoam jezreelita y Abigail la que fue mujer de Nabal el de Carmel, también estaban cautivas.

Y David se angustió mucho, porque el pueblo hablaba de apedrearlo, pues todo el pueblo estaba en amargura de alma, cada uno por sus hijos y por sus hijas; más David se fortaleció en Jehová su Dios.

Y dijo David al sacerdote Abiatar hijo de Ahimelec: Yo te ruego que me acerques el efod. Y Abiatar acercó el efod a David.

Y David consultó a Jehová, diciendo: ¿Perseguiré a estos merodeadores? ¿Los podré alcanzar? Y él le dijo: ¡Síguelos! Porque ciertamente los alcanzarás, y de cierto librarás a los cautivos.

Partió, pues. David, él y los seiscientos hombres que con él estaban, y llegaron hasta el torrente de Besor, donde se quedaron algunos.

Y David siguió adelante con cuatrocientos hombres; porque se quedaron atrás doscientos, que cansados no pudieron pasar el torrente de Besor. (1 Samuel 30: 1/10).

Un Efod y el peso de una historia.

Te ruego que me acerques el efod, – dijo David a Abiatar -

Estas palabras de David son el comienzo de la victoria postrera.

Cabe resaltar que tras la muerte de su padre Ahimelec, el sucesor por derecho adquirido a ser *"El Sumo Sacerdote"*, era Abiatar.

Notar esto nos permite comprender la trascendencia de esas palabras, especialmente en el plano espiritual.

Podemos hacer una breve conclusión respecto de las vestiduras que Dios da a sus siervos, el efod es una vestidura dada por Dios que refleja la identidad que Dios ha dado al siervo que la viste.

El efod lo viste *"el que consulta a Dios"*, y ningún otro. Es una vestidura sacerdotal ordenada muy cuidadosamente por Dios a Moisés para que su hermano Aarón y sus hijos la vistieran y sean distinguidos.

Y David consultó a Jehová. (1 Samuel 30: 7/10)

Pero hay una poderosa razón para que David hiciera esto; y para ponerlo en contexto escritural, vamos a conocer lo ocurrido en este sentido, anteriormente.

La matanza de los sacerdotes.

Previamente, algo sumamente trágico y dramático había acontecido.

Este hecho nos aporta luz a nuestro entendimiento porque nos dicen porque David tuvo ese comportamiento con Abiatar.

Entonces Doeg edomita, que era el principal de los siervos de Saúl, respondió y dijo: Yo vi al hijo de Isaí que vino a Nob, a Ahimelec hijo de Ahitob, el cual consulto por el a Jehová y le dio provisiones y también le dio la espada de Goliat el filisteo. (1 Samuel 22: 9/10).

Es importante que incorporemos estas verdades en el contexto apropiado en el cual ocurrieron.

- *David estaba siendo perseguido por Saúl, "para matarlo."*
- *Quiero decir con esto que, si no entendemos que todo aconteció en un contexto de guerra, pues, entonces estaremos entendiendo mal.*
- *David fue avistado por Doeg en Nob, en ocasión de ir en busca del Sumo Sacerdote Ahimelec, padre de Abiatar para consultar a Jehová.*
- *Dice más aún, que Ahimelec consultó a Jehová por David, y le dio provisiones, y la espada que era de Goliat el filisteo.*

Dios puso en el corazón de David, responsabilidad sobre la vida de Abiatar porque su padre Ahimelec fue muerto junto con otros ochenta y cuatro sacerdotes, tan solo porque habían visto a David con ellos

Y el rey [Saúl] dijo: Sin duda morirás Ahimelec; tú y toda la casa de tu padre. (1 Samuel 22: 15/16)

… entonces dijo el rey a Doeg el edomita: Ve tú y arremete contra los sacerdotes. Y mató aquel día a ochenta y cinco varones que vestían efod de lino. Y a toda la ciudad de Nod. (1 Samuel 22: 18/19).

Dios pone de manifiesto el corazón pastoral de David.

Pero uno de los hijos de Ahimelec llamado Abiatar, escapó

Abiatar avisó a David. (de lo acontecido en Nod)
Dijo David: "Yo he causado esas muertes".
Quédate conmigo, no temas. Conmigo estarás a salvo
Y aconteció que cuando Abiatar huyó siguiendo a David a Keila con el efod en su mano. (1 Samuel 22: 20/23)

Yo he causado esas muertes. -Dijo David -

Con profunda certeza reconozco que lo dicho por David, son expresiones contundentemente pastorales.

A los pastores se les confiere autoridad para "tomar decisiones". Pues bien, tan cierto como esto, es que a los pastores se les confiere la responsabilidad de hacerse cargo de estas, hayan sido bien tomadas o con error.

David tomó responsabilidad por la matanza de los sacerdotes. Ya no tenía como repararlo, pero si podía volver a tomar una nueva responsabilidad:

El cuidado y protección de Abiatar, hijo de Ahimelec.

- *Quédate conmigo*
- *No temas*
- *Conmigo estarás a salvo*

A modo de testimonio personal. Y pagando con honra a quien merece ser honrado.

Estando recién llegado a los Estados Unidos, fui invitado a un retiro espiritual para pastores, un viernes y sábado realizado en Mont Lebanon, preciosas instalaciones en las afueras de Dallas,

En un tiempo en el que éramos todos ministrados por el Señor, se me acercó el *Pastor Lynn Godsey*, Siervo del Señor y tuvimos el siguiente diálogo:

- *Pastor Godsey: ¿Como te llamas?*
- *Daniel,-le contesté -*

- *Pastor Godsey: Dios habló a mi corazón y me mandó que te dijese, Daniel, que seré tu amigo desde hoy y para siempre; que ya no estás solo.*

No fueron exactamente las mismas palabras de David a Abiatar, pero son del mismo peso espiritual. Debo decir que mi amado Pastor Lynn Godsey ha sido fiel al Señor hasta hoy, y que además de mi Pastor ha sido mi amigo y mentor en el peregrinaje junto a mi familia.

Pastor Lynn Godsey

Dios siempre, pero siempre, en el momento oportuno pone de manifiesto el corazón de sus siervos.

Es puesta de manifiesto la obra de Dios, en el corazón de sus escogidos para este, Su propósito.

Oro a Dios para que desde ahora hasta que venga a buscarnos, estas manifestaciones de los corazones de sus siervos ocurran con naturalidad y frecuencia.

Lo que sigue es la descripción de una acción de David, infrecuente hasta entonces.

Dios pone de manifiesto el corazón sacerdotal de David.

¡Te ruego que me acerques el efod y lo vistió!

¡Consultó a Jehová!

No repitió el mismo error, pidiendo que Abiatar vistiera el efod que revelara su identidad y consultara a Jehová en su lugar.

- *Partió, pues, David, con los hombres y la promesa de Dios*
- *Y cruzó el torrente de Besor.*
- *Y rescató a todas las personas y todas las posesiones.*
- *Cumpliendo así, lo dicho por el Señor en intimidad*
- *Esta secuencia es el cumplimiento del segundo desafío.*
- *Las vestiduras son nuestra identidad ante Dios.*

Aplicación espiritual.

Porque todos los que han sido bautizados en Cristo, de Cristo estáis revestidos. (Gálatas 3: 27). <ver referencia contextual en *Marcos 10: 38*>

Vestiduras, idioma espiritual

El idioma de las vestiduras o ausencia de desnudez:

Nos es menester hacer un recorrido escritural para que tengamos una idea cabal de este tema.

- *La desnudez está relacionada con la conciencia.*
- *Las vestiduras están relacionadas con la identidad*

En Edén, tras la desobediencia y la manifestación del pecado, Adán y la mujer (aún no se le había dado un nombre), tuvieron conciencia de lo que habían hecho:

Entonces fueron abiertos los ojos de ambos, y conocieron que estaban desnudos; entonces cosieron hojas de higuera, y se hicieron delantales.

Y oyeron la voz de Jehová Dios que se paseaba por el huerto, al aire del día; y el hombre y su mujer se escondieron de la presencia de Jehová Dios entre los árboles del huerto. (Génesis. 3: 7/8).

Primer concepto aplicado.

- ¡La desnudez habla! ¡Al igual que las vestiduras hablan!
- La desnudez pone de manifiesto "el pecado", lo exhibe, y este avergüenza
- Y Jehová Dios hizo al hombre y a su mujer túnicas de pieles, y los vistió

Segundo concepto aplicado.

- *El pecado y su vergüenza provoca que el hombre, desde Edén hasta ahora, intente cubrirlo con obras de bien.*
- ¡Dios enseña que haga el hombre lo que haga, es insuficiente! <Ver referencia contextual Efesios 2: 8/9>
- En un acto de amor, los cubrió con pieles para que entiendan que solo Jehová Dios puede vestirnos y quitar la vergüenza del pecado".
- ¡Y Él lo hizo, en Jesús, el Cristo! <ver referencia contextual Romanos 5: 1/2>

Pero Dios, en su amor, quiso honrar a los que se ocupan de las cosas santas.

Y dijo a Moisés: Y harás vestiduras sagradas a Aarón tu hermano, para honra y hermosura.

Y tú hablarás a todos los sabios de corazón, a quienes yo he llenado de espíritu de sabiduría, para que hagan las vestiduras de Aarón, para consagrarlo para que sea mi sacerdote. (Éxodo. 28:2/3)

Note que Dios pone de manifiesto Su corazón. Lo habla con Moisés y le encarga esta tarea:

¡Y harás vestiduras sagradas a Aarón, tu hermano!

Y dio orden a Moisés, que encargue esta confección sumamente detallada a hombres a quienes, Él mismo, ha llenado de espíritu de sabiduría.

No le pidió a Moisés que convocara a sastres y modistos, varones o mujeres de renombre por realizar esta tarea con distinción y elegancia.

¡No! Dijo a Moisés: Hombres a quienes Él mismo proveyó de espíritu de sabiduría, para que puedan aplicarla a tamaña confección de vestidura.

¡No se trata de vestimenta, se trata de vestiduras!

> *¡El deseo de Dios no es "cubrir", por el contrario, es "dar honra!*
> *¡Dotar de vestiduras es un acto de Dios!*

Y amaba Israel a José más que a todos sus hijos, porque lo había tenido en su vejez; y le hizo una túnica de diversos colores" (Génesis. 37: 3).

Desde que leí o escuche de este pasaje por primera vez, lo relacioné con la *"Gracia de Dios"* en la primera carta de *Pedro 4: 10* hablando de la gracia, usa el término: *"multiforme gracia"*, y por alguna razón, al Señor le ha placido que yo relacione la capa de José, definiéndola como: *"La multicolorida gracia"*

Volviendo a Jacob, otra vez, esto es una muestra de confianza de parte de Dios, hacia el que le sirve.

Cuando acudimos a Su llamado,
Dios se agrada, pero más aún,
El hace notorio su agrado.

Todo lo que hacemos en santidad y amor, cuenta con el respaldo de Dios, y sépalo muy bien, las personas lo notan.

Tercer concepto aplicado.

- *Dios nos provee de santas vestiduras, que dan cuenta de nuestra nueva identidad en Cristo Jesús, y que somos sus siervos y ejercemos un real sacerdocio. ¡Real por ser de la realeza de un reino inalterable y eterno!*

Dile a Sebna el mayordomo: ¿Que tienes tú aquí, o a quién tienes aquí que labraste aquí, sepulcro para ti, como el que en "lugar alto" labra su sepultura, o el que esculpe para sí, morada en una peña? (Isaías. 22: 15b/16).

La palabra de Dios nos cuenta lo ocurrido con Sebna, quien fue mayordomo del Rey, quien había caído en el pecado de "orgullo" "superioridad".

Y dio rienda suelta a su *"vanagloria"* comprando una tierra sobre una peña, en lugar alto y construyó allí, un sepulcro, esculpido, labrado, con la intención de inmortalizar su nombre.

El texto sigue, y Dios le da la sentencia por su pecado, pero luego hace algo que debemos notar, y meditar mucho en ello:

Oh vergüenza de la casa de tu señor.

Y te arrojaré de tu lugar, y de tu puesto te arrojaré"

En aquel día llamaré a mi siervo Eliaquim hijo de Hilcías, "y lo vestiré de tus vestiduras, y lo ceñiré de tu talabarte, y entregaré en sus manos tu potestad. (Isaías 22: 18b/21a)

… Y pondré la llave de la casa de David sobre su hombro;

Y abrirá, y nadie cerrará; cerrará y nadie abrirá. (Isaías. 22: 22)

Para observar y meditar en ello.

- *Dios llama a Sebna: ¡Oh vergüenza de la casa de tu señor! Tal vergüenza fue traída por el pecado.*

Corazón de Siervo

- *¡Te arrojaré de tu puesto y de tu lugar!*
- *¡A Eliaquim mi siervo, lo vestiré con tus vestiduras!*
- *¡Puso sobre su hombro las llaves de David!*

Cuarto concepto aplicado.

- *Las vestiduras de honra que Dios da, no se pueden vestir con vanagloria en el corazón.*
- *Cuando el siervo deja de manifestar el carácter de Dios ya no puede ser usado, porque deja de andar a su semejanza.*
- *¡Dios se proveerá de siervo a quien vestir de honra!*
- *¡Y puso sobre su hombro las llaves de David!* **(Simbología de Cristo) (Apocalipsis. 3: 7).**

¿Le gustaría recibir una correspondencia desde la Isla de Patmos?

El remitente es el Espíritu Santo y la letra es del apóstol Juan.

Yo conozco tus obras, pero necesitas hacer las obras que hacías al principio (Apocalipsis. 2: 1/7) <parafraseado>.

Vendrán tribulaciones sobre ti, pero no temas, Sé fiel hasta la muerte y te daré la corona de la vida. (Apocalipsis. 2: 8/11) <parafraseado>.

Te he llamado para ser de bendición, guarda la sana doctrina para que nadie tropiece. (Apocalipsis. 2: 12/17) <parafraseado>.

Te he puesto para que disciernas sobre los que dicen ser profetas que seducen a mi pueblo al pecado de "fornicación". (Apocalipsis. 2: 18/29) <parafraseado>.

¡Arrepiéntete! Guarda los pocos que no han manchado sus vestiduras. (Apocalipsis. 3: 1/6) <parafraseado>.

No tienes mucha fuerza, pero has guardado mi palabra. Reten lo que tienes para que ninguno tome tu corona (Apocalipsis. 3: 7/13) <parafraseado>.

Vuelve a la santidad. Para ser rico compra de mí, vestiduras blancas para vestirte (santidad), y que no se descubra la vergüenza de tu desnudez. (Apocalipsis. 3: 14/22) <parafraseado>.

Las apariencias

Un idioma de la Carne con aparente *"lenguaje espiritual"*

En el espíritu del mundo las apariencias son una carta de presentación absolutamente mentirosa.

Es la excusa que el enemigo siembra en las personas sin Cristo para que idolatren:

- *Sus mentes*
- *Su condición social*
- *Su condición económica*
- *Sus posesiones*
- *Sus cuerpos*
- *La lista es demasiado larga*

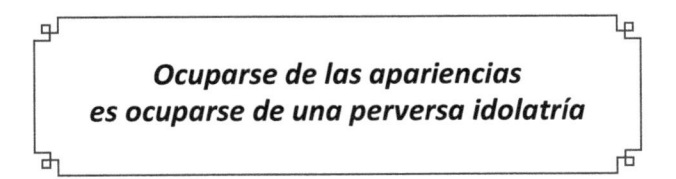

> **Ocuparse de las apariencias es ocuparse de una perversa idolatría**

Por tal razón el Señor enseña a su iglesia a no confiar en lo que parece ser, todo lo contrario.

El indica con claridad meridiana a sus siervos los profetas, a sus siervos los discípulos, y estos ejerciendo su apostolado lo enseñan a la iglesia, que la mirada de sus hijos "debe" estar puesta en otras cosas.

Jehová respondió a Samuel: No mires su parecer. ni a lo grande de su estatura, porque Yo lo desecho; porque Jehová no mira lo que mira el hombre; pues el hombre mira lo que está delante de sus ojos, pero Jehová mira el corazón. (1 Samuel. 16: 17)

El idioma espiritual de los frutos

La enseñanza y advertencia de Jesús es contundente

> *Vienen lobos vestidos de ovejas*
> *Por sus frutos los conoceréis*
> *¿Se recogen uvas entre espinos?*
> *¡El árbol bueno da buenos frutos!*
> *¡El árbol malo da frutos malos!*
>
> *Esta es una ley del reino de los cielos*
> *Una verdad inalterable*
> *(Mateo. 7: 15/20)*

Saldrá una "vara del tronco" de Isaí, y un vástago retoñará de sus raíces.

Y reposará sobre él, el Espíritu de Jehová, espíritu de sabiduría y de inteligencia, espíritu de consejo y de poder, espíritu de conocimiento y de temor de Jehová.

Y le hará entender diligente en el temor de Jehová.

No juzgará según la vista, ni argüirá (sentenciará) por lo que oigan sus oídos; sino que juzgará con justicia a los pobres, y argüirá con equidad por los mansos de la tierra; y herirá la tierra con la vara de su boca, y con el espíritu de sus labios matará al impío.

Y será la justicia, cinto de sus lomos, y la fidelidad ceñidor de su cintura. (Isaías. 11: 1/5)

Note este mensaje de Dios.

¡Esto es de cumplimiento histórico y secuencial!

- *Saldrá una vara*
- *Del tronco de Isaí*

- *Y un vástago retoñará*
- *De sus raíces*
- *¡Recién después de esto, menciona inmensidad de frutos!*

Esta es una manifestación de un corazón, tratado por Dios, en sus siervos pastores y maestros, y a su iglesia en su totalidad.

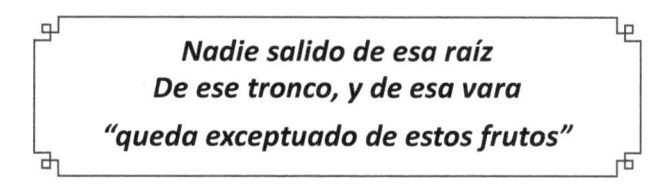

> *Nadie salido de esa raíz*
> *De ese tronco, y de esa vara*
> *"queda exceptuado de estos frutos"*

El apóstol Pablo, dice:

No nos recomendamos a nosotros mismos, pues, otra vez a vosotros, si no os damos ocasión de gloriarnos para que tengáis que responder a los que se glorían en las apariencias y no en el corazón. (2 Corintios. 5: 12)

Hablar de sí mismos es algo complicado para los humildes de corazón; pero para él de corazón altivo, es moneda corriente.

Se inventaron cosas como el Currículum Vitae o Resume, para que sea la carta de presentación laboral de las personas; me resulta bastante curioso que dicha presentación escrita por uno mismo sea escrita con total imparcialidad.

Jesús dice a los religiosos de entonces y de siempre.

Así también vosotros, por fuera, a la verdad, os mostráis justos a los hombres, pero por dentro estáis llenos de hipocresía e iniquidad. (Mateo. 23: 28)

En resumen:

Hemos visto por la Palabra de Dios, que Él tiene un rechazo radical por las apariencias engañosas, y nos alerta a que seamos extremadamente cuidadosos de ellas.

Jesús pone de manifiesto *"que ser por fuera algo que no se es por dentro, "es nefasto" y trae consecuencias terribles para quienes lo practican".*

Los tales están en falta delante del Señor, como así también ponen el alto riesgo a quienes son ministrados por estos.

Aplicación espiritual final:

La higuera.

Al día siguiente, cuando salieron de Betania, tuvo hambre. Y viendo de lejos una higuera que tenía hojas, fue a ver si tal vez hallaba en ella algo; pero cuando llegó a ella, nada halló sino hojas, pues no era tiempo de higos. Entonces Jesús dijo a la higuera: Nunca, jamás coma nadie de ti. Y lo oyeron los discípulos.

Vs 20: Y pasando por la mañana, vieron que la higuera se había secado desde las raíces. (Marcos. 11: 12/13).

> *Tuvo hambre y vio a lo lejos una higuera*
> *Noto que era frondosa por sus hojas*
> *Removió las hojas y al ver que no había fruto*
>
> *La maldijo*

Otra vez más, el Señor mostrando su desaprobación por las apariencias, ya sea en quienes las practican como así también, quienes las valoran.

Podemos sentir el corazón del Señor diciendo:

> *Nada peor que tener la apariencia*
> *De tener con qué alimentar a mis pequeños*

Y cuando estos vienen a ti, solo tienes hojas

Viendo la multitud, subió al monte; y sentándose, vinieron a él sus discípulos. Y abriendo su boca le enseñaba. (Mateo. 5: 1/2)

Si bien no hay evidencia geográfica del sitio exacto donde esto ocurrió, tenemos la certeza que ocurrió en un monte.

Tampoco hay evidencia en los Evangelios que el Señor Jesús haya repetido esta o alguna otra enseñanza nunca.

Por esta razón los evangelistas las nombran con un sesgo geográfico; la ubicación donde ocurrieron cosas de suma importancia:

- *El sermón del monte*
- *Orando en Getsemaní*
- *El endemoniado de Gadara*
- *El sembrador de Galilea*
- *La mujer cananea en Tiro y Sidón*
- *El monte donde se transfiguró*

Menciono esto, para resaltar que cada enseñanza del Señor es tan única y especial que se las reconoce por su contenido, y se las referencia por el lugar donde fueron dadas.

… y no sobró al que había recogido mucho, ni faltó al que había recogido poco; cada uno recogió conforme a lo que había de comer. Y les mandó Moisés: Ninguno deje nada de ello para mañana. Y recogían cada mañana, cada uno según lo que había de comer, y luego que el sol calentaba, se derretía. (Éxodo. 16: 18/ 21)

Para reflexionar.

Notamos claramente que el Señor relaciona con un sólido propósito, la ministración de su Palabra con el alimento.

¿Por qué le parece que hace tal relación?

Mas él respondiendo, dijo: No solo de pan vivirá el hombre, sino de toda palabra que sale de la boca de Dios. (Mateo. 4: 4)

Menuda tarea nos confió el Señor al darnos la obligación de enseñar a Su pueblo, Su Palabra.

La palabra no es nuestra
El pueblo tampoco

Entonces, yo he llegado a la conclusión que, para cumplir con amor, temor y reverencia el trabajo que me fue encomendado debo aceptar y enamorarme de estos preceptos:

La palabra de Dios no es mía, es de Dios. (No puedo decidir yo, que decirle de Su parte, a Su pueblo)

La apariencia de tener alimento debe ser respaldada con alimento

Así como Jesús nos dejó mensajes únicos y perfectamente identificables, así también es el mensaje que me dará a conocer para el domingo que viene.

Así como el maná, el alimento de Dios es nuevo cada mañana.

Sus misericordias nuevas son cada mañana; grande es tu fidelidad. (Lamentaciones. 3: 22/23)

Jehová el Señor me dio lengua de sabios, para saber hablar palabras al cansado; despertará mañana tras mañana, despertará mi oído para que oiga como los sabios. Jehová el Señor me abrió el oído, y yo no fui rebelde, ni me volví atrás. (Isaías. 50: 4/5).

Nadie puede tener una lengua de plata
Sin haber tenido previamente, oídos de oro

Debo reconocer que a partir del día en que dispuse mi corazón enteramente a predicar bajo estos preceptos, el Señor me ha puesto a prueba.

Las pruebas a las que hago mención fueron para que aprendiera a confiar que Él pondría sus palabras en mi boca.

Me ha tocado estar días buscando en su seno que decirle a su pueblo, y él siempre ha llegado cuando él lo ha considerado oportuno.

Me ha tocado subir al púlpito sin que Dios me haya dicho cuál era su mensaje para ese día, para ese lugar, para ese pueblo y no por haber actuado negligentemente.

No fueron muchas veces, pero, en cada una de ellas, fue tan solo pisar el altar, en fe, y su palabra sobreabundó en mi corazón.

Yo no sé cómo hará Dios con cada uno de quienes, a partir de hoy, adopten esta manera de vivir la *"Predicación del Evangelio"*. Pero si el Señor le ha hablado, pues es menester obedecer.

Ningún consejo mejor que escuchar Su voz por medio de David diciendo:

Escucha. Oh, Jehová mis palabras
considera mi gemir
está atento a la voz de mi clamor
Rey mío y Dios mío
porque a ti oraré

Oh, Jehová, de mañana oirás mi voz
De mañana me presentaré ante ti
Y esperaré

(Salmos. 5: 1/3).

IDIOMAS ESPIRITUALES
El idioma de las actitudes
El hijo, el Siervo, el Rey

Cuando David y sus hombres vinieron a Siclag al tercer día, los de Amalec habían invadido el Neguev y a Siclag, y habían asolado a Siclag y le habían prendido fuego.

Y se habían llevado cautivas a las mujeres y a todos los que estaban allí, desde el menor hasta el mayor; pero a nadie habían dado muerte, sino se los habían llevado al seguir su camino.

Vino, pues, David con los suyos a la ciudad, y he aquí que estaba quemada y sus mujeres y sus hijos e hijas habían sido llevados cautivos.

Entonces David y la gente que con él estaba alzaron su voz y lloraron, hasta que les faltaron fuerzas para llorar.

Las dos mujeres de David, Ahinoam jezreelita y Abigail la que fue mujer de Nabal el de Carmel, también estaban cautivas.

Y David se angustió mucho, porque el pueblo hablaba de apedrearlo, pues todo el pueblo estaba en amargura de alma, cada uno por sus hijos y por sus hijas; más David se fortaleció en Jehová su Dios.

Y dijo David al sacerdote Abiatar hijo de Ahimelec: Yo te ruego que me acerques el efod. Y Abiatar acercó el efod a David.

Y David consultó a Jehová, diciendo: ¿Perseguiré a estos merodeadores? ¿Los podré alcanzar? Y él le dijo: ¡Síguelos! Porque ciertamente los alcanzarás, y de cierto librarás a los cautivos.

Partió, pues. David, él y los seiscientos hombres que con él estaban, y llegaron hasta el torrente de Besor, donde se quedaron algunos.

Y David siguió adelante con cuatrocientos hombres; porque se quedaron atrás doscientos, que cansados no pudieron pasar el torrente de Besor. (1 Samuel 30: 1/10)

En este tramo de esta serie, Dios me ha movido a proponerle un desafío no muy habitual.

La manera de cómo nos relacionamos con el Padre es tan particular como única.

Por tal razón es un desafío para mí, hablar con ustedes de esto, ya que, es si se quiere, algo privativo entre Dios y cada uno de nosotros.

David, a lo largo de su preciosa vida se relacionó con Dios de una manera extremadamente sublime e íntima.

Su relación como joven pastor de las ovejas de su padre Isaí, su relación como Siervo ungido de Dios, su relación como Rey de Judá, y su relación como Rey de Israel, ha ido creciendo siempre, pero nunca ha cambiado de esencia.

Si tienen la oportunidad de leer el libro: "El tesoro de David" de Charles H. Spurgeon serán ricamente bendecidos en los aspectos relacionales con el Padre.

El Pastor Spurgeon pasó 20 años profundizando en el libro de los Salmos, particularmente los davídicos, lo que derivó en ese libro que les menciono, el cual realmente enriqueció mi vida.

Después de un extenso trabajo, si se le puede llamar así, Dios le reveló aspectos de su relación con David, los cuales el Pastor Spurgeon los consideró "un tesoro".

Dios me ha movido a abordar este aspecto de nuestras vidas como cristianos y como siervos, y para ello, qué mejor que atesorar ciertos aspectos de las experiencias fruto de una relación única de la vida de David.

En este punto de esta serie, debemos extremar nuestra atención, porque aun siendo siervos del Señor, Él nos hablará a todos en general y sobre todo en particular.

Amado, disponga su corazón.

Mas ahora tu reino (Saúl) no será duradero. Jehová ha buscado un varón conforme a Su corazón. Al cual Jehová ha designado para que sea Príncipe sobre su pueblo, por cuanto tú no has guardado lo que Jehová te mandó. (1 Samuel. 13: 14)

Como siervos de Dios debemos admitir que algunas cosas que el Señor nos ha pedido, aún no las hemos llevado a cabo; yo debo estar primero en la fila de los que tenemos cosas pendientes.

Es de buen siervo entendido en la palabra de Dios, conocedor de las maneras en que el Señor nos ha hablado desde siempre, reconocer que, si no nos alineamos con el Señor, seguramente viene otro tras nosotros, llamado, elegido, y enviado por Dios.

Quitado éste (Saúl), les levantó por Rey a David, de quien dio también testimonio diciendo: He hallado a David, hijo de Isaí, varón conforme a mi corazón, quien hará todo lo que Yo quiero. (Hechos. 13: 22)

Amados, el Señor está mirando ahora mismo nuestros corazones y nos dice: *Aún hay tiempo, el tiempo es ahora, a partir de hoy y para lo que viene; ¡cuento contigo!*

¿Por qué David fue David?

Dios no hace referencia al carácter moral de David. De hecho, es muy cuestionable a los ojos de los hombres, su moralidad, y como bien sabemos, a lo largo de todo este tiempo que pasemos juntos a la luz de su palabra, haremos varias veces menciones, y pondremos especial atención que Dios, nos ha dejado reflejada la verdad, honrando a todos conforme a sus obras, con equidad meridiana.

Dios hace referencia al amor y compromiso de David. Siempre buscando al Señor en sus caminos, buscando a su guía, siguiendo su Palabra.

Su fidelidad a la Ley de Dios, lo hizo distinto a los ojos del Padre.

Reconocemos que David fue moralmente cuestionable, pero no olvidamos que Dios declara por medio del profeta Samuel que, (nosotros) los hombres, vemos aquello que está frente a nuestros ojos; más Jehová, mira el corazón.

Experimentado en arrepentimientos agradable a Dios

Veamos una verdad de las Sagradas Escrituras con respecto a una sutil relación entre el arrepentimiento y la autoridad, a los ojos de Dios

La autoridad "natural" viene del poder del ejemplo
Dios restaura la autoridad caída
Por medio del arrepentimiento genuino

Y cuando terminó Jesús estas palabras, la gente se admiraba de su doctrina; porque les enseñaba como quien tiene autoridad, y no como los escribas. (Mateo. 7: 28/29).

En estos tiempos el concepto de autoridad está algo tergiversado en muchos púlpitos.

> **La autoridad que Dios da a sus siervos se traduce en respaldo**
>
> **Tal respaldo estará íntimamente relacionado con su fidelidad a la palabra de Dios.**

<Ver aplicación contextual, Juan 14: 20/21; Juan 15: 20>

Todo el pueblo estaba en amargura de alma... más David se fortaleció en Jehová. (1 Samuel 30: 6)

Veamos cuál era la situación y cuál era el entorno en medio del cual David hizo lo que hizo.

- *Era un momento de angustia extrema*
- *Era una situación en la cual no sabía qué hacer*
- *Estaba obligado como líder de su gente a tomar una decisión crucial*
- *Teniendo miedo, como es lógico*
- *Estaba rodeado de sus hombres sumergidos en "amargura de alma"*
- *Estaba solo, en medio de sus dirigidos*
- *Y estos. hablaban de matarlo.*

En medio de ese cuadro de situación

- *David dejó de mirar las circunstancias y puso sus ojos en Dios.*
- *David fue el único que buscó fuerzas en Dios.*
- *Esas actitudes son las que manifiestan un corazón diferente.*

Dios llevó a David por sus caminos a fin de que esté a la altura de aquello para lo cual Dios lo llamó.

A David le fue dada una identidad forjada por medio de una relación íntima extraordinaria, y dicha identidad lo llevó a tener conductas, a veces difíciles de comprender.

Pero por sobre todas las cosas, esa identidad, correspondida hizo que Dios dijese:

Jehová se ha buscado un varón conforme a su corazón
(1 Samuel. 13: 14)

Más precisamente me refiero a una pregunta que me he hecho varias veces, mientras leía a David: ¿Cómo se animó a hacer esto?

En otro relato David llega donde Ahimelec, sacerdote, y tenía hambre, él y sus hombres y muy simplemente, sabiéndose hijo y actuando en calidad de hijo, le dijo al sacerdote: ¿Tienes algo que comer?

Así el sacerdote Ahimelec le dio el pan sagrado, porque allí no había otro pan sino los panes de la proposición. (1 Samuel. 21: 6).

David es David por muchísimas razones
David es David porque supo ser Rey
sin olvidar de cómo ser hijo

Conceptos para meditar en Dios, y aplicar:

Debemos encontrar la ecuación justa de cómo servirle con la madurez de hoy y la dulzura de la relación primera

> *David siendo rey, actuaba como hijo*
> *Siendo hijo actuaba como siervo,*
> *Siendo siervo actuaba como rey,*

para que el mismo Señor le confiara
conducir los destinos de Israel, Su pueblo.

Cuando David hizo censar al pueblo, provocó la ira de Dios, la cual se manifestó en una peste terrible.

David despojándose de todo, fue a Dios como 'intercesor' y habló con el Padre de esta manera:

Y dijo David a Dios: ¿No soy yo el que hizo contar al pueblo?

Yo mismo soy el que pequé, y ciertamente he hecho mal; pero estas ovejas, ¿Qué han hecho?

Jehová Dios mío, sea ahora tu mano contra mí, y contra la casa de mi padre, y no venga peste sobre tu pueblo.

Y el ángel de Jehová ordenó a Gad que dijese a David que subiese y construyese un altar a Jehová en la era de Ornán jebuseo (1 Crónicas. 21: 17/18)

No puso excusas
No culpó a ningún otro
Solo le dijo: Sea tu mano sobre mi

¡Aspectos de una relación poco común,
derivan en actos también, poco comunes!

Este Ornan es el mismo llamado Arauna, mencionado en *(2 Samuel. 24:15/25)*, el cual, al ver llegar a David a su era, lo recibió y tuvo en su corazón darle a David su era para que construya el altar a Jehová.

David respondió con otra manifestación de su relación con Dios, diciendo:

No ofreceré a mi Dios
holocaustos que no me cuesten nada

(2 Samuel. 24:24)

Sea un buscador de concordancias conceptuales

Contextualizando la palabra de Dios

- **David,** *Padre no pongo excusas, no culpes a otro, sea tu mano sobre mí. (1 Crónicas 21: 17)*

- **Jesús,** Padre, si quieres, pasa de mí esta copa, pero no se haga mi voluntad sino la tuya. (Lucas 22: 42)
- **Pablo,** Desearía yo mismo ser anatema, separado de Cristo, por amor de mis hermanos. (Romanos 9: 3/5)

Yo conozco tus obras…. Pero tengo contra ti, que has dejado tu primer amor.

Recuerda, por tanto, de dónde has caído, y arrepiéntete, y haz las primeras obras.

(Apocalipsis. 2: 2/5)

Como sin darnos cuenta, poco a poco, ya no jugamos con Él; ya no le preguntamos qué color de camisa comprar; y lo más terrible;

No diferenciamos cuando nos habla personalmente de cuando nos da palabra para su pueblo

Ha habido ocasiones en las que el Señor me ha regañado tan solo por no saber escuchar. Y digo tan solo, no pretendiendo minimizar la acción de ser malo para escuchar, por el contrario.

¡Es trágico que los siervos de Dios no seamos buenos para escucharlo!

Debemos saber diferenciar con certeza

- *¡Que me está diciendo a mi*
- *¡Que le quiere decir a su pueblo, yo incluido!*
- *¡Porque ser su siervo, no nos hace de una casta distinta!*
- *¡Me habla a mi porque soy su hijo!*
- *¡Me habla a mi porque es mi Padre!*
- *Me habla a mi porque me ha confiado el evangelio*

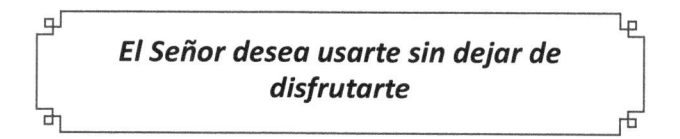

El Señor desea usarte sin dejar de disfrutarte

¿Cómo podremos enseñar a ser hijos si ya no lo recordamos?

La estatura espiritual de una congregación no puede superar la de quien la conduce

El Dios de los milagros / El Dios de los procesos.

La madurez la da el Dios de los procesos.

- *En el mundo, la madurez llega mayormente, con el transcurrir del tiempo. Transitamos por la vida; crecemos, aprendemos, estudiamos, trabajamos; y la suma de todas estas vivencias, producen cierto tipo de madurez.*
- *Muy distinto es como obtenemos madurez los hijos de Dios; y mucho menos aquellos que conforme a su propósito hemos sido llamados.*
- **En nuestro caso la madurez es el fruto de una relación profunda.**
- **El tiempo en el que desarrollamos nuestro ministerio nos da experiencia, pero estamos hablando de madurez, y eso amado, es otra cosa.**

Mas tú, cuando ores, entra en tu aposento, y cerrada la puerta, ora a tu Padre que está en secreto; y tu Padre que ve en lo secreto te recompensará en público. (Mateo 6: 6)

Refiriéndome a mi relación personal con mi Padre, necesito compartirles que una de las peores cosas que me han pasado, y me han dañado a mí, y han dañado mi relación con mi Padre ha sido:

¡Asumir y presumir que esta me la se!

Probablemente le haya pasado lo mismo a usted, o le esté pasando en este mismo momento que escucha o lee este versículo, tan pero tan conocido por todos; seguramente lo hemos leído cientos de veces.

Y estamos pensando: Bueno, sea lo que sea que dijere ahora, "ya me la sé".

Abriendo mi corazón, les cuento que por años creí que esto era algo que debía de hacer porque me interesaba la promesa de recompensa en público.

En otras palabras, puedo afirmar juntamente que:

Cuando Dios nos recompensa en público, probablemente sea para algunos, la parte más gratificante del ministerio.

Hoy, ya con algo más de madurez, me uno al Apóstol Pablo diciendo lo mismo, pero por diferente razón:

¡Miserable de mí! ¿Quién me librará de esta, mi mediocridad?
Y fue el propio Señor Jesucristo quien me libró de eso
Mateo 6:6: No es algo aparentemente conveniente
Es un principio espiritual de índole relacional

- *Este texto no nos dice dónde está el Padre aguardando por cada uno de nosotros*
- *Este texto nos declara como está el Padre esperando por cada uno de nosotros*
- *El Padre está en secreto porque quiere ser buscado fervientemente por cada uno de nosotros.*

**La recompensa pública de Dios
es la consecuencia de una búsqueda obediente
a un principio espiritual y relacional.**

El trato justo de un Padre justo.

Porque tú lo hiciste en secreto; más yo haré esto delante de todo Israel y a pleno sol.

Entonces David dijo a Natán: Pequé contra Jehová.

Y Natán dijo a David: También Jehová ha remitido tu pecado; no morirás.

Más por cuanto con este asunto hiciste blasfemar a los enemigos de Jehová, el hijo que te ha nacido ciertamente morirá.

Y Natán se volvió a su casa.

Y Jehová hirió al niño que la mujer de Urías había dado a David, y enfermó gravemente.

Entonces David rogó a Dios por el niño; y ayunó David, y entró y pasó la noche acostado en tierra.

Y se levantaron los ancianos de su casa, y fueron a él para hacerlo levantar de la tierra, más él no quiso, ni comió con ellos pan.

Y al séptimo día murió el niño; y temían los siervos de David hacerle saber que el niño había muerto, diciendo entre sí: "Cuando el niño vivía, le hablábamos y no quería oír nuestra voz"

¿Cuánto más se afligirá si le decimos que el niño ha muerto?

Mas David, viendo a sus siervos hablar entre sí, entendió que el niño había muerto; por lo que dijo David a sus siervos: ¿Ha muerto el niño? Y ellos respondieron: Ha muerto.

Entonces David se levantó de la tierra, y se lavó y se ungió, y cambió sus ropas, y entró a la casa de Jehová y adoró. Después vino a su casa, y pidió, y le pusieron pan, y comió.

Y le dijeron sus siervos: ¿Qué es esto que has hecho? Por el niño, viviendo aún, ayunabas y llorabas; y muerto él, te levantaste y comiste pan.

Y él respondió: Viviendo aún el niño, yo ayunaba y lloraba, diciendo:

¿Quién sabe si Dios tendrá compasión por mí y vivirá el niño?

Mas ahora que ha muerto, ¿Para qué he de ayunar?
¿Podré yo hacerle volver?

Yo voy a él, más él, no volverá a mí. (2 Samuel. 12: 12/23)

Tú pecaste en lo secreto. (La responsabilidad por Urías heteo esposo de Betsabé)

Yo Jehová, haré esto frente a Israel y a pleno sol.

Al nacer el hijo de David y Betsabé, Dios decidió que el niño debía estar con él, en su presencia.

David puso su rostro en el lodo pidiendo perdón.

Clamó, lloró e imploró por compasión por él, no por el niño. (vs. 22/23)

Todas estas cosas, hizo David mientras el niño aún vivía

Tras la muerte del niño David se incorporó, se higienizó.

Entró a la casa de Jehová y adoró.

Note otra vez más, el fuerte paralelismo con el Señor Jesús.

Y les dijo: Mi alma está muy triste, hasta la muerte; quedaos aquí y orad. Yéndose un poco adelante, se postró en tierra y oró que, si fuese posible, pasase de aquella hora.

Y decía: Abba, Padre, todas las cosas son posibles para ti; aparta de mí esta copa; mas no lo que yo quiero, sino lo que tú. (Marcos. 14: 34/ 36)

Oremos al Dios de los cielos por cada uno de sus siervos, en todo lugar del mundo donde estén sirviendo al Altísimo.

Que todos en unidad, dispongamos nuestros corazones, dispuestos a ser tratados, a ser preparados para servir al Altísimo.

Que apacentemos su grey eficazmente, buscando la santidad en todo momento sin la cual nadie podrá verle.

Que estos tiempos finales nos encuentre preparados y preparando a nuestros hermanos, sus piedras vivas, la iglesia del Dios viviente, columna y baluarte de la verdad.

IDIOMAS ESPIRITUALES
"El corazón de Dios"
El idioma de la dependencia

Cuando David y sus hombres vinieron a Siclag al tercer día, los de Amalec habían invadido el Neguev y a Siclag, y habían asolado a Siclag y le habían prendido fuego.

Y se habían llevado cautivas a las mujeres y a todos los que estaban allí, desde el menor hasta el mayor; pero a nadie habían dado muerte, sino se los habían llevado al seguir su camino.

Vino, pues, David con los suyos a la ciudad, y he aquí que estaba quemada y sus mujeres y sus hijos e hijas habían sido llevados cautivos.

Entonces David y la gente que con él estaba alzaron su voz y lloraron, hasta que les faltaron fuerzas para llorar.

Las dos mujeres de David, Ahinoam jezreelita y Abigail la que fue mujer de Nabal el de Carmel, también estaban cautivas.

Y David se angustió mucho, porque el pueblo hablaba de apedrearlo, pues todo el pueblo estaba en amargura de alma, cada uno por sus hijos y por sus hijas; más David se fortaleció en Jehová su Dios.

Y dijo David al sacerdote Abiatar hijo de Ahimelec: Yo te ruego que me acerques el efod. Y Abiatar acercó el efod a David.

Y David consultó a Jehová, diciendo: ¿Perseguiré a estos merodeadores? ¿Los podré alcanzar? Y él le dijo: ¡Síguelos! Porque ciertamente los alcanzarás, y de cierto librarás a los cautivos.

Partió, pues. David, él y los seiscientos hombres que con él estaban, y llegaron hasta el torrente de Besor, donde se quedaron algunos.

Y David siguió adelante con cuatrocientos hombres; porque se quedaron atrás doscientos, que cansados no pudieron pasar el torrente de Besor.

Y hallaron en el campo a un hombre egipcio, el cual trajeron a David, y le dieron pan, y le dieron a beber agua. Le dieron también un pedazo de masa de higos secos y dos racimos de pasas. Y luego que comió, volvió en él su espíritu porque no había comido pan ni bebido agua en tres días y tres noches. Y le dijo David:

¿De quién eres tú, y de dónde eres? Y respondió el joven egipcio: Yo soy siervo de un amalecita, y me dejó mi amo hoy hace tres días porque estaba yo enfermo; pues hicimos una incursión a la parte del Neguev que es de los cereteos, y de Judá, y al Neguev de Caleb; y pusimos fuego a Siclag. Y le dijo David: ¿Me llevarás tú a esa tropa? Y él dijo: Júrame por Dios que no me matarás, ni me entregarás en mano de mi amo, y yo te llevaré a esa gente. Lo llevó, pues; y he aquí que estaban desparramados sobre toda aquella tierra, comiendo y bebiendo y haciendo fiesta, por todo aquel gran botín que habían tomado de la tierra de los filisteos y de Judá. Y los hirió David desde aquella mañana hasta la tarde del día siguiente; y no escapó de ellos ninguno, sino cuatrocientos jóvenes que montaron sobre los camellos y huyeron. Y libró David todo lo que los amalecitas habían tomado…
(1 Samuel 30: 1/18)

<u>Pastores y líderes de un pueblo llamado a creer.</u>

¿Qué es lo que separa a la iglesia del mundo?

Porque todo lo que es nacido de Dios vence al mundo; y esta es la victoria que ha vencido al mundo, nuestra fe. (1 Juan. 5: 4)

Porque tú eres pueblo santo para Jehová tu Dios; Jehová tu Dios te ha escogido para serle un pueblo especial, más que todos los pueblos que están sobre la tierra. (Deuteronomio 7: 6)

Este pueblo escogido debía poseer una cualidad única, el tal debería vivir confiadamente, andar en paz, y tomar cada desafío que la vida le propone, por fe y no por vista.

Estos tiempos actuales podemos ver con claridad que vivimos en un mundo cada vez más volcado a la racionalidad, es en consecuencia, cada vez más, tomado por locura el hecho de que ciertas personas vivan por fe. Un mundo cada vez más deteriorado en sus valores morales, considerando *"pasados de moda los valores morales propuestos por Dios"*.

Las personas sin Dios son cada día más distintas a aquellos llamados a vivir por fe. Cada día que pasa les cuesta más explicar un milagro sin llamarlo como tal.

Cada día que pasa les cuesta más explicar porque hay personas nacidas de nuevo, dándoles la espalda al mundo de ellos.

Cada día que pasa les cuesta más explicar nuestras acciones sin caer en calificativos peyorativos.

Para el mundo, nosotros, los que vivimos por fe estamos "cada vez más locos"

Y no pueden notar "que sus vidas, cada día, están más alejadas de Dios

Las acciones que David realizó luego de haber cruzado el Torrente de Besor, son dignas de ser admiradas por aquellos que no creen en Dios, y por aquellos que sí creemos, ya que de una u otra manera estos actos de David nos dejarán una enorme lección de vida.

Entonces David y su gente que con él estaba alzaron su voz y lloraron Hasta que les faltaron fuerzas para llorar. (1 Samuel 30 :4)

- *¡Viviendo una situación trágica!*
- *¡Una situación que desgarraba su vida y la de sus hombres!*
- *David se fortaleció en Jehová su Dios (1 Samuel 30: 6c)*
- *¡En un acto sublime de su dependencia de Dios!*
- *¡Dios contestó la oración de David!*
- *¡Síguelos, porque ciertamente los alcanzarás!*
- *¡Y salió David por fe, creyendo una promesa!*

Dios pone de manifiesto en su siervo David, un corazón lleno de misericordia y sabiduría.

- *Este pasaje de las escrituras nos muestra el nivel de sensibilidad que David tenía con Dios.*
- *Este pasaje nos deja ver el enorme nivel de dependencia de Dios que había en David.*
- *Esto hizo que David sea diferente a todos.*

Cuando Samuel, siervo de Dios, profeta a Israel, fue enviado a ungir a un hijo de Isaí de Belén,–según lo narrado en *1 Samuel 16: 10/12* – nos hace notar el detalle divino, minucioso, preciso, de la elección de Dios. Estos dos versículos, viéndolos profundamente son de enorme bendición, están llenos de simbolismo santo, que nosotros sabremos notar.

¿Dónde estaba David?

- *David estaba donde estaban las ovejas –*

¿Qué instrucciones tenía Samuel de parte de Dios?

- *Samuel, no pongas atención a su apariencia, ni a su estatura, ¡no estamos buscando otro Saúl!*

Entonces David, confiado, extremadamente confiado, en la promesa recibida de Dios, debía estar sumamente atento a cada detalle, a cada hecho por menor que pareciese, mientras la persecución de los malhechores continuaba.

La carta a los hebreos, en su capítulo 11, versículo 1; refiere a lo que mayormente se considera la definición de la fe, declarando que:

Es pues, la fe, la certeza de lo que se espera, la convicción de lo que no se ve.

Esperar que lo prometido por Dios se cumpla
Esperar que aquello que nos dijo que sucedería, suceda

Esto es la acción de la fe
Tal espera, es "quietud expectante"

El que dice tener fe en lo que Dios ha prometido, sin ninguna duda se caracteriza por saber esperar confiadamente.

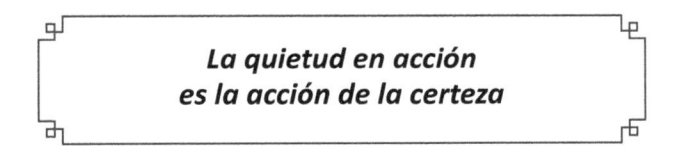

> **La quietud en acción
> es la acción de la certeza**

La acción de la certeza genera en el que espera lo prometido

Un estado de expectación que no se puede describir con palabras

*Es imposible para el hombre sin fe,
comprender lo que estamos hablando*

Esta es la actitud con la cual David salió en busca de esos merodeadores, en busca de recuperar a sus amados, confiado y sumamente expectante en los más mínimos detalles, los cuales manifestaron la guía de Dios para perseguirlos.

*¡Nada de lo que ocurriría mientras David
lideraba el rescate sería casualidad!*

*David sabía que Dios está
comprometido con lo que promete*

David, manifestando una confianza arrolladora, *"detiene la persecución".*

Esta orden dada por David no tiene lógica humana

Sus hombres hallaron en el campo a un hombre egipcio y lo llevaron con él.

Sumamente atento a cada cosa que ocurriría, él debía consultar a Dios y entender:

¿Dónde encaja este hombre egipcio en su plan?

> **La acción de la fe pone de manifiesto actitudes incomprensibles para el mundo.**

¡Detener la persecución es un acto de locura!

Detener la persecución para recuperar a sus hijos e hijas, sus esposas, sus pertenencias, y todo esto, replicado en cada uno de los hombres bajo su mando

Cuatrocientos hombres desesperados

Confiaron en David
David confiaba en Dios

Veamos otra aplicación contextual considerando la desesperación producto de una adversidad, bajo la lente de: ***(1 Pedro 1: 6/7)***

Nos tomamos unos minutos para hacer una introspección

- *En este punto vale tomarse un momento y meditar en esta pregunta*
- *¿Quién era el comandante en jefe de esta persecución?*
- *Esta es una de las "muestras de confianza en Dios" más apasionantes.*

- *Es un nivel extremo de dependencia de Dios.*
- *David puso a Dios sobre absolutamente todo*

Y hallaron en el campo a un hombre egipcio, el cual trajeron a David, y le dieron pan, y comió, y le dieron de beber agua.

Le dieron también un pedazo de masa de higos secos y dos racimos de pasas.

Y luego que comió, volvió en él su espíritu; porque no había comido pan ni bebido agua en tres días y tres noches. (1 Samuel. 30: 11/12).

Alimentó a ese hombre, lo cuido, hasta que volvió en él su espíritu.

La actitud de David es digna por ser admirada por todos los hombres y mujeres de fe en todo lugar donde se encuentren.

- *Ya vimos que para el incrédulo esta actitud es una locura.*
- *¿Y para mí y para ti?*
- *¿Estamos en la misma sintonía espiritual que nos permita ver que un moribundo encontrado sea la pieza clave de una respuesta de Dios?*

¡La primera pregunta de David a ese hombre egipcio es maravillosa!

(Dios tuerce los planes del enemigo).

Y le dijo David: ¿De quién eres tú y de dónde eres?

Yo soy siervo de un amalecita, y me dejó mi amo hace tres días porque estaba enfermo; pues hicimos una incursión a la parte del Neguev que es de los cereteos, y de Judá, y al Neguev de Caleb; y pusimos fuego a Siclag.

Y le dijo David: ¿Me llevarás tú a esa tropa?

Y él le dijo: Júrame por Dios que no me matarás, ni me entregarás en mano de mi amo, y yo te llevaré a esa gente.

Los llevó, pues; y he aquí estaban desparramados sobre toda aquella tierra, comiendo y bebiendo y haciendo fiesta, por todo aquel gran botín que habían tomado de la tierra de los filisteos y de la tierra de Judá.

Y los hirió David desde aquella mañana hasta la tarde del día siguiente y no escapó de ellos ninguno, sino cuatrocientos jóvenes que montaron sobre sus camellos y huyeron. (1 Samuel. 30: 13/ 17).

Escogidos para ser parte. Características.

- *Desechado por su amo*
- *Invaluable para David*
- *Desechado por el mundo*
- *Valioso para Dios*

Es el caso de este egipcio que pasó de ser desechado por el enemigo, a ser *"pieza clave de Dios"* para cumplir lo prometido a David.

Este egipcio declara a David: ***"Me dejo mi amo"*** y solamente pidió dos cosas

- *No me mates.*
- *No me entregues en manos de mi amo*
- *Y te llevaré a esa tropa*

Procederes santos.

Aplicación espiritual

Los actos de misericordia, los actos de expectación de lo prometido, los actos derivados de una vida *"totalmente apartada para él"*, son los procederes santos, fruto de una vida santa, que es lo que al Señor representa.

Podemos notar fácilmente otros ciertos procederes *"en las iglesias"*, que son sumamente inapropiados, y hasta podemos decir que son *"contrarios al carácter de Cristo"*.

- *Actitudes legalistas*
- *Propensión para enjuiciar*
- *Indiferencias y desamor"*

El Señor añadía cada día a la iglesia los que habían de ser salvos. (Hechos 2: 47)

Es el Señor quien los escoge, no nosotros,

El nuevo hermano egipcio.

- *Era claramente un guerrero.*
- *Era claramente un enemigo de Israel.*
- *Estaba moribundo y atenderlo "detendría" el propósito a lograr.*
- *Había que darle agua y pasas que eran para David y sus hombres.*
- *Estaba incapacitado de defenderse, podrían haberlo acabado en el mismo lugar donde lo encontraron, pero ¡NO; lo llevaron a David!*

Y le dieron pan y le dieron de beber. También una masa de higos secos y dos racimos de pasas entonces volvió en él, su espíritu.

Después de todos esos cuidados, David le hace las dos preguntas.

Y resultó ser que cuando pudo hablar con David el joven egipcio siguió describiendo lo acontecido recientemente.

Yo soy siervo de un amalecita, y me dejó mi amo hace tres días porque estaba enfermo; pues hicimos una incursión a la parte del Neguev que es de los cereteos, y de Judá, y al Neguev de Caleb; y pusimos fuego a Siclag.

Y le dijo David: ¿Me llevarás tú a esa tropa?

Y él le dijo: Júrame por Dios que no me matarás, ni me entregarás en mano de mi amo, y yo te llevaré a esa gente. (1 Samuel 30: 13/15)

Resulta ser que ese joven egipcio, abandonado, moribundo e indefenso:

"Era la respuesta de Dios a David"

¡Síguelos, ciertamente los alcanzarás!
Ciertamente librarás a los cautivos

Y el joven egipcio ciertamente los llevó al lugar donde estaban los amalecitas y rescatar todo lo que les había sido saqueado.

- *Los tiempos de las respuestas de Dios, no necesariamente son los que esperamos.*
- *La manera de dar sus respuestas es a su manera única y soberana/*

Solo David mantenía la expectación
Cruzar los rápidos del Besor
Quedar bastante lastimados
Consultar a un joven egipcio moribundo
Muchos podrían afirmar que este es un plan incoherente

Primero, David espero los tiempos del joven tratándolo con misericordia

Muchas personas llegan a las iglesias *"provenientes del mundo"* necesitando ser ministrados, escuchados, amados, y la obra restauradora de su vida es tarea del Espíritu Santo.

Aplicación espiritual.

Tan solo le pidió
No me entregues otra vez al que era mi amo

"Elegidas por Dios"
"Parte del plan de Dios"
"Son respuesta de Dios"
"Igual que usted"
"Igual que yo"

Debemos poner especial cuidado en este pasaje.

Todos nosotros fuimos usados en las tinieblas y después de ser usados, fuimos desechados; y "a todos" el Señor nos recogió en ese lugar y posición.

"Ser ejemplos de misericordia"

Sino que lo necio del mundo escogió Dios para avergonzar a los sabios; y lo débil del mundo escogió Dios, para avergonzar a lo fuerte; y lo vil del mundo y lo menospreciado escogió Dios, y lo que no es, a fin de que nadie se jacte en su presencia.

Mas por él estáis vosotros en Cristo Jesús, el cual nos ha sido hecho por Dios, sabiduría, justificación, santificación y redención; para que, como está escrito:

El que se gloría, gloríese en el Señor".
1 Corintios. 1: 27/31.

El mundo está desparramado, sin rumbo, sin esperanza y sin Dios.

- *Como en los días de Elías: 1 Reyes. 18:41*
- *Como en los días de Isaías: Isaías. 22/13*
- *Como en los días de Noe: Lucas. 17:26/27*
- *Como en los días de Lot: Lucas. 17:28/30*

Principios de la identidad en Cristo

Linaje escogido.

Mas vosotros sois linaje escogido, real sacerdocio, nación santa, pueblo adquirido por Dios, para que anunciéis las virtudes de aquel que os llamó de las tinieblas a su luz admirable; vosotros que en otro tiempo no erais pueblo, pero que ahora sois pueblo de Dios; que en otro tiempo no habíais alcanzado misericordia, pero que ahora habéis alcanzado misericordia. (1 Pedro 2: 9/10)

El remanente de Israel es testimonio de que Dios no olvida. (Romanos, 11:1/8)

¡Injertados! (Romanos. 11:13/24)

Real Sacerdocio.

- *El sacerdocio del Melquisedec es la figura del sacerdocio de Cristo*
- *Cristo, el camino al Padre (Hebreos. 4:14/16*
- *Ya no hay más mediadores terrenales (1Timoteo 2:5)*
- *No hay más sacrificios terrenales. (Hebreos. 10: 12) – (Hebreos. 10:26) – (1 Pedro. 2:5/8)*
- *Ahora hay sacrificios espirituales. (Hebreos. 13:15/16) – (1 Pedro. 2/5) – (Tito. 2:11/15)*

Nación Santa
Pueblo adquirido por Dios
Para anunciar de donde nos trajo y adonde nos lleva

Reflexiones sobre identidad.

- *Funcionar desparramados es lo opuesto a funcionar como cuerpo.*
- *Por eso el espíritu del mundo es lo opuesto al Espíritu de Dios.*
- *Por eso en el mundo se desechan a las personas y el Señor las recoge por medio de su iglesia.*
- *Por eso del mundo fuimos desechados y por Cristo fuimos recomprados para su gloria*
- *Por eso el mundo nos usó y nos desechó, y una vez declarados viles y despreciados el Dios de Israel nos tomó, nos restauró, y*

> *nos consideró para que seamos sus siervos totalmente alejados de toda tibieza.*
> - *Por eso, es Su Iglesia, unánimes, en un mismo sentir, la que debe oponerse al adoctrinamiento del príncipe de este mundo.*
> - *Por eso y para ello, el Señor necesita a todos los que Él ha escogido para que manifiesten sus corazones de siervos y guíen a la iglesia para donde el Señor Jesucristo de la gloria nos quiere conducir.*

Porque no nos predicamos a nosotros mismos, sino a Jesucristo como Señor, y a nosotros como siervos por amor de Jesús.

Porque Dios, que mandó que de las tinieblas resplandeciese la luz, es el que resplandeció en nuestros corazones, para iluminación del conocimiento de la gloria de Dios en la faz de Jesucristo.

Pero tenemos este tesoro en vasos de barro, para que la excelencia del poder sea de Dios y no de nosotros, que estamos atribulados en todo, mas no angustiados; en apuros, mas no desesperados; perseguidos, mas no desamparados; derribados, pero no destruidos; llevando en el cuerpo siempre por todas partes la muerte de Jesús, para que también la vida de Jesús se manifieste en nuestros cuerpos. (2 Corintios 4: 5/10)

Una estrategia es tener la conexión entre objetivos y acciones que se han de poner en práctica.

La palabra "estrategia" proviene de los términos griegos "stratos" que significa ejército; y "agein" que significa guía.

Y ese es el contexto en el que hemos recibido esta guía de Dios para sus ministros/generales quienes han de conducir a su pueblo/ejército a la victoria.

Forme en su mente la imagen de una antigua batalla épica.

El jefe de los escuadrones se comunica con sus dirigidos por medio de estandartes.

Él, estando siempre en el lugar más elevado desde donde visualizaba el campo de batalla, sabía que estandarte levantar para obtener la victoria.

Arqueros, caballería, escudos, espadas, lanzas;

Todo era coordinado mediante estandartes.

En estos tiempos, próximos a la venida del Señor las fuerzas de oposición se levantan con fuerza y Él nos está ordenando, preparando, diciéndonos que estos son los estandartes que nos manda.

Esos estandartes son la identidad de Cristo en nosotros; *santos, con una fe Cristocéntrica, confiados de vivir por lo que creemos, mirando al mundo sin ser parte del mundo, viviendo en la unidad del Espíritu, orando unánimes, conquistando, y dispuestos a dar la vida antes de negar su nombre.*

El jefe de los Escuadrones de Israel ha levantado 8 estandartes para guiarnos a la batalla pendiente.

Él es quien está en el lugar elevado; Él es quien ve con claridad; Él es quien sabe que necesitamos; Él es la cabeza de la iglesia; Él es aquel que salió venciendo y para vencer.

CAPÍTULO DOS

<u>Visión del corazón de Dios</u>

TEMAS DE ESTE CAPÍTULO

Ingredientes y proporciones
"Edificación coordinada de la verdad"

¿Que vemos cuando miramos?
"La misión de los doce"

Mirad a mi
"Los dos montes"

¿Hacia dónde? ¡Señor!
"El viaje de los siervos"

CAPÍTULO DOS
LA VISIÓN DEL CORAZÓN DE DIOS
"Ingredientes y proporciones"

(El gran desafío: La predicación equilibrada)

Cierta madrugada de desvelo, en el tiempo en que mi cuerpo se recuperaba del ataque de dos brutales enfermedades, de las cuales el Dios de misericordia, había querido sanarme de manera milagrosa, me encontré sentado en una silla a la cual llegué con muy pocas fuerzas, tomé mi Biblia, la puse frente a mí, y rompí en llanto.

Fue uno de esos momentos en los que sabía que estábamos solamente Él y yo.

El libro aún cerrado, mis lágrimas y el Dios de mi salvación que me llamó, quien puso en mi corazón esto que les compartiré.

¡La Biblia es la palabra de Dios!
¡Es la revelación de Dios mismo al hombre!

Durante años todos nosotros nos hemos entregado a escudriñar la palabra de Dios, lo cual es el deber de todo hijo del Reino de los Cielos. Mucho más aún, quienes fuimos llamados por Dios al ministerio de la predicación.

Él nos ha confiado el evangelio

Algunos más, otros menos, todos hemos sido preparados por Dios para predicar sus verdades, tanto a su pueblo como a aquellos que aún no lo conocen.

Verdades contundentes, trascendentes, buenas noticias de salvación y vida nueva en Cristo Jesús.

A lo largo de la historia de la iglesia todos hemos creído y atesorado esas verdades. Los hermanos antiguos, han organizado esas verdades para facilitar su estudio a las generaciones venideras.

Estas verdades se conocen como *"Doctrinas Cristianas"*, y luego, con el tiempo las iglesias han manifestado al mundo sus creencias mediante sus *"Confesiones de Fe"*.

Es sorprendentemente lógico que cada iglesia, cada pastor, cada líder, y cada integrante de todas las congregaciones, pensamos, creemos, asumimos que predicamos, enseñamos, y vivimos por una *"Sana Doctrina"*.

Sabiendo aún que realmente *"diferentes congregaciones son enseñadas de diferentes maneras"*.

Pero Dios en su amor, se ha ocupado que el conocimiento no envanezca a sus santos escogidos desde antes de la creación del mundo para *"predicar su palabra y ser su voz al mundo"*.

Tal dependencia establecida por Dios, y absolutamente necesaria para los hombres que, ponemos sus pies frente a un púlpito, frente al pueblo de Dios, y ***"solamente hablar aquello que Dios nos haya pedido que hablemos"***.

Orando en todo tiempo con toda oración y súplica en el Espíritu, y velando en ello con toda perseverancia y súplica por todos los santos; y por mi, a fin de que al abrir mi boca me sea dada palabra para dar a conocer con denuedo el misterio del evangelio, por el cual soy embajador en cadenas; que con denuedo hable de él, como debo hablar. (Efesios 6: 18/20)

LA VISIÓN DEL CORAZÓN DE DIOS

Tal dependencia nos ha sido impuesta
Dado que Dios nos confiado sus verdades (ingredientes)
Pero no nos ha dejado el detalle en qué proporciones compartirlo

Nadie se levanta una mañana y se dice a sí mismo: *"Hoy voy a inventar una doctrina de error".*

Dios me movió a escribir este segmento de *"Corazón de Siervo"*, no pretendiendo tener tal arrogancia de tratar de modificar la fe de nadie, ni argumentar que su enseñanza ha sido buena o mala, si la iglesia y la denominación a la que se ha afiliado es la mejor o la peor, nada de eso.

Entonces Dios me movió a *"alertar a sus siervos"* acerca de que todas, las desviaciones que ocurrieron y seguirán ocurriendo en las congregaciones en todo el mundo fueron *"introducidas encubiertamente" (1 Pedro 2: 1).*

Ilustración. <sugerimos hacerla visualmente>

Si nos dispusiéramos a cocinar una comida de la cual tenemos la lista de ingredientes, es posible que todos pudiéramos intentarlo. Vamos al mercado, compramos toda la lista de ingredientes, controlamos las fechas de vencimiento de cada ingrediente que compramos, volvemos a la casa, buscamos una olla grande, nos ponemos un delantal de chef, y manos a la obra.

Limpiamos muy bien la mesada de la cocina, sacamos los ingredientes de las bolsas, elegimos una linda tabla para picar las cosas, una buena cuchilla filosa, agarramos la hojita donde está anotada la receta, y de pronto: **¡Oh, mi Dios! ¡No están anotadas las cantidades de cada ingrediente!**

Solo tenemos esto:

Frijoles charros:

Ingredientes: Frijoles pintos, chorizo, tocino, salchichas, jamón, tomates cebollas, jalapeños, ajo, comino, cilantro, queso fresco y sal.

Gracias a Dios por aquellos cocineros y cocineras quienes se han tomado el trabajo de contarnos, o dejarnos escrito, cuáles ingredientes usaron para preparar sus platos de comida. Tuvieron la generosidad de compartir sus creaciones culinarias con nosotros.

Ya tenemos los ingredientes, pero: ¿Qué pasaría si agregamos el paquete de sal completo? ¡La comida sería imposible de comer!

Entonces, igual pero mucho más importante es conocer en qué proporciones debemos combinar estos ingredientes para que el plato tenga el sabor y la sazón de aquel quien lo haya creado.

Ingredientes del evangelio de la gracia

Doctrinas Cristianas

1. *Trinidad.* ***a****- Dios Padre, b- Dios Hijo, c- Dios Espíritu Santo*
2. *Creación.*
3. *El Sacerdocio. a- Aarónico b- Melquisedeciano*
4. *La caída del hombre*
5. *Salvación por Gracia*
6. *Justificación por medio de la fe*
7. *Expiación de Cristo*
8. *Nuevo nacimiento*
9. *Dispensaciones. A- La Ley, b- La Gracia*
10. *Vida Eterna*

Podríamos asumir que, si estamos hoy aquí, o leyendo este manual, significa que estamos familiarizados con las Doctrinas Esenciales de nuestra Fe.

Pero, así como, en la receta de la comida, tenemos anotados los ingredientes y no tenemos anotado en qué proporciones hay que incorporarlos.

A lo largo de nuestra vida cristiana, hemos sido enseñados por preciosos y muy valorados pastores y maestros, hemos visto y oído como ellos compartían el evangelio de Dios con denuedo, y hemos visto su pasión.

Luego de ser llamados al ministerio, algunos de nosotros ya nos ocupamos más de nuestra propia preparación, buscamos una escuela teológica donde asistir, algunos lo pueden hacer en seminarios o universidades que dan créditos de la enseñanza, y otros, la gran mayoría, por una cuestión económica, han asistido a escuelas teológicas que no otorgan créditos, pero no son menos importantes.

¡Damos a Dios Gloria! por cada uno de ellos, por su denuedo, por su pasión, por su tiempo, por su sabiduría, porque nada se han guardado, nos han dado todo lo que tuvieron.

En esta serie de *"capacitación ministerial"* trataremos de dilucidar *"por la palabra de Dios"*, como debemos de predicar el evangelio de Dios no solamente las verdades correctas *(las doctrinas)*, sino cómo hacerlo también, correctamente, agradando a Dios, edificando al pueblo, llevándoles el alimento dispuesto por Dios para ese día y en qué cantidades.

Las proporciones correctas

Tal como el ejemplo usado en la ilustración, nos da a entender que, si bien la comida lleva sal como uno de sus ingredientes, el exceso de la misma haría que el plato sea imposible de comer.

> *El uso incorrecto de las proporciones da como resultado una verdad alterada una verdad alterada es una mentira comúnmente llamada: Doctrina de error*

El plan de Dios respecto de la predicación del evangelio lo podemos entender bajo el concepto de *"edificar"*.

Para entenderlo cabalmente, veamos este ejemplo:

Debemos poner un ladrillo sobre otro ladrillo para levantar una pared. En medio de un ladrillo y otro, debe de haber algo que los mantenga juntos, *(unidos por las coyunturas),* debemos usar algo que sea maleable para colocar pero que luego se endurezca.

(Fórmula: 4 de arena + 1 de cemento + 1 de agua)

Dios nos ha provisto de una fórmula preciosa en su palabra, pero no tiene números, tiene *"criterios"*, los cuales Él nos los dirá *"cada vez"* que nos convoque para predicar a su pueblo.

No os toca a vosotros saber los tiempos y las sazones, que el Padre puso en su sola potestad; pero recibiréis poder, cuando haya venido sobre vosotros el Espíritu Santo, y me seréis testigos en Jerusalén, en toda Judea, en Samaria, y hasta lo último de la tierra. (Hechos 1: 7/8).

Hablar de sus verdades, en forma armoniosa,
sin poner una verdad por sobre otra
es el desafío que debemos afrontar

Cuando llegamos a Cristo, lo hacemos tal y como estamos en ese momento. Y sea cual haya sido nuestra condición, Dios la conoció, y, aún así, nos escogió.

Recuerdo el hermoso himno tan usado por Billy Graham en sus cruzadas, al momento de hacer el llamado de parte de Dios a aquellos quienes aún no creían, pero quienes ya habían sido predestinados por Dios para ser parte de Sí mismo.

Tal como soy de pecador
Sin más confianza que tu amor
Ya que me llamas vengo a ti
Cordero de Dios, heme aquí
Conflicto grande siento en mi
Cordero de Dios, heme aquí

Vale recordar mucho más seguido, aquel día, aquel instante, *en el que fuimos aceptos en el amado.* Seremos mejores siervos de Dios si mantenemos fresco en nuestra memoria lo vivido en ese precioso día.

Es entonces, cuando echamos una mirada hacia dentro nuestro, nos damos cuenta de que:

Tenemos muchísimas cosas para derribar
y tenemos infinidad de cosas para construir

Ya entrando en ese concepto divino de Dios de construir, hay que empezar por derribar, y derribar muchas cosas en muchas áreas.

Derribar relaciones, derribar sentimientos, derribar pensamientos, derribar prioridades.

Y Él nos da promesa, que estará *"con nosotros" y "en nosotros"* para volver a construir en su voluntad:

La construcción armoniosa de nuestra nueva vida, por medio del Espíritu Santo:

- *Nuevas relaciones*
- *Nuevos sentimientos*
- *Nuevos pensamientos*
- *Nuevas prioridades*
- *Siendo Dios mismo, la primera de ellas*

"Amarás al Señor tu Dios sobre todas las cosas" (Deuteronomio. 5:6).

"Yo soy Jehová tu Dios, que te saqué de tierra de Egipto, de casa de servidumbre" (Éxodo 20:22).

Fundamentos y edificación coordinada del Evangelio.

Texto focal: Efesios. 2: 13/22

(Palabras claves: Derribar, Edificar, Coordinadamente)

Pero ahora en Cristo Jesús, vosotros que en otro tiempo estabais lejos, habéis sido hechos cercanos por la sangre de Cristo.

Porque él es nuestra paz, que de ambos pueblos (Israel/Gentiles) hizo uno. "derribando la pared intermedia" de separación

Aboliendo en su carne las enemistades, la ley de los mandamientos expresados en ordenanzas, para crear en sí mismo (edificar) de los dos, uno solo y nuevo hombre, haciendo la paz.

Y mediante la cruz reconciliar con Dios a ambos en un solo cuerpo, "matando" (derribando para siempre), en ella (la cruz) las enemistades.

Y vino y anunció las buenas nuevas de paz a vosotros que estabais lejos, y a los que estaban cerca,

Porque por medio de él, los unos y los otros tenemos entrada por un mismo Espíritu al Padre.

Así que ya no sois extranjeros ni advenedizos, sino conciudadanos de los santos, y miembros de la familia de Dios.

Edificados sobre el fundamento de los apóstoles y profetas, siendo la principal piedra del ángulo Jesucristo mismo.

En quien todo el edificio, "bien coordinado" va creciendo para ser un templo santo en el Señor.

En quien vosotros también sois juntamente edificados para morada de Dios en el Espíritu. (Efesios. 2: 13/22)

<u>Las proporciones del Evangelio no consisten en números sino en criterios.</u>

El evangelio debe predicarse "coordinadamente"

Dios dice que ahora tenemos una nueva "identidad"

- *Ni extranjeros ni advenedizos*
- *Conciudadanos de los santos*
- *Miembros de la familia de Dios*

Al ser llamados por Dios, al haber sido apartados para servirle, indistintamente en que ministerio, *"debemos asumir que fuimos llamados para edificar".*

Me estoy refiriendo principalmente al ministerio pastoral, por el contacto muy cercano y asiduo con el pueblo.

Sin duda alguna, el llamamiento conlleva vocación para edificar con los ingredientes de Dios, con las proporciones de Dios, para esperar los frutos de Dios.

- *El fundamento de los apóstoles y profetas. (Bíblicos)*
- *Siendo la principal piedra del ángulo, Jesucristo mismo.*
- *En quien todo el edificio bien "coordinado"*
- *Va creciendo para ser un templo santo en el Señor.*
- *En quien vosotros sois juntamente edificados para morada de Dios en el Espíritu*

Y el mismo apóstol Pablo, nos añade a estos fundamentos una fuerte amonestación en cuanto al celo con que cuidar esta edificación.

Mas si aun nosotros, o un ángel del cielo, os anunciare un evangelio diferente del que os hemos anunciado, sea anatema. (Gálatas 1: 8)

Resumiendo lo dicho por Pablo: La manera de predicar el evangelio es esta, y no hay otra. Y si alguien nos dice, alguna cosa diferente a esta, que Dios le reveló, que vio un ángel del cielo, que tuvo claridad bajo poderosa unción, que es apóstol, o profeta; ese tal, sea anatema.

Tenemos también la palabra profética más segura, a la cual hacéis bien en estar atentos como a una antorcha que alumbra en lugar oscuro, hasta que el día esclarezca y el lucero de la mañana salga en vuestros corazones;

Entendiendo primero esto, que ninguna profecía es de interpretación privada, porque nunca la profecía fue traída por voluntad humana, sino que los santos hombres de Dios hablaron siendo inspirados por el Espíritu Santo. (2 Pedro. 1: 19/21)

En estos días en que la iglesia de Jesucristo vive bajo ciertas influencias, las cuales causan desviaciones de la verdad. Aunque parezca redundante: Efesios 2:20 al decir que debemos edificar sobre el fundamento de los apóstoles y profetas, se refiere a los apóstoles y profetas canónicos.

La responsabilidad de esta construcción es en dos sentidos

La responsabilidad del que habla en el nombre de Dios.

La responsabilidad del que escucha en el Nombre de Dios.

Todas las personas vivimos, tomando decisiones y responsabilidades.

Pero Dios llama a su pueblo a tomar *decisiones y responsabilidades delante de Él.*

Hilo conductor de estos principios
Ingredientes de una comida (ilustración)
Ingredientes del evangelio (doctrinas)
Nueva identidad familiar con Dios
Con un único fundamento (apóstoles y profetas)
Con una sola piedra angular (Jesucristo mismo)
Para edificar coordinadamente (proporciones)
Ser un templo santo para morada de Dios (en el Espíritu Santo)

La responsabilidad del que habla en su Nombre
El predicador

La predicación del evangelio
es compartir las Buenas Noticias de Dios
de manera "armoniosa", "balanceada", y "equilibrada"

Bien podríamos comenzar este hermoso tema arribando juntos a una primera conclusión de aquello que *"no es predicar las Buenas Noticias de Dios"*

1- *Definitivamente no es un arte, como algunos dicen.*
2- *Definitivamente no es un talento, como otros aseguran.*
3- *Definitivamente no es algo que se aprende. (salvo exponer en público)*
4- *No tiene nada que ver con la experiencia.*
5- *No tiene nada que ver con la cultura.*

Hay un revelador pasaje en el libro del profeta Jeremías, que detalla con claridad meridiana, de manera resumida y fácil de comprender, que *"no es"* predicar el evangelio y que *"es"* predicar el evangelio.

¿Dónde se consiguen los mensajes y las proporciones?

Están en un solo lugar, y a Dios le ha placido contarle este secreto al profeta Jeremías.

No envié yo a aquellos profetas, pero ellos corrían; yo no les hablé, más ellos profetizaban.

Pero si ellos hubieran estado en mi secreto, habrían hecho oír "mis palabras" a "mi pueblo", y lo habrían hecho volver de su mal camino, y de la maldad de sus obras (Jeremías. 23: 21/22)

Usted está aquí, oyendo o leyendo estas verdades bíblicas, las cuales nos han sido confiadas, *"para no ser"* uno más de los muchos a quienes Dios no les habla, pero ellos igualmente corren a predicar lo que Dios no les ha dicho.

Usted está aquí, oyendo o leyendo estas verdades que se nos han sido confiadas, **"para ser"** el siervo que Dios necesita para cambiar su congregación, su ciudad, su país, y el mundo entero según su buena voluntad.

Aplicación del texto en Jeremías.

El orden alterado actualmente

- *Dios lo envía*
- *Dios le habla*
- *En su secreto oiremos*
- *Para que su pueblo vuelva de sus obras malas*

Les propongo un momento de introspección:

Hay varias situaciones de la iglesia de la actualidad que generan en aquellos que le servimos conductas extrañas.

Para una profunda meditación personal, les comparto estas preguntas que yo mismo me hago cada vez más:

¿Es lo mismo ser enviado que ser invitado?

¿Si eres enviado, acudes obediente o corres apresurado?

¿Si eres enviado, llevarás aquel bosquejo que te fue dado para aquella ocasión?

¿Tienes conciencia que el orden de las cosas ha cambiado para mal?

Este es el orden correcto, aunque nos resulte impopular:

Pero si ellos hubieran estado en mi secreto, habrían hecho oír "mis palabras" a "mi pueblo (Jeremías 23: 22ª)

En mi secreto:

Este es el único lugar que existe donde se nos confían "***Mensajes de Dios para su pueblo***".

- *En secreto, Dios le confiará las proporciones para ese día, para ese pueblo.*

A Jeremías le fue confiado este tremendo secreto:

- *El mensaje que Dios quiere hablar*
- *Para ser hablado a aquellos que lo necesitan escuchar*
- *Para que corrijan algún error*
- *Para hablar íntimamente a aquellos a quien quiera dirigirse ese día*
- *Y usted ha sido elegido para llevar su mensaje*
- *Porque Dios ha depositado su confianza en usted*

Claramente, el mensaje no es nuestro, ni el pueblo es nuestro. Y por alguna razón que solo Dios conoce, a Él le ha placido elegirnos de entre millones de personas para ponernos "en medio entre Él y su pueblo".

La responsabilidad del que oye

Me pone muy feliz que Dios me haya llevado a hablar de esto, porque es una verdad que no abunda demasiado en los púlpitos de este siglo.

Hay que enseñar al pueblo de Dios que tiene *"responsabilidad de lo que oye".*

Es absolutamente bíblico.

¡Cuando al pueblo le hablaron: ¡Moisés, Josué, Samuel, entre muchos más, en lo personal el Espíritu Santo me lleva a preguntarme:

¿Por qué Dios se enojó por la desobediencia del pueblo?
¿Acaso los mencionados le predicaron algo que Dios no les hubiera dicho?

Es obligación de los siervos de Dios, enseñar al pueblo de Dios que es *"absolutamente responsable de lo que oye"*

Esta enseñanza no es muy popular entre predicadores que *"víctimas de cierta inseguridad"* se sienten confrontados por tales acciones del pueblo.

Corazón de Siervo

He escuchado bastante al Pastor *Sujel Michelen*, mientras ocurría mi recuperación que Dios había comenzado a todos los niveles de mi ser. Aprovecho este espacio para decirle: *"Gracias, siervo del Señor"*.

Cierta vez, el pastor dio testimonio de una hermana que había crecido en una iglesia que, en determinado momento de su historia, *"el responsable"* comenzó a predicar fuera de balance escritural, y esa iglesia fue víctima de caer en la trampa de la *"predicación del pacto de la prosperidad"*.

Tomaba nota de cada versículo utilizado por ese predicador, y luego en su casa, a solas con Dios, escudriñaba el verdadero contexto de aquel versículo bíblico que había sido desviado.

Esa hermana hizo aquello que Dios espera que cada uno de sus hijos haga.

Y una vez terminada la tarea, alertó *"biblia en mano"* a sus hermanos, *"en el Espíritu correcto"*.

Desconozco cómo terminó esa historia, pero imagino que hubo quienes en gratitud valoraron su servicio al pueblo de Dios; y otros quienes en su ignorancia la tildaron de no haberse sujetado al pastor.

Bienvenidos sean los hermanos y hermanas con esa actitud, la cual no es otra cosa más que *"reverencia al Señor "y "honrar la verdad de Dios"*.

Encubiertamente. La palabra clave de la advertencia de Pedro

Pero hubo también falsos profetas entre el pueblo, como habrá falsos maestros, que introducirán "encubiertamente" herejías destructoras, y aun negarán al Señor que los rescato, atrayendo sobre sí mismos destrucción repentina.

Y muchos seguirán sus "disoluciones", por causa de los cuales el camino de la verdad será blasfemado.

Y por avaricia harán "mercadería de vosotros" con palabras fingidas. Sobre los tales ya de largo tiempo la condenación no se

tarda, y su perdición no se duerme. (2 Pedro. 2:⅓). (Palabra clave: "encubiertamente")

- ¡Pedro lanza sobre la iglesia una advertencia con determinación!
- Así como hubo falsos profetas, habrá entre vosotros falsos maestros.
- Los tales intercalando verdades con mentiras, "introducirán encubiertamente" herejías destructoras.
- Aquellos que no están alerta, irán tras ellos en "sus disoluciones".
- Por causa de estos que hablan y por negligencia de los que oyen, el camino de la verdad será blasfemado.
- Los que no maduran serán convertidos en: "mercadería" usando palabras fingidas.
- El que es inmaduro para atender a la palabra de Dios, lo cual es una tarea espiritual. Es inmaduro para toda labor espiritual. "los frutos hablan".

Manera de Dios para relacionarse con sus siervos

Niveles de confianza

Porque vosotros mismos sabéis, hermanos, que nuestra visita a vosotros no resultó vana.

Pues habiendo antes padecido y sido ultrajados en Filipos, como sabéis, tuvimos denuedo en nuestro Dios para anunciaron el evangelio de Dios en medio de gran oposición.

Porque nuestra exhortación no procedió de error ni de impureza, ni fue por engaño.

Sino que según fuimos "<u>aprobados por Dios para que se nos confiase el evangelio</u>", así hablamos, no como para agradar a los hombres, sino a Dios, que prueba nuestros corazones. (1 Tesalonicenses. 2: 1/4)

Oro a Dios para que tome esta verdad y la coloque bajo su piel, semilla sembrada en su corazón; y cuando eso suceda, su vida no será la misma.

Principio espiritual

> Dios se relaciona con sus siervos
> Mediante niveles de confianza
> "Imperceptiblemente"
> A mayor fidelidad – Mayor confianza

"Bien, buen siervo y fiel; sobre poco has sido fiel, sobre mucho te pondré" (Mateo. 25 :23)

Principio espiritual paralelo al dado en el hogar de Simón el fariseo:

Sus muchos pecados les son perdonados, porque amó mucho; más aquel a quien poco se le perdona, poco ama" *(Lucas 7: 36/50).*

Si me preguntaran: ¿Dónde se obtiene fidelidad, amor y confianza?

La respuesta, una vez más la tiene el profeta Jeremías (23:22) *"En Su secreto"*

Esto lo confirma el propio Señor Jesús, diciendo:

"Mas tú, cuando ores, entra a tu aposento, y cerrada la puerta, ora a tu Padre "que está en secreto"; y tu Padre que ve en lo secreto te recompensará en público". (Mateo 6:6)

*El Padre está en secreto
para que lo busquemos en su secreto*

*"Axioma"
Predicar el evangelio
es un acto de Dios
y lo da a quienes son confiables
para edificar a su pueblo
en un crecimiento coordinado
sobre el fundamento establecido por El*

Para que el edificio *(la iglesia)* crezca de manera coordinada, la predicación llevada a cabo por aquellos en quienes Dios mismo decidió depositar su confianza *"**debe ser también coordinada**"*. Suministrada de manera balanceada, detalladamente equilibrada, para que dentro, habitemos los hermanos juntos y en armonía.

Y este es nuestro compromiso ineludible.

He visto pasar muchas modas de hombres
He escuchado muchos consejos que no aconsejan
He leído suficientes títulos decir:

- La iglesia que Dios necesita.
- El carácter del cristiano que Dios necesita.
- He visto varias congregaciones agotadas con actividades pseudo espirituales.

Entre Dios y la congregación
solo están los ministros
que Él ha designado

Viendo algo de la historia de la iglesia de las últimas décadas, noto que hemos estado corriendo tras las modas, como si estas fueran garantía de algo.

Cantidades siderales de "métodos" para todo.

- *Y todos hemos visto que las modas pasan **sin dejar fruto alguno.***
- *Y todos hemos visto que los métodos se agotan en sí mismos **sin dejar fruto alguno.***
- *Y todos hemos visto que aquellos ministros que fueron llamados por Dios, a lo largo de la historia, para servirle han enseñado al pueblo todos los ingredientes del Evangelio, y en las proporciones adecuadas, **y su fruto fue abundante.***
- *Y todos hemos visto que Dios se ha provisto de ministros responsables, que se han parado frente a sus congregaciones y han ministrado las doctrinas esenciales, enseñándolas "equilibradamente", permitiendo ser coordinados por Dios.*

- ***¡Y su fruto fue abundante!***

Amado:

Priorizar por una cuestión de moda una verdad por sobre otra, desbalancea el evangelio de la gracia de Jesucristo, al punto de transformarlo en otra cosa

No voy a mencionar las "modas" que hemos vivido los últimos 33 años desde que aceptamos, junto a mi esposa, a Jesucristo como el Salvador de nuestras almas, pero han sido demasiadas.

El haber sido pastoreados por dos pastores sobrios doctrinalmente, *"Raúl Ameri"* al comienzo y tras su partida al campo de misiones, *"Juan Calcagni"* ambos sumamente comprometidos con la tarea del desarrollo de ministerios como la principalísima estrategia para la edificación de templos santos, para que Dios habite, nos ha mantenido a salvo; más aún, nos ha preparado para ser considerados por el Señor para esta tarea, a la cual les invitamos a ser partícipes necesarios.

BIENVENIDOS A BORDO	WELCOME ABOARD
BENVINGUT A BORD	WELKOM AAN BOORD
BIENVENUE A BORD	BENVENUTO A BORDO
BON BINI NA ORDO	VELKOMMEN OMBORD
BEM VINDO A BORDO	ברוכים הבאים
欢迎登机	καλώς επιβιβαστήκατε

VISIÓN DEL CORAZÓN DE DIOS
¡Qué ves cuando miras!
La misión de los doce

Hay una figura que refiere a cómo ve cada uno un vaso con agua hasta la mitad:

¡Medio lleno o medio vacío!

Sin duda es una cuestión de apreciación.

Dicha ilustración se usa en medios empresariales y/o en los llamados *"Cursos de Liderazgo"*, para determinar o enseñar sobre *"positivismo"*, *"liderazgo"*, *"diagnósticos psicológicos"*, *"pesimismo/optimismo"*, y cientos de etcétera.

En Cristo las cosas no son así. Aunque hay algunos casos puntuales donde este tipo de predicación es llevada a cabo.

Hemos visto y seguimos viendo iglesias que pasan a ser mega iglesias con una predicación que pone énfasis en cierta manera positiva o negativa para ver la vida según nuestra propia disposición.

Hemos visto y cada vez más seguimos viendo iglesias con una estructura de liderazgo empresarial, basada en cierta meritocracia mundana, carnal e injusta.

Hemos visto y seguiremos viendo iglesias que creen que ciertos diagnósticos psicológicos, pueden dar temprano aviso de las cosas que sobrevendrá sobre aquel que es diagnosticado.

De todas maneras, esta dualidad de mirar y ver cosas distintas ocurre muy a menudo en la gente, pero no por esas razones que esgrime el mundo sin Dios.

Dios en su palabra enseña a su pueblo que este tipo de cosas ocurren por otras razones, las cuales al comienzo de la nueva vida en Cristo son difíciles de detectar.

- *Aquellos hombres y mujeres de fe*
- *Aquellos hombres y mujeres que confían en Dios*
- *Aquellos hombres y mujeres dependientes de Él*
- *Aquellos que viven por las promesas hechas por Dios*

Definiciones.

Mirar significa dirigir la mirada hacia algo y fijar la atención en ello.

Ver significa percibir algo material por medio del sentido de la vista

Vale decir, siguiendo los significados de la Academia de la Lengua Española, que perfectamente se puede:

- *Mirar y no ver*
- *Ver algo que no es*
- *Ver difusamente*

***Las enseñanzas de Jesús nos indican claramente
que para ver lo que Dios ve en las personas
se necesita algo más que los ojos***

***Las enseñanzas de Jesús nos indican claramente
que para ver en nosotros todo aquello que Dios ve
se necesita más que los ojos y un espejo***

*Las enseñanzas de Jesús nos indican claramente
que para aceptar sus desafíos se necesita
un corazón confiado y absolutamente dependiente de Dios.*

El Señor Jesús una vez terminado de pronunciar la *"parábola del sembrador"*, Marcos nos cuenta algo que sucedió estando a solas con sus discípulos y les explica lo siguiente:

Cuando estuvo solo, los que estaban cerca de él, con los doce le preguntaron sobre la parábola.

Y les dijo: A vosotros os es dado saber el misterio del reino de Dios; más a los que están fuera, por parábolas todas las cosas;

para que, viendo, vean y no perciban; oyendo, oigan y no entiendan; para que no se conviertan y les sean perdonados los pecados. (Marcos.4: 10/12)

<Procure terminar la lectura completa de la parábola>

Note usted que el Señor cuando explica esta parábola a sus discípulos en intimidad, se refiere **no solamente al uso de los sentidos de la vista y el oído.**

- **Junto al camino**: *Satanás les roba lo sembrado en sus corazones.*
- **En pedregales**: *Oyen y reciben con gozo, pero no tienen raíz en sí.*
- **Entre espinos**: *Oyen y reciben, pero luego ponen "su mirada" en los afanes de este siglo; en el engaño de las riquezas, y codician "otras cosas".*
- **En buena tierra**: *Oyen, reciben la palabra, y dan muchos frutos, Y los frutos se pueden ver.*

¿Qué vemos cuando miramos?
Textos focales: Números. 13: 1/16; 13: 25/33; 14: 4/10; 14: 26/34

Misión de los doce espías <**Identidades**>

1 – De la tribu de Rubén, **Samua** hijo de Zacur.

2 – De la tribu de Simeón, **Safat** hijo de Hori.

3 – De la tribu de Judá, **Caleb** hijo de Jefone.

4 – De la tribu de Isacar, **Igal** hijo de José.

5 – De la tribu de Efraín, **Oseas** hijo de Nun.

6 – De la tribu de Benjamín, **Plati** hijo de Rafu.

7 – de la tribu de Zabulón, **Gadiel** hijo de Sodi.

8 – De la tribu de José: de la tribu de Manasés, **Gadi** hijo de Susi.

9 – De la tribu de Dan, **Amiel** hijo de Gemali.

10 – De la tribu de Aser, **Setur** hijo de Micael.

11 – De la tribu de Neftalí, **Nahabi** hijo de Vapsi.

12 – De la tribu de Gad, **Geuel** hijo de Maqui.

Estos son los nombres de los varones que Moisés envió a reconocer la tierra; y a Oseas, hijo de Nun le puso Moisés el nombre de *"Josué"*. *(Números 13: 1/ 16)*

Esta misión de *"los doce espías"*, fue una incursión a:

La tierra que Dios había prometido a Abraham para él y su descendencia, los hijos de Israel

Sin duda alguna la misión de los doce había terminado en fracaso.

¿Pero fue realmente un fracaso?

Como hemos visto antes, mientras desarrollamos la relación íntima entre Dios y su siervo David, podemos concluir en que Dios no esconde los errores de los suyos.

- *Diez no vieron aquello que Dios ve, y ahí están sus nombres*
- *El líder priorizó la opinión de la mayoría, y le costó no entrar a la promesa de la tierra*
- *Mucho pueblo habló de volver atrás, y querer apedrear a su siervo y a los que si vieron la verdad, y en ese desierto quedaron sus cuerpos.*
- *Falló la misión, pero nos quedó guardado para siempre el ejemplo de Josué y Caleb*

Y volvieron de reconocer la tierra al fin de cuarenta días. Y anduvieron y vinieron a Moisés y a Aarón, y a toda la congregación de los hijos de Israel, en el desierto de Parán, en Cades, y dieron la información a ellos y a toda la congregación, y les mostraron el fruto de la tierra.

Y les contaron diciendo: Nosotros llegamos a la tierra a la cual nos enviaste, la que ciertamente fluye leche y miel; y este es el fruto de ella.

Más el pueblo que habita en ella es fuerte, y las ciudades fortificadas; y también vimos allí a los hijos de Anac....

.... Entonces Caleb hizo callar al pueblo delante de Moisés, y dijo:

¡Subamos luego, y tomemos posesión de ella; porque más podremos nosotros que ellos!

Más los varones que subieron con él, dijeron:

"No podremos subir contra aquel pueblo, porque es más fuerte que nosotros"

Y hablaron entre los hijos de Israel, de la tierra que habían reconocido, diciendo:

"La tierra por donde pasamos para reconocerla, es tierra que traga a sus moradores; y todo el pueblo que vimos en medio de ella son hombres de gran estatura".

"También vimos gigantes, y éramos nosotros, a nuestro parecer, como langostas; y así les parecíamos a ellos". (Números 13. 25/ 33)

Vinieron a Moisés y a Aarón
Vinieron a toda la congregación de los hijos de Israel
Vinieron a testificar de lo que vieron

- *Donde nos enviaron ciertamente fluye leche y miel y este es el fruto de ella. (pruebas).*
- *El pueblo que allí habita es fuerte.*
- *Las ciudades grandes, y fortificadas.*
- *También vimos a los hijos de Anac.*
- *Caleb dijo: Subamos y tomemos posesión de ella, porque más podremos nosotros, que ellos.*
- *Los otros dijeron: No podremos contra aquel pueblo.*
- *La tierra se traga a sus moradores*
- *También vimos gigantes éramos nosotros a nuestro parecer, como langostas; y así les parecíamos a ellos.*

Lo más sorprendente de todo este relato es que ninguno mintió, pero ciertamente Dios deja muy clara la enseñanza:

Pero sin fe es imposible agradar a Dios
Porque es necesario que el que se acerca a él
Crea que le hay y que es galardonador de los que le buscan
(Hebreos 11: 6)

La palabra de Dios declara, paso por paso, como *"Israel dio lugar a la incredulidad, y esta se apoderó de la situación"* **¡Todos, menos Josué y Caleb!**

Y este es solo el reporte de los espías enviados por Moisés a la tierra de la que fluye leche y miel.

Seguidamente, veremos cómo este espíritu inmundo causa estragos cuando se le da lugar.

¡No es que la enorme mayoría vieron la situación con *"pesimismo"*, no es que eran *"personas incapacitadas de la vista"*; no!

Veamos cómo describe el salmista lo acontecido en Cades:

<u>Salmos 106: 21/25</u>
Olvidaron al Dios de su salvación
que había hecho grandezas en Egipto
maravillas en la tierra de Cam (hijo de Noe)
cosas formidables sobre el mar Rojo
y trató de destruirlos
de no haberse interpuesto Moisés
su escogido delante de él
a fin de apartar su indignación
Para que no los destruyera
<u>Pero aborrecieron la tierra</u>
<u>No creyeron a su palabra</u>
<u>Antes murmuraron en sus tiendas</u>
<u>Y no oyeron la voz de Jehová</u>

Aplicación íntima, introspectiva.

Haga una lista de las ocasiones en las que tal vez, usted mismo aborreció la tierra, o tal vez no creyó a su palabra como se debe, o tal vez murmuró en su hogar, o quizás, desoyó la voz de Jehová Dios.

Tal lista tiene el solo propósito que Dios sepa, que usted sabe y que se arrepiente.

- *Aborrecer la tierra (su nota personal)*
- *No creer a su palabra (su nota personal)*
- *Murmurar desde la intimidad de nuestra morada (su nota personal)*
- *No oír la voz de Jehová Dios. (su nota personal)*

(Mis notas personales ya están delante de Dios)

Esta es sin duda la historia de una tragedia no deseada por Jehová Dios.

- *Y ninguna generación está exenta de esto*
- *Ni tu no yo estamos exentos de tales males*

La acción de la incredulidad

Entonces toda la congregación gritó, y dio voces; y el pueblo lloró aquella noche.

Y se quejaron contra Moisés y contra Aarón todos los hijos de Israel; y les dijo toda la multitud:

¡Ojalá muriéramos en la tierra de Egipto!; o en este desierto ojalá muriéramos!

¿Y por qué nos trae Jehová a esta tierra para caer a espada, y que nuestras mujeres y nuestros niños sean por presa?

¿No nos sería mejor volvernos a Egipto?

Y decían el uno al otro: Designemos un capitán, y volvámonos a Egipto.

Entonces Moisés y Aarón se postraron sobre sus rostros delante de toda la multitud de la congregación de los hijos de Israel.

Y Josué hijo de Nun y Caleb hijo de Jefone, que eran de los que habían reconocido la tierra, rompieron sus vestidos, y hablaron a toda la congregación de los hijos de Israel, diciendo:

¡La tierra por donde pasamos para reconocerla, es tierra en gran manera buena!

Si Jehová se agradare de nosotros, él nos llevará a esa tierra, ¡y nos la entregará! Tierra de la que fluye leche y miel.

Por tanto, no seáis rebeldes contra Jehová, ni temáis al pueblo de esta tierra; porque nosotros los comeremos como pan; su amparo se ha apartado de ellos, y con nosotros está Jehová; no los temáis.

Entonces toda la multitud habló de apedrearlos. (Números. 14: 4/ 10).

Antes de desarrollar este punto cabe notar que todos los responsables tuvieron la oportunidad de proceder correctamente a los ojos de Dios.

Es un hecho que, ante ciertos desafíos, las personas los vemos de maneras diferentes.

Por esta razón, los *"Departamentos de Recursos Humanos"*, de las empresas y entidades afines, desarrollan *"Métodos de Capacitación de Liderazgo"* basados en las cualidades de las personas para que estas *"tengan una visión del mundo acorde a los estándares **del mundo**"*.

En el caso que nos concierne, *"toda la multitud de la congregación de los hijos de Israel"*, y a las aplicaciones que correspondan en estos tiempos actuales.

Toda la congregación de los hijos de Israel

Solamente escucharon lo narrado por: Samua, Safat, Igal, Palti, Gadiel, Gadi, Amiel, Setur, Nahabi, Geuel. (Los diez espías incrédulos) Luego escucharon el reporte de Josué y Caleb, y entonces toda la multitud hablaba de apedrearlos.

La idea de siempre. ¡volvamos a Egipto!

En otros tiempos, nos formábamos opinión de las personas, poniendo la mirada en sus cualidades morales, bien instruidos, de buen testimonio, etc.

Muchas cosas cambiaron al llegar como *"moda Impuesta"*, el mal uso de las redes sociales. Hay demasiada gente malvada como para que estemos despreocupados con este tema.

La comunicación no es mala en sí misma. Socializar no es malo en sí mismo. Las amistades no son malas en sí mismas. Relacionarse no es malo en sí mismo.

Las influencias. Versión siglo XXI

En realidad, se trata de gente que intenta mostrar cierto tipo de atractivo, procurando instaurar alguna moda de turno, en las redes sociales.

Pero casi ninguno de ellos, te hablan de Cristo.

Estas personas *"influencian"* a otros según lo que cada uno de ellos considere bueno o malo, lindo o feo, de moda o pasado de moda.

Influencian sobre los usos y las costumbres, influencian sobre que ropa vestir, sobre qué se debe comer, etc.

Hoy lo popular se mide en *"cantidad de seguidores, "cantidad de: Me gusta".*

Cuidémonos de estas cosas porque *"no es verdad que solo los jóvenes están en riesgo",* "Nadie está libre de ser tentado".

Jesucristo tenía solo doce seguidores
Y uno de ellos lo entregó a la muerte

¿Qué veo yo, cuando miro?

¿Qué ves tú, cuando miras?

¿Qué vieron estos doce cuando miraron?

¿Se puede explicar razonablemente, que doce fueron a mirar, diez vieron una cosa y dos vieron otra?

La única explicación que encuentro es:

- *Dos miraron con fe en el corazón.*
- *Diez miraron con incredulidad en el corazón.*

¿Mirando lo mismo vieron cosas diferentes?
¿Puede pasarnos eso?

Lo único que no fue modificado por la incredulidad, fueron los frutos que recolectaron de la tierra, a modo de prueba; ya que era algo visible para los demás.

Todo lo demás fue corroído por la incredulidad

Se estima que Israel habría demorado desde la salida de Egipto hasta el desierto de *Parán* en *Cades*, aproximadamente **diez meses.**

Consecuencias de la incredulidad

"Y Jehova hablo a Moises y a Aarón, diciendo: Hasta cuando oiré esta depravada multitud que murmura contra mí, las querellas de los hijos de Israel, que de mí se quejan? Diles: Vivo yo, dice Jehová, que según habéis hablado a mis oídos, así haré yo con vosotros. En este desierto caerán vuestros cuerpos; todo el número de los que fueron contados de entre vosotros; de veinte años arriba, los cuales contra mi han murmurado. Vosotros a la verdad no entraréis en la tierra, por la cual alcé mi mano y juré que os haría habitar en ella, exceptuando a Caleb hijo de Jefone, y a Josué hijo de Nun. Pero a vuestros niños, de los cuales dijisteis que serían por presa, yo los introduciré, y ellos conocerán la tierra que vosotros despreciasteis. En cuanto a vosotros, vuestros cuerpos caerán en este desierto. Y vuestros hijos andarán pastoreando en el desierto cuarenta años, y ellos llevarán vuestras rebeldías, hasta que vuestros cuerpos sean consumidos en el desierto. Conforme al número de los días, de los cuarenta días en que reconocisteis la tierra, llevaréis vuestras iniquidades cuarenta años, un año por cada día; y conoceréis mi castigo. Yo Jehová he hablado; así haré a toda esta multitud perversa que se ha juntado contra mí; en este desierto serán consumidos, y ahí morirán. (Números 14: 26/34).

Tenemos cierta convicción incorporada a nuestro ser conforme a las promesas de Dios para con nosotros
"Cuando hablo con mi Padre, él me oye"

¿Hasta cuándo oiré esta depravada multitud que murmura contra mí, las querellas de los hijos de Israel que de mí se quejan? (Números 14: 26)

Dios nos oye en todo momento

Diles: Vivo yo, dice Jehová, que según habéis hablado a mis oídos, así haré yo con vosotros.

¡En este desierto caerán vuestros cuerpos! (Números 14: 26)

Así lo describe el salmista
Salmos 78: 21/22

Por tanto, oyó Jehová y se indignó
Se encendió el fuego contra Jacob
Y el furor subió también contra Israel
Por cuanto no habían creído a Dios
Ni habían confiado en su salvación.

Me resulta de suma bendición leer todo lo acontecido por boca de Caleb en conversación íntima con Josué, en referencia a lo que había acontecido en Cades-barnea muchos años antes, recordando aquel instante cuando participaron de la misión de los doce.

Y los hijos de Judá vinieron a Josué en Gilgal; y Caleb, hijo de Jefone cenezeo. le dijo: Tú sabes lo que Jehová dijo a Moisés, varón de Dios, en Cades-barnea, tocante a mí y a ti. Yo era de edad de cuarenta y cinco años cuando Moisés siervo de Jehová me envió de Cades-barnea a reconocer la tierra; y yo le traje noticias "como lo sentía en mi corazón". Y mis hermanos, los que habían subido conmigo, hicieron desfallecer el corazón del pueblo; pero "yo cumplí siguiendo a Jehová" mi Dios.

Entonces Moisés juró diciendo: Ciertamente la tierra que holló tu pie será para ti, y para tus hijos en herencia perpetua, por cuanto cumpliste siguiendo a Jehová tu Dios.

Ahora bien, Jehová me ha hecho vivir; como él dijo, estos cuarenta y cinco años, desde que Jehová habló estas palabras a Moisés, cuando Israel andaba por el desierto; y ahora, he aquí, yo soy de ochenta y cinco años. Todavía estoy tan fuerte como el día que Moisés me envió;

cuál era mi fuerza entonces, tal es ahora mi fuerza para la guerra, y para salir y para entrar.

Dame, pues, ahora este monte del cual habló Jehová aquel día porque tú oíste en aquel día que los anaceos están allí, y que hay ciudades grandes y fortificadas. Quizás Jehová estará conmigo, y los echaré como Jehová ha dicho. (Josué 14: 6/12).

En estos postreros días, el pueblo de Dios vive sumergido en diferentes confusiones que, sin duda, en algún momento, serán de tropiezo.

Tropezar es bueno si estamos transitando un camino que no es el designado por Dios.

Veamos la manera preventiva de discipular de Pablo a Timoteo

Porque vendrá tiempo cuando no sufrirán la sana doctrina, sino que teniendo comezón de oír se amontonarán maestros conforme a sus propias concupiscencias, y apartarán de la verdad el oído y se volverán a las fábulas.

Pero tú sé sobrio en todo, soporta las aflicciones, haz obra de evangelista, cumple tu ministerio. (2 Timoteo. 4: 3/5).

Aplicaciones contextuales

Números capítulo 14 – 2 Timoteo capítulo 4

- *El corazón de Dios no ha cambiado. Entre las fábulas de las que advierte Pablo a Timoteo, está la sensación que el corazón de Dios es uno en el Antiguo Testamento, y otro corazón en el Nuevo Testamento.* **¡Esto es falso!**
- *La expresión que usa Pablo a Timoteo, diciendo:* **"Vendrá tiempo donde no sufrirán la sana doctrina"** *(2 Timoteo 4: 3/4). Está diciendo precisamente eso: La sana doctrina es la que contiene las demandas de Dios, se sufre. Vendrán tiempos de predicaciones de doctrinas diluidas, sin demandas, sin nada que haya para soportar.* **¡Esto es cierto!**

- *Es cierto que Dios da oportunidades para restaurar nuestras vidas, pero también es cierto lo dicho en (Números. 14: 27), Dios diciendo:* **¿Hasta cuándo oiré esta depravada multitud que murmura contra mí?** *Hay un punto final.* **¡Esto es cierto!**
- *Que los que hablan y confunden al Pueblo de Dios, no les espera un final feliz. (Números. 14:36/38). (2 Timoteo 4)* **¡Esto es cierto!**
- *La unidad del Evangelio no es amontonamiento de maestros predicando fábulas. (2 Timoteo. 4: 3).* **¡Esto es cierto!**
- *La incredulidad, la desobediencia y la tibieza traen consecuencias. (Números. 14: 32/35).* **¡Esto es cierto!**
- *El ministerio se cumple en sobriedad, soportando aflicciones. (2 Timoteo. 4: 5).* **¡Esto es cierto!**

No pretendemos predicar juicios, tampoco liviandades. El evangelio es equilibrio, armonía, perfección, amor y justicia.

Pedimos a Dios constantemente, compartir su verdad, apoyados en su verdad; La palabra del Dios viviente. Alejados de la tibieza, porque tal cosa no le agrada.

Luego de estas cosas sobrevino una plaga y se cobró la vida de los diez espías malos e incrédulos. Pero tanto Caleb como Josué, fueron resguardados por Dios.

Hay un tiempo para obedecer la voz de Dios

Y se levantaron una mañana y subieron a la cumbre del monte, diciendo: Henos aquí para subir al lugar del cual ha hablado Jehová; porque hemos pecado.

Y dijo Moisés: ¿Por qué quebrantáis el mandamiento de Jehová?

Esto tampoco os saldrá bien. No subáis, porque Jehová no está en medio de vosotros. (Números. 14: 40/42ª).

Este texto, entre otras cosas dice que,
el pueblo también tiene responsabilidades.

> **Tuvieron "el evangelio predicado por Caleb y Josué"**
> **También tuvieron "el evangelio de la tibieza"**

Jesús enseña que todos tenemos la responsabilidad de oír, y aún más, de discernir aquello que oímos, y más aún, la responsabilidad de decidir que oír y atesorar y que desechar.

Porque no hay nada oculto que no haya de ser manifestado; ni escondido, que no haya de salir a la luz. Si alguno tiene oídos para oír, oiga.

Les dijo también: Mirad (discierne) lo que oís; porque con la medida con que medís, os será medido, y aún se os añadirá a vosotros lo que oís. Porque al que tiene se le dará; y al que no tiene, aún lo que tiene se le quitará. (Lucas. 4: 22/ 25).

> *¡Después de haber visto y vivido todas las señales*
> *que Dios realizó en Egipto*
> *que con mano fuerte liberó a su pueblo*
> *diez meses después sólo dos jóvenes, Josué y Caleb*
> **¡Pudieron mirar con fe, para ver la mano de Dios!**

Por tal razón, solamente ellos dos y los que tenían menos de veinte años esta vez en el *Desierto de Parán*, entraron a la tierra prometida, 39 años después.

Y ninguno de esa generación incrédula entró, incluso Moisés y Aaron, que también fueron privados de pisar la tierra de la que fluye leche y miel. A Moisés le concedió que viera la tierra desde lejos

Y habló Jehová a Moisés aquel mismo día, diciendo: Sube a este monte de Abarim, al monte Nebo, situado en la tierra de Moab que está frente a Jericó, y mira la tierra de Canaán, que yo doy por heredad a los hijos de Israel; y muere en el monte al cual subes, y sé unido a tu pueblo, así como murió Aaron tu hermano en el monte Hor, y fue unido a tu pueblo, por cuanto pecasteis contra mí en medio de los hijos de Israel en las aguas de Meriba de Cades, en el desierto de Zin; porque no me santificasteis en medio de los hijos de Israel. Verás, por tanto, delante de ti la tierra; mas no entrarás allá, a la tierra que doy a los hijos de Israel. (Deuteronomio 32: 48/ 50)

Textos acordes para desarrollar personalmente

(Puede escoger uno de ellos, y aplicar lo que Dios le haya habado a usted personalmente, en este módulo).

1 Reyes. 18: 41/ 46: *"Elías ora por lluvia"* **(Ver es cumplimiento de lo prometido)**

Marcos. 5: 32: *"Quien me tocó"* **(Ver la fe accionando en la gente)**

Colosenses. 3: 2: *"Poned la mira en las cosas de arriba"* **(Ver a Cristo señoreando)**

Miqueas. 7: 7: *"Mas yo a Jehová miraré"* **(Ver a mi Dios y esperar confiado)**

Mateo. 24: 26/27: *"No los creáis"* **(Ver la verdad para desechar lo engañoso)**

Apocalipsis. 1: 5/ 9: *El testigo fiel"* **(Todo ojo le vera)**

Juan. 4: 35/38: *"Los campos blancos"* **(Alcemos la mirada para la siega)**

¿No decís vosotros: Aún faltan cuatro meses para la siega? He aquí os digo:

¡Alzad vuestros ojos y mirad los campos! ¡Porque ya están blancos para la siega!

Y el que siega recibe salario, y recoge frutos para vida eterna, para que el que siembra goce juntamente con el que siega.

Yo os he enviado a segar lo que vosotros no labrasteis; otros labraron, y vosotros habéis entrado en sus labores.

VISIÓN DEL CORAZÓN DE DIOS
"Mirad a mi"
Los dos montes

Alguna mañana de domingo del invierno de 1850 en Inglaterra, un joven adolescente, hijo y nieto de ministros de Dios, sumamente agobiado por llevar hasta entonces una vida de pecado, decidió conducir en medio de una fuerte tormenta de nieve hacia la iglesia.

A mitad de camino se encontró con árboles caídos a causa de la tormenta, viéndose imposibilitado de llegar donde él quería llegar.

Tomó un camino alternativo, rodeado de zona boscosa, y de pronto ve una iglesia pequeña, y puesto que no iba a llegar donde él quería ir, se quedó en ese lugar.

Había solamente un puñado de hermanos, y a causa del clima, quien tenía a cargo la predicación, tampoco había podido llegar.

El joven adolescente veía con cierta preocupación quien traería la palabra del Señor ese día, hasta que un hermano, sumamente delgado y alto se puso en pie, y dirigiéndose al púlpito del altar abrió su biblia y leyó:

"Mirad a mí, y sed salvos, todos los términos de la tierra, porque yo soy Dios, y no hay más" (Isaías. 45: 22)

¡Mirad!

¡Dijo el predicador!

No hace falta estudiar demasiado para saber mirar.

¡Cualquiera puede hacerlo! Los ancianos, aunque algunos ya no ven bien, pueden mirar. Los niños pequeños pueden mirar, hasta los animales que viven en este bosque pueden mirar. ¡Dios no pide cosas imposibles! Hasta este joven agobiado puede mirar, (refiriéndose al joven adolescente). ¡Todos podemos mirar en esta mañana!

Pero Él no nos pide que miremos a cualquier cosa o lugar, él nos pide:

¡Mirad a mí!

¡Dijo el predicador!

Notoriamente no hacia uso del púlpito muy seguido, pero obediente a Dios se refirió casi con exclusividad al joven, diciendo:

¡Es a Él a quien debes mirar, es a Él al que debes confesarle tus pecados!

¡Porque él es Dios y no hay otro!

¡Dijo el predicador! ¡Él es quien salvará tu alma!

Aquel joven adolescente de esta historia real fue *Charles Heddon Spurgeon*.

Nadie sabe quién fue el ministro que debía predicar esa mañana el cual no pudo llegar a causa de la tormenta, ni tampoco quién fue ese hermano delgado y alto que con valentía tomó el compromiso del púlpito.

Nadie sabe sus nombres a excepción de Dios. En su plan perfecto, lleno de inspiración a ese hermano quien colaborara con Dios para llevar su cruz, al que más tarde sería *"El Príncipe de los Predicadores"*.

Uno de mis mentores, decía: **¡Hay que predicar con la simpleza de lo excelente!**

La intimidad con Dios trae consigo la toma de decisiones correctas

Siendo Spurgeon Pastor del "Tabernáculo Metropolitano de Newington, Londres" convenció a la congregación de la necesidad de reconstruir ese santuario, porque el que se estaba usando no contaba con dos características esenciales a su criterio.

- *Lo construyeron mucho más grande de capacidad y con el estilo de edificación griega. Tenía una capacidad de 5000 asistentes. El Pastor Charles llegó a predicar dos servicios consecutivos a lleno total sin micrófono. Su idea de construcción estilo griego traía consigo cierta acústica que lo hacía posible.*
- *Debajo del altar hizo construir un sótano, algo aireado para que sirva de lugar de oración. Predicó tantas veces de la suma importancia de la oración intercesora que durante sus prédicas se reunían cerca de 300 intercesores en el sótano, velando en oración por el Pastor, y por la libertad de las almas pecadoras que llegarían ese día.*

En cierta ocasión, un siervo de Dios de quien nunca trascendió el nombre preguntó: ¿Por qué van tantos hermanos a orar ahí debajo en lugar de estar escuchándolo en el Santuario? A lo que respondió: *¡Porque quien dio origen al pecado no tiene ningún interés en la libertad que Cristo ofrece!*

La enorme mayoría de las personas creen que el pecado se originó en Edén con la famosa manzana. Aún muchos hermanos, ya aprendieron que lo de la manzana no se sabe realmente de a qué fruto se refiere, pero siguen creyendo que el pecado se originó en Edén.

La palabra de Dios se predica con el uso frecuente de términos tales como:

Muerte, sangre, sacrificio, batalla, oposición, enemigo, adversario, azotes, crucifixión, escudo, espada, corona, yelmo, destrucción, apedrear, armadura, etc.

El escenario donde se lleva a cabo el plan de Dios
Es el escenario de la más brutal de las guerras

"Tu, querubín grande, protector, yo te puse en el santo monte de Dios, allí estuviste; en medio de las piedras de fuego te paseabas. Perfecto eras en todos tus caminos desde el día que fuiste creado, hasta que se halló en ti maldad. A causa de la multitud de tus contrataciones fuiste lleno de iniquidad, y pecaste; por lo que yo te eche del monte de Dios…" (Ezequiel. 28: 14/16ª).

"… espanto serás, y para siempre dejarás de ser" (Ezequiel. 28:19b).

Menciono esto al solo efecto de establecer escrituralmente donde y quien originó el pecado, entonces en pleno conocimiento de esto sabemos que Spurgeon hizo esto porque:

No tenemos lucha contra sangre y carne sino contra principados, contra potestades, contra los gobernadores de las tinieblas de este siglo en las regiones celestes. (Efesios 6: 12)

Interceder (del latín. "intercedere") significa: "intervenir" "ponerse en medio"

Tener claridad de conceptos nos lleva a la toma de decisiones correctas.

La claridad de conceptos no se compra, no se estudia, no viene con la experiencia, ni con los años; solamente está disponible ante Dios, en su presencia. *(Hebreos. 10: 19/25).*

El Pastor Charles Spurgeon tenía muy claro que era necesario poner un ejército de trescientos hermanos y hermanas intercesores, que "intervenga" a su favor durante la predicación, y que se ponga en medio de los pecadores y aquellas entidades espirituales que menciona la palabra de Dios.

Honestamente no tengo idea si el "Tabernáculo Metropolitano de Londres" necesitaba realmente una reestructuración edilicia, pero de cierto, si estoy seguro que, necesitaba una reestructuración espiritual.

Anotaciones de la vida del Tirsatha: C. H. Spurgeon

- *Habiéndose anotado para la admisión del Seminario teológico Bautista de Londres, fue citado por su director y por el error de una asistente del Seminario, estuvo esperando en el cuarto equivocado. Tras ese evento Dios le habló diciendo:* **"Si buscas grandes cosas para ti, no las busques de ellos"**
- *A pesar de que nunca asistió al Seminario Teológico; hay cientos de Seminarios y Centros de Estudios Teológicos que llevan su nombre en todo el mundo.*
- **Susanna Thompson** *fue su amada esposa, su ayuda idónea en el ministerio.*
- **Susanna** *padeció una enfermedad degenerativa muy dolorosa. A causa de esto, no podía asistir a los servicios del* **"London Metropolitan Tabernacle"** *El Pastor Charles le predicaba cada domingo, el mensaje que había predicado más temprano en el santuario.*
- **Susanna** *llamaba a su esposo en la intimidad:* **"Tirsatha".** *Título usado por los Gobernadores de Judea bajo el imperio persa. Significa:* **"Su Excelencia". A***morosamente le decía: No te llamo así porque te amo, lo hago por cómo me hablas de mi Cristo.*
- *Una noche el Pastor tuvo una fiebre severa.* **Susanna** *se dio cuenta que no estaba delirando por la fiebre, sino que estaba predicando dormido. Ella tomó notas de esa predicación y fueron las primeras notas del libro* **"All of Grace" "Solo por gracia".** *Es el libro cristiano más vendido después de la Biblia.*
- *Cada domingo en el* **Tabernáculo Metropolitano de Londres** *el Pastor Charles les pedía a los hermanos que el próximo domingo "no vinieran" porque no había lugar para las personas que llegaban fruto del "Avivamiento".*

Los ministros del Señor, que estaremos por su gracia sirviéndole en los tiempos finales, necesitamos ir a su cámara secreta y clamar por claridad de todas las cosas que hagamos de hoy en adelante.

¡Debemos preguntarle qué hacer, cómo hacerlo y cuándo hacerlo!
¡Qué es lo que Él quiere, cómo lo quiere y cuando lo quiere!

Solo así, tendremos las manos puestas en el arado

<u>*Mirad a mí, y sed salvos (Isaías. 45:22).*</u>
<u>*Buscadme y viviréis (Amos. 5:4)*</u>
<u>*Buscad a Jehová, y vivid. (Amos. 5:6)*</u>
<u>*Puestos los ojos en Cristo. (Hebreos. 12:2)*</u>

Quizás sean mis textos predilectos, por su contundencia a pesar de lo breve. Todos conllevan una acción de parte de los hombres y una respuesta eterna de parte de Dios.

No estoy diciendo de acciones (obras) como *condición salvífica*, sino las acciones (obras) como *consecuencia salvífica*.

Sin embargo, el Capítulo 12 de la Epístola a los hebreos es a mi entender:

¡*Crucial para el desarrollo de la vida cristiana!*
¡*Particularmente crucial para la vida ministerial cristiana!*

Texto focal: Hebreos capítulo 12 <leído por partes>

La gloriosa nube de testigos.

"Por tanto, nosotros también, teniendo en derredor nuestro tan grande nube de testigos, despojémonos de todo peso y del pecado que nos asedia, y corramos con paciencia la carrera que tenemos por delante, puestos los ojos en Cristo, el autor y consumador de la fe, el cual, por el gozo puesto delante de él, sufrió la cruz, menospreciando el oprobio, y se sentó a la diestra del trono de Dios". (Hebreos 12: 1/2)

El contexto inmediato de este texto está en el capítulo 11 de la epístola, Aquellos héroes de la fe son nuestros testigos y "referentes"

"… proveyendo Dios alguna cosa mejor para nosotros, para que no fuesen ellos perfeccionados aparte de nosotros". (Hebreos 11: 40).

Aquellos siervos "notables" de ayer son los testigos de nuestros ministerios de hoy; y nos sirven de ejemplo o de inspiración para despojarnos de todo peso y del pecado que nos asedia.

Y así, ser dotados de paciencia *(fruto del Espíritu Santo)*, para que corramos la carrera que tenemos por delante.

Esa expresión: *"la carrera que tenemos por delante"*, se refiere a su venida, por eso puestos los ojos en Cristo, que ya viene, o quien con gozo está por venir, sufrió la cruz.

Y ese acto, *(la crucifixión)* el mundo incrédulo lo puede tomar como un hecho vergonzoso, el cual puede denotar debilidad. Pero ese es el lugar merecido para todos nosotros, llenos de vergüenzas y debilidades, pero Cristo, por haber aceptado la Cruz cumpliendo así la voluntad del Padre, se sentó a la diestra del trono del Padre.

Testigos de Dios

Y valga esto como contexto aclaratorio y revelador.

*Los hombres sopesamos con más valía otras cosas
respecto a esos héroes de la fe*

Traemos incorporado en nuestro ser, la enorme dificultad de aceptar la salvación con la total ausencia de obras.

Entonces nos parece que Abraham fue llamado amigo de Dios por haber salido una vez, de su tierra y de la casa de su padre sin preguntar nada, solamente confiado que Dios le mostraría a su tiempo.

O por estar dispuesto a llevar a Isaac, su hijo a un altar en el Monte Moriah, donde el joven, seria holocausto.

Creemos que Noé fue amado por Dios por construir un arca cuando nunca había llovido sobre la tierra.

Creemos que Moisés, fue tan preciado para Dios por haber enfrentado cara a cara a Faraón, el hombre más poderoso del mundo conocido en ese entonces y que por tal razón Dios mismo lo respaldó con portentos nunca vistos.

Sin embargo, la razón es otra:

(Hebreos 11: 13/16) <parafraseado>
- *Conforme a la fe murieron todos éstos sin haber sin haber recibido lo prometido*
- *Mirándolo de lejos, y creyéndolo, y saludándolo, y confesándolo*
- *Como extranjeros y peregrinos sobre la tierra*
- *Buscando una patria*
- *Si hubieran considerado como patria aquella de donde salieron, ciertamente tenían tiempo de volver*
- *Pero anhelaban una patria mejor, una patria celestial*
- *Por lo cual "Dios no se avergüenza de llamarse el Dios de ellos"*

Esa es la verdadera razón, nunca mirar atrás.

Teniendo claridad de entendimiento bajo la luz de esta verdad, es importante que nos tomemos unos minutos y reflexionar una vez más en estos dichos del Señor Jesús.

- *Las zorras tienen guaridas, y las aves de los cielos tienen nidos; más el Hijo del Hombre no tiene donde recostar su cabeza.*
- *Deja que los muertos entierren a sus muertos; tú ve, y anuncia el reino de Dios.*
- *Ninguno que poniendo su mano en el arado mira hacia atrás, es apto para el reino de Dios.*

(Lucas 9: 58/62)

Entonces tampoco Dios se avergonzará
De llamarse: El Dios tuyo

Amados, fuimos llamados a correr la carrera desprovistos del pecado; porque el pecado "pesa", duele, lastima.

Si alguno tiene hoy que despojarse de algún peso que no debería estar llevando, el Señor lo espera con sus manos extendidas.

Cuando la palabra nos habla de "pecados que nos asedian" se refiere a que, para cada uno, cada cosa representa algo diferente.

Nos asedian por la tentación de nuestras propias concupiscencias, nuestras áreas de debilidad de las cuales no debemos avergonzarnos, sino redoblar la oración en ese sentido y pedirle aquello que Pablo proclamó, diciendo:

"Su poder se perfecciona en mi debilidad"

Combatiendo – Resistiendo

Considerando al Señor.

"Considerad a aquel que sufrió tal contradicción de pecadores contra sí mismo, para que vuestro ánimo no se canse hasta desmayar. Porque aún no habéis resistido hasta la sangre, combatiendo contra el pecado, y habéis ya olvidado la exhortación que como a hijos se os dirige: Hijo mío, no menospreciéis la disciplina del Señor, ni desmayes cuando eres reprendido por él; porque el Señor al que ama disciplina y azota a todo el que recibe por hijo" (Hebreos 12: 3/6).

Las palabras claves de estos versículos son: *"combatiendo"*, *"resistiendo"*.

Sabemos que el Señor Jesús llevó en la cruz del Calvario el *"pecado de todos"*.

El autor de la epístola nos advierte que la contradicción que hay en la consideración de los pecadores no doblegue nuestro ánimo hasta desmayar.

- *Porque el Señor dio su vida para salvar al pecador, arrepintiéndose este, de su pecado.*
- *Porque nuestra lucha tiene cierta dosis de contradicción*
- *Debemos combatir al pecado, si fuera necesario hasta la sangre*

- *Al mismo tiempo debemos poner nuestras vidas al servicio de Dios por amor a los pecadores, llevándoles el mensaje de arrepentimiento.*
- *Y cuando no estamos haciéndolo como Él quiere, pues no olvidemos que el Señor exhorta a sus hijos con disciplina si fuese necesario.*

De Padre a hijo

Partícipes en la santidad

"Si soportáis la disciplina, Dios nos trata como a hijos; porque ¿Que hijo es aquel a quien el Padre no disciplina? Pero si se os deja sin disciplina, de la cual todos han sido participantes, entonces sois bastardos, y no hijos. Por otra parte, tuvimos a nuestros padres terrenales que nos disciplinaban, y los venerábamos. ¿Por qué no obedeceremos mucho mejor al Padre de los espíritus, y viviremos? Y aquéllos, ciertamente por pocos días nos disciplinaban como a ellos les parecía, pero éste para lo que nos es provechoso, para que participemos de su santidad. Es verdad que ninguna disciplina al presente parece ser causa de gozo, sino de tristeza; pero después da fruto apacible de justicia a los que en ella han sido ejercitados" (Hebreos. 12:7/11)

Conceptos sobresalientes

- *Soportando su disciplina. Es una prueba contundente de cómo Dios nos trata como a hijos.*
- *Nuestros padres terrenales nos disciplinaban como a ellos les parecía, y recibían nuestra veneración*
- *Su disciplina nos hace partícipes de su santidad.*
- *Confiados en que su disciplina traerá fruto apacible de justicia.*

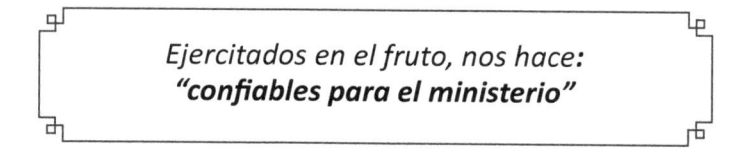

Ejercitados en el fruto, nos hace:
"confiables para el ministerio"

Un sendero que pisar.

"Por lo cual, levantad las manos caídas y las rodillas paralizadas; y haced sendas derechas para vuestros pies, para que lo cojo no se salga del camino, sino que sea sanado. Seguid la paz con todos, y la santidad, sin la cual nadie verá al Señor" (Hebreos. 12: 12/14).

Por tal razón, porque esa preciosa disciplina hace que seamos *"partícipes"* de Su santidad, es que nos pide que:

- *Levantemos nuestras manos caídas*
- *Firmes sobre nuestros pies*
- *Hagamos sendas derechas*
- *Sin que lo cojo nos haga salir del camino'*
- *Siguiendo la santidad*
- *Y entonces le veremos*

En su libro, "El ganador de almas" el Pastor Charles. H. Spurgeon, nos refiere este pensamiento:

En la Escuela de Dios, debemos ser aptos para enseñar y discipular y "Doctorados en Santidad" para respaldar de lo que enseñamos.

La raíz de amargura

"Mirad bien, no sea que alguno deje de alcanzar la gracia de Dios; que, brotando alguna raíz de amargura, os estorbe, y por ella sean muchos contaminados. (Hebreos. 12: 15)

Conceptos sobresalientes

- *La amargura del alma siempre es combatida por el Espíritu Santo.*
- *Si no permitimos que sea extirpada de raíz, volverá a manifestarse en nuestras vidas*
- *Lo más grave de esto:* **Altamente contagiosa**

No sea que haya algún fornicario, o profano, como Esaú, que por una sola comida vendió su primogenitura. Porque ya sabéis que aun después, deseando heredar la bendición, fue desechada, y no hubo oportunidad para el arrepentimiento, aunque la procuró con lágrimas. (Hebreos. 12: 16/17).

- La fornicación es un pecado que "simboliza la apostasía".

- Es una advertencia hecha a los hebreos destinatarios de la carta.
- No cometamos el error de muchos en considerar que esto o aquello tenía sus destinatarios.
- La Palabra de Dios es viva y eficaz por tal razón es nuestro deber aprender lo histórico sin olvidarnos deliberadamente de que cada texto de la Biblia debe tener una "aplicación santa y espiritual.
- Dicha advertencia incluye una dura comparación con Esaú, el cual cambió "la bendición" por un bocado de carne.
- El concepto es que: Ante la bendición de Dios, cualquier otra cosa es "**nada**"

El tiempo de la bendición.

- **"Aún después"** Expresa de manera clara y contundente que la actitud de Esaú es **dar la espalda a la bendición de Dios.**
- Dar la espalda a su bendición es a los ojos de Dios la actitud de "fornicarios y profanos" y por tal razón fue **"desechado"**.
- Y aunque procuró con lágrimas. restablecer lo perdido **no hubo oportunidad para arrepentiervto.**

Un mensaje secuencial

Toda amargura tiene una raíz
La amargura debe ser extirpada de raíz
La amargura da lugar a la fornicación

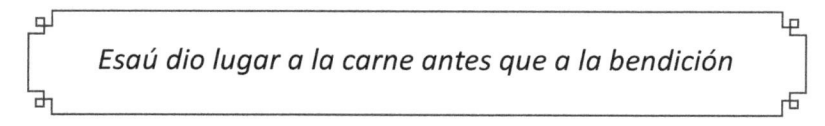

> *Esaú dio lugar a la carne antes que a la bendición*

Y fue desechado por Dios
La fornicación es "apostasía"

Y no hubo lugar al arrepentimiento ni consideradas las lágrimas

Dos montes bien conocidos por los hebreos

Porque no os habéis acercado al monte que se podía palpar, y que ardía en fuego, a la oscuridad, a las tinieblas y a la tempestad, al sonido de la trompeta, y a la voz que hablaba, la cual los que la oyeron rogaron que no se les hablase más, porque no podían soportar lo que se ordenaba: Si aun una bestia tocare el monte será apedreada, o pasado con dardo; y tan terrible era lo que se veía, que Moisés dijo: Estoy espantado y temblando; sino que os habéis acercado al Monte de Sion, a la ciudad del Dios vivo, Jerusalén la celestial, a la compañía de muchos millares de ángeles, a la congregación de los primogénitos que están inscritos en los cielos, a Dios el Juez de todos, a los espíritus de los justos hechos perfectos, a Jesús el Mediador del nuevo pacto, y a la sangre rociada que habla mejor que la de Abel. (Hebreos 12: 18/21)

El Monte Sinaí

Visión alegórica del Antiguo Pacto

Nos acercamos al Monte que representa las obras de la ley

- *El monte mencionado refiere al Monte Sinaí, donde le fue dada a Moisés, las tablas de la Ley; y la descripción de está (bien*

*reconocida por el pueblo hebreo) **(y que ardía en fuego, a la oscuridad, a las tinieblas y a la tempestad, al sonido de la trompeta, y a la voz que hablaba.***
- *En mención a todos los que vivieron por la Ley, la cual vino a ser la concientización de Dios para su pueblo Israel.*
- *Aquellos que oyeron la voz que hablaba, y aún disponiendo su corazón para cumplirla; Dios mostró que era de "cumplimiento imposible".*
- *Ese Israel, preciado por Dios, precioso para Cristo debía entender que no podía salvarse por las obras de la Ley.*
- *Sigue esta visión con esta sentencia: **(vs 19/20: Los que oyeron la voz, la Ley)** rogaron que no se les hable más, porque no podían soportar lo que se ordenaba).*
- *El Espíritu Santo en una expresión sublime de su inspiración para con el autor de la epístola, hizo poner en boca de Moisés:* **"vs 21: Estoy espantado y temblando".**

Otra vez recalco, es una alegoría usada por Dios para exponer a continuación, la categórica efectividad del *Nuevo Pacto* sobre el Antiguo, porque ya no depende de las obras de los hombres, sino que, a Israel, Dios mismo le proveería un Mediador.

El Monte de Sion

Visión alegórica del Nuevo Pacto

Ahora, os habéis acercado al "Monte de Sion", a la ciudad del Dios vivo, Jerusalén la celestial, a la compañía de muchos millares de ángeles, a la congregación de los primogénitos que están inscritos en los cielos, a Dios el Juez de todos, a los espíritus de los justos hechos perfectos, a Jesús el Mediador del nuevo pacto, y a la sangre rociada que habla mejor que la de Abel. (Hebreos 12: 22 /24)

Ahora nos acercamos al Monte que representa la gracia

- *Al Monte de Sion*
- *A la ciudad del Dios vivo*

- *Jerusalén, la celestial*
- *A la compañía de millares de ángeles*
- *A la congregación de los primogénitos que están inscritos en los cielos*
- *A la presencia de Dios, el Juez de todos*
- *A los justos, hechos perfectos*
- *A Jesús el Mediador del nuevo pacto*
  A la sangre rociada que habla mejor que la de Abel

Cuando hablamos de "gracia" me queda la sensación que el pueblo de Dios no tiene una cabal dimensión de todo lo que la gracia es.

Anote esta lista en una hoja y téngala siempre con usted, y resaltados estos tres versículos en su biblia.

Dios le proveerá a usted, en algún momento, en alguna reunión entre hermanos, que comparta esta verdad para beneficio de su pueblo.

Dígales a sus hermanos todo lo que la gracia abarca, todo lo que el Padre nos ha provisto por medio de Hijo.

Usted será de gran bendición a ellos cuanto de "gracia" se hable. Tres versículos que siempre estuvieron ahí, y que quizás hoy, por la misericordia de Dios, haya cobrado vida en usted,

El contexto inspirado

- *Dios, habiendo hablado muchas veces y de muchas maneras en otro tiempo a los padres por los profetas, en estos postreros días nos ha hablado por el Hijo, a quien constituyó heredero de todo, y por quien asimismo hizo el universo. (Hebreos 1: 1/2)*
- *"A los hebreos" es una epístola donde el Espíritu Santo ha inspirado a su autor a compartir con sus hermanos hebreos, ilustrando la verdad por medios de estos dos montes muy conocidos y emblemáticos para ellos.*

- *"Dos montes, el Sinaí donde todo lo acontecido fue visto, hechos palpables", "y el monte de Sion, donde todo lo acontecido no es palpable".*
- Y Dios no lo hizo palpable con el propósito eterno *"de que solo pueda ser escalado por medio de la fe"*

> Ambos Pactos de Dios representados
> dos montes emblemáticos
> El Monte Sinaí – "Las tablas palpables"
> El Monte de Sion – "La gracia irresistible"

Ambos, descriptos por el Espíritu Santo de manera contundente

Pero ahora en Cristo Jesús

Fuimos hechos cercanos al nuevo Monte

Durante todos los tiempos Dios ha hablado

*En estos últimos tiempos
Dios ha decidido hablar por medio de sus siervos
Los predicadores de la gracia de Jesucristo*

Todos los que hemos sido llamados al ministerio y a la predicación del evangelio de la gracia de Dios, hemos sido llamados a *"vivir cerca de Él"*.

Este es el propósito de nuestras vidas *"y de nuestra predicación"*

Cercanos

- *Al monte de Sion*
- *A la ciudad del Dios vivo*
- *Jerusalén, la celestial*
- *A la compañía de millares de ángeles*

- *A la congregación de los primogénitos que están inscritos en los cielos*
- *A la presencia de Dios, el Juez de todos*
- *A los justos, hechos perfectos*
- *A Jesús el Mediador del nuevo pacto*
- *A la sangre rociada que habla mejor que la de Abel*

La voz del Hijo

Mirad que no deseché is al que habla. Porque si no escaparon aquellos que desecharon al que los amonestaban en la tierra, mucho menos al que os amonesta desde los cielos.

La voz del cual conmovió entonces la tierra, pero ahora ha prometido, diciendo: Aún una vez, y conmoveré no solamente la tierra, sino también el cielo.

Y esta frase: Aún una vez, indica la remoción de las cosas movibles, como cosas hechas, para que queden las inconmovibles.

Así que recibiendo nosotros un reino inconmovible, tengamos gratitud, y mediante ella sirvamos a Dios agradándole con temor y reverencia, porque nuestro Dios es fuego consumidor. (Hebreos. 12: 25/29).

No desechen al que habla ahora.

- **Jesucristo, el Señor!** *Él es el que habla ahora.*
- *Las amonestaciones en la tierra vinieron a Israel por boca de Moisés. Y no fue desechada por el pueblo de Dios.*
- **(Hebreos 12: 7/11)** *refiriéndose a la disciplina, Dios mismo nos pone en contexto de lo que ha de decir ahora:* **Moisés es el venerado padre que nos dio la disciplina terrenal.**
- *Y la voz de Moisés, "aún una vez", ciertamente conmovió la tierra, especialmente a Israel.*
- *Pero ahora ha prometido, diciendo:* **"Aún una vez"** *conmoverá no solamente la tierra, sino también el cielo.*

- Las amonestaciones ahora vienen a Israel *"y a todo aquel que en Jesucristo crea"*. Él es quien está *"hablando ahora"*, y lo más maravilloso es que Él mismo nos dice:

"No penséis que he venido para abrogar (a Moisés) la ley o los profetas, no he venido para abrogar sino para cumplir (dar plenitud). Porque de cierto, de cierto os digo que hasta que pasen el cielo y la tierra, ni una jota, ni una tilde pasará de la ley, <u>hasta que todo se haya cumplido.</u>

De manera que cualquiera que quebrante uno de estos mandamientos muy pequeños, y así enseñe a los hombres, muy pequeño será llamado en el reino de los cielos; más cualquiera que los haga y los enseñe, este será llamado grande en el reino de los cielos". (Mateo. 5:17/19).

Y esto indica la remoción, *(eliminación, erradicación, extirpación)*, de las cosas movibles, como las cosas hechas, para que queden las inconmovibles.

Podemos notar la sincronía de la carta a los hebreos con las palabras de Jesús

El propósito de las parábolas es para que entendamos los conceptos espirituales y eternos a los que Jesús hizo mención.

¿De qué sirve entender los conceptos de Cristo si no los aplicamos en la vida?

<u>¡El evangelio es la manera en que Dios derriba para reedificar!</u>

En aquel tiempo estabais sin Cristo, alejados de la ciudadanía de Israel y ajenos a los pactos de la promesa, sin esperanza y sin Dios en el mundo.

Pero ahora en Cristo Jesús, vosotros que en otros tiempos estabais lejos, habéis sido hechos cercanos por la sangre de Cristo.

***¡Porque él es nuestra paz! <u>Que de ambos pueblos hizo uno, derribando la pared intermedia de separación, aboliendo en su carne las enemistades, la ley de los mandamientos expresados en ordenanzas, para crear en sí mismo de los dos un solo nuevo hombre haciendo la paz.</u>** (Efesios. 2: 12/15).*

"Cualquiera, pues, que me oye estas palabras, y las hace, le comparé a un hombre prudente, que edificó su casa sobre la roca. Descendió lluvia, y vinieron ríos, y soplaron vientos, y golpearon contra aquella casa; <u>y no cayó, porque estaba fundada sobre la roca.</u> Pero cualquiera que me oye estas palabras y no las hace, le comparé a un hombre insensato, que edificó su casa sobre la arena; y descendió lluvia, y vinieron ríos, y soplaron vientos, y dieron con ímpetu contra aquella casa; y cayó, y fue grande su ruina" (Mateo. 7: 24/27).

Conceptos de la fe cristiana

- *Cristo es el único cimiento seguro de todo lo que edifique*
- *Se puede construir sobre arena, pero ciertamente caerá*
- *La lejanía de Cristo es insensatéz*
- *A los ojos de Dios, una división la ve como arena*
- *De seguro sobre todos vendrán lluvias, ríos y vientos*
- *Cristo es la Roca Inconmovible, es el Rey Inconmovible, de un Reino Inconmovible*
- *Cristo te ama*

Fuimos llamados para ser su voz
La voz del cual conmovió la tierra desde el Monte Sinaí
También conmoverá el cielo desde el Monte de Sion
Nuestro Dios es fuego consumidor

VISIÓN DEL CORAZÓN DE DIOS
¿Hacia dónde? !Señor!
El viaje de los siervos

<u>Un puente hacia el futuro</u>.

Cierta vez, mi Pastor Raul Ameri, en una de sus visitaciones, llego a mi casa y como era habitual también, comenzamos a conversar de las cosas del Señor, de la obra, en la cual, él pastoreaba y yo me desempeñaba en las labores del diaconado; y de pronto me formula esta pregunta: *Daniel, ¿cómo te imaginas a ti mismo dentro de diez años?* No me respondas ahora, piénsalo.

¡Pero quiero que sepas que sea lo que sea, debes empezar ya mismo a trabajar por ello!

Pastor Raúl Ameri y su esposa Ester

Al empezar a escribir todas estas cosas, el Señor inquietó mi corazón, diciendo: *Le quiero contar a mi pueblo, a todos quienes reciban estas, mis palabras; no de donde cada uno debe salir, ni dónde deben llegar. ¡Eso es fruto de cada uno en intimidad conmigo!*

¡Quiero contarles del viaje!

¿Acaso encontraremos otro hombre como éste, en quien este el Espíritu de Dios?

Y dijo Faraón a José: Pues que Dios te ha hecho saber todo esto, no hay entendido ni sabio como tú. Tú estarás sobre mi casa, y por tu palabra se gobernará todo mi pueblo; solamente en el trono seré yo mayor que tú. Dijo además Faraón a José: He aquí yo te he puesto sobre toda la tierra de Egipto. Entonces Faraón quitó su anillo de su mano y lo puso en la mano de José…

Y comenzaron a venir los siete años de hambre, como José había dicho; y hubo hambre en todos los países, más en toda la tierra de Egipto había pan" (Génesis 41 : 38/42; 54).

José, ha sido un siervo de Dios a quien se le concedió el don de interpretar sueños, reconocer que tales sueños eran de parte de Dios, y trabajar desde ese mismo momento para el momento de la realización de lo que Dios habló por sueños.

Antes de desarrollar lo que Dios nos ha encomendado, debemos saber que nos hablara el Señor en el contexto de la construcción del futuro. Así como lo hizo José.

*El gran problema radica
es que se puede edificar de dos maneras*

Esta advertencia es lo que Pablo advierte a los corintios.

1 Corintios capítulo tres.

Los fundamentos ya han sido puestos por Dios
Mire cada uno cómo sobreedifica

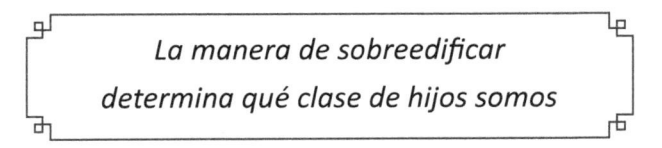

> *La manera de sobreedificar determina qué clase de hijos somos*

De espaldas a Dios *(La manera errónea de sobreedificar)*

"Y dijeron: Vamos, edifiquémonos una ciudad y una torre, cuya cúspide llegue al cielo; y hagámonos un nombre, por si fuéramos esparcidos sobre la faz de toda la tierra. Y descendió Jehová para ver la ciudad y la torre que edificaban los hijos de los hombres. Y dijo Jehová: He aquí el pueblo es uno, y todos estos tienen un solo lenguaje; y han comenzado la obra, y nada les hará desistir ahora lo que han pensado hacer. Ahora pues, descendamos, y confundamos allí su lengua, para que ninguno entienda lo que habla su compañero. (Génesis. 11: 4/7)

¡Lo que han pensado hacer!

El mismo Señor nos advierte en su palabra que hay ciertas actitudes en sus hijos que no son de su agrado, ni de ningún provecho para sí mismos.

- *¡Lo que han pensado hacer! Así lo define Dios, en una frase, su desagrado.*
- *Los hijos que hacen, "y una vez hecho piden a Dios su bendición sobre lo hecho", actúan fuera de lo planeado por Dios para su propia vida. Así como ocurrió en Babel, el Señor los confundió, para que dejaran de ejecutar ese plan el cual jamás estuvo en el corazón del Padre.*
- *¿Es el deseo de Dios confundirnos? ¡Claro que no!*
- *Yo estuve en esa situación alguna vez, y cuando medito en ello, solo digo: ¡Gracias Señor por haberme confundido a tal punto que tuve que abandonar la infructuosa tarea por no saber cómo continuarla!*

Si esto le parece algo familiar, solo le digo: *¡Qué bueno que lo está leyendo o escuchando!*

¡Tranquilo mi hermano!, solamente *"estaría bien si desiste de esa construcción suya y la deseche"*, luego va a Dios y se arrepiente, y luego ora al Padre pidiéndole que le revele todos los detalles del proyecto en el que debe ponerse a trabajar duramente. Otra vez aclaro: No estoy compartiendo esto con un conocimiento conceptual de esta verdad espiritual. *¡También me tocó pasar por eso!*

Guiados por Dios *(La manera correcta de sobreedificar)*

"Cualquiera, pues, que me oye estas palabras, y las hace, le compararé a un hombre prudente, que edificó su casa sobre la roca. Descendió lluvia, y vinieron ríos, y soplaron vientos, y golpearon contra aquella casa; y no cayó, porque estaba fundada sobre la roca. Pero cualquiera que me oye estas palabras, y no las hace, le compararé a un hombre insensato, que edificó su casa sobre la arena; y descendió lluvia, y vinieron ríos, y soplaron vientos, y dieron con ímpetu contra aquella casa; y cayó, y fue grande su ruina. (Mateo. 7: 24/27).

Aplicación espiritual.

Hemos visto dos pasajes extremadamente conocidos, Babel por el error, y la parábola de los dos cimientos por la advertencia.

Cada uno de estos dos pasajes tiene una expresión parecida:

Lo que han pensado hacer
Es una expresión paralela a
Edificó su casa sobre
En ambos casos plantea un problema
Pensar hacer algo o edificar algo, no es malo

El problema es delante quien hemos pensado
Bajo las instrucciones de quien hemos edificado

Tenemos la mala costumbre de pensar y edificar
Luego oramos: Señor bendice este plan o esta construcción

> *¡Las paredes se ven torcidas una vez hechas!*

Como les dije, Dios me pidió que contara el viaje; pero no hay tanta información para contarles detalles del proceso entre Dios y José. Eso queda en la intimidad entre ambos, entonces podemos contar *"el viaje"* desde lo vivido y narrado por el Faraón.

> **¡Al fin y al cabo, el que bendice y el bendecido viajan juntos!**

¿Acaso encontraremos otro hombre como éste, en quien este el Espíritu de Dios? (Génesis 41: 38)

Podría decir que, al escuchar la interpretación del sueño contada por José, es ese el momento exacto donde comienza *"el viaje"*, y también es el momento exacto en que ese *"Puente hacia el futuro"* empieza a ser construido en nuestras vidas

La fe viene por el oír, y el oír, por la palabra de Dios. (Romanos. 10: 17).

Siempre el primer paso es oír.

Pero después de oír, el Faraón creyó. Luego reconoció para sí y su entorno, algo evidente:

> *En ese hombre se manifiesta el Espíritu de Dios.*

Primera conclusión.

> *La bendición comienza al*
> *Oír – Creer – Reconocer*

Y dijo Faraón a José: Pues que Dios te ha hecho saber todo esto, no hay entendido ni sabio como tú.

¡Pues que Dios te ha hecho saber todo esto, no hay entendido ni sabio como tú! (Genesis 41 :39)

Ya una vez habiendo zarpado, El Señor de los Viajes continúa mostrándonos nuevos paisajes, y dando nuevas instrucciones.

Cabe resaltar que, si bien el camino es absolutamente desconocido para cada uno de nosotros, tal como lo fue para Faraón, la clave está en la confianza depositada completamente en aquel a quien Dios le confió su Visión.

De ahí, el título de esto que debo compartir con todos ustedes.

Otra vez resalto: Lejos de tener respuestas, solo tengo la certeza que:

***Todo siervo tiene esta responsabilidad dada por Dios
Acudir a su presencia y preguntarle
¿Hacia dónde, Señor?***

Una vez que Faraón dio los primeros tres pasos de la secuencia de la bendición, es el momento de *"proclamar"*.

"Ustedes escojan a quien servir, pero yo y mi casa serviremos a Jehová". (Josué. 24:15).

Dios, por su palabra nos "manda" realizar todo tipo de proclamas. Las proclamas son sumamente necesarias porque por medio de ellas podemos expresar quienes somos, en quien hemos creído, y que hay una línea que el mundo no ve ni conoce la cual no estamos dispuestos a cruzar.

Las proclamas nos brindan "firmeza" de parte de Dios.

***¡Que el resto haga lo que quieran, más yo y mi
casa serviremos a Jehová!***

*Las proclamas son una manera de decir al mundo
Y a toda potestad espiritual en quien hemos creído*

En quien hemos puesta toda nuestra confianza

Al comenzar a escribir *"Corazón de Siervo"* he tomado el compromiso de no eludir ningún tema de la actualidad que haya generado cierta controversia.

Por el contrario, *"Corazón de Siervo"* reconoce las controversias, y procuramos analizarlas bajo la luz de la palabra de Dios. Porque las controversias son de los hombres en su totalidad.

Amados hermanos míos, no erréis. Toda buena dádiva y todo don perfecto desciende de lo alto, del Padre de las luces, en el cual no hay mudanza, ni sombra de variación. (Santiago 1: 17).

Quiero diferenciar dos expresiones bastante usadas en estos tiempos.

- *¡Yo proclamo!* Es una expresión de fe.
- *¡Yo decreto!* Es un acto inherente a la soberanía
- La fe es algo que Dios ha dado a los hombres como único camino a la gracia que es Cristo.
- La soberanía es un atributo "exclusivo" de Dios.

Proclamar fue una característica de David.

- *Mas tú, Jehová, eres escudo alrededor de mí; ¡Mi gloria, y el que levanta mi cabeza! (Salmos 3: 3).*
- *¡Jehová es mi pastor, nada me faltará! (Salmos 23: 1).*
- *Diré yo a Jehová: Esperanza mía, y castillo mío. ¡Mi Dios en quien confiaré! (Salmos 91: 2).*
- *Alzaré mis ojos a los montes; ¿De dónde vendrá mi socorro? ¡Mi socorro viene de Jehová que hizo los cielos y la tierra! (Salmos 121: 1/2).*

Faraón proclamó, al mundo espiritual y a su entorno, que a José ¡Dios le ha hecho saber todo esto!

Segunda conclusión.

La bendición continúa:
Cuando proclamamos

Tú estarás sobre mi casa, y por tu palabra se gobernará todo mi pueblo; solamente en el trono seré yo mayor que tú. (Génesis 41: 40)

Luego de esto, Faraón dijo: *¡Tú estarás sobre mi casa!*

Ya en pleno viaje, Dios mueve su mano para que tomemos conciencia que es tiempo de pasar a la acción.

Hasta aquí, todo ha sido un trato interno de parte de Dios para con cada uno. Pero a todos nos llega el momento de tomar decisiones de fe; y asimismo fue con Faraón.

Aplicaciones contextuales.

Antes bienaventurados los que oyen la palabra de Dios, y la guardan. (Lucas 10: 28)

Pero sed hacedores de la palabra y no solamente oidores, engañándoos a vosotros mismos. (Santiago 1: 22).

Cuando actuamos en fe, es el fruto de un proceso anterior que muy bien describió en autor de la epístola a los hebreos, diciendo: *Es, pues, la fe, la certeza de lo que se espera y la convicción de lo que no se ve (Hebreos. 11: 1)*

Actuamos porque en nuestro corazón *"impera certeza y convicción"* que trae consigo la acción de haber creído.

Porque ciertamente, el ser oidores olvidadizos de la palabra de Dios, es vivir una vida engañándonos a nosotros mismos.

Es autoproclamarse *"cristiano"*, pero al mismo tiempo, ciertas acciones en sus vidas negaran aquello que proclaman con su boca.

Faraón comenzó a *"actuar"* con absoluta certeza; al tomar la iniciativa de poner a Jose en un puesto sumamente especial:

"Tú estarás sobre mi casa"

Tercera conclusión.

La bendición se acentúa
Cuando actuamos consecuentemente con lo que creemos

Tú estarás sobre mi casa, y por tu palabra se gobernará todo mi pueblo; solamente en el trono seré yo mayor que tú.

¡Por tu palabra se gobernará todo mi pueblo! (Génesis 41: 40)

El viaje sigue, y sigue cada vez más lindo y atrapante, acá, sobre una hoja de papel; ¡Cuanto más en la vida!

Todos los hijos de Dios están llamados a *"respaldar lo actuado"*, más aún, los siervos.

Hay en estas palabras de Faraón un hermoso concepto espiritual, bíblico.

El que tiene autoridad no tiene complejos
Naturalmente delega autoridad en otros
Cuando ve claramente que en "el tal"
Se manifiesta el fruto del Espíritu Santo

- *Jesús se acercó y les dijo: Toda potestad me es dada en el cielo y en la tierra*
- *Por tanto, id y haced discípulos a todas las naciones, bautizándolos en el nombre del Padre, del Hijo, y del Espíritu Santo. (Mateo 28: 18/19)*

Otra vez el apóstol Pablo en su segunda carta a su hijo espiritual Timoteo, dice:

Mas evita profanas y vanas palabrerías; porque muy adelante irán en la impiedad"

(Nueva Biblia Latinoamericana) concluye: *"...porque los dados a ellas conducirán más y más a la impiedad" (2 Timoteo 2: 16)*

Ya estamos en un trayecto del viaje donde tenemos madurez suficiente para detectar las vanas palabrerías.

La suficiente sabiduría y experiencia como para haber aprendido el daño terrible que ocasiona al pueblo de Dios.

Tenemos claridad de las cosas profanas
No tenemos claridad de las cosas vanas

Aplicación espiritual.

El problema de las cosas profanas y las vanas palabrerías es **"de triple manifestación"**

- *Algunas veces se manifiesta en nosotros mientras intentamos vivir como Dios nos pide.*
- *Algunas veces se manifiesta en nosotros como oyentes (participantes)*
- *Pidamos al Señor que* **"jamás se manifieste"** *"cuando nos convoque a compartir su Palabra.*
- *Que podamos seguir el consejo de Pablo a Timoteo, (el consejo del Espíritu Santo a mi mismo).*

Me pregunto y le pregunto: *¿Y qué haremos?*

¿Seguir mansamente callados?

¡Unos renglones más arriba compartimos que la acción de proclamar dice abiertamente que limite no voy a cruzar por amor al Nombre del Señor!

> *Si escuchas predicar cosas vanas, corre de allí*
> *Si escuchas predicar cosas vanas deja de oír*

Cada uno sabrá como hacerlo. Por mi parte, me comprometo ante Dios y su pueblo que denunciare estas acciones de vanas palabrerías cuando y cuantas veces pueda; p*orque aquellos que las practican conducirán más y más a la impiedad.*

Cuarta conclusión.

La bendición se vive cuando
Cuando se consolida en respaldo

Entonces Faraón quitó su anillo de su mano, y lo puso en la mano de José.

¡Faraón puso su anillo en la mano de José! (Genesis 41: 42ª)

En las épocas de Reyes y Faraones, se certificaban sus correspondencias mediante el uso de sus anillos, los cuales poseían una imagen o algo significativo para acreditar la identidad del rey.

Se derretía una cera llamada **"lacre"** y se ponía la cara del *"anillo real"* como un sello.

Las escrituras declaran que Faraón puso su anillo, su sello en la mano de José para que este actuara en su nombre. Le delegó su autoridad.

Esta era una práctica bastante usual en los reinos de antaño. La autoridad era solamente del Rey o Faraón, y por el hecho que estos no podían estar en todos lados, delegaban su autoridad de tal manera.

Este es el método escogido por Dios para que el mundo sepa que aquello que hacemos en el Nombre de Jesús, sea absolutamente notorio.

Su sello ya no proviene del uso de un anillo sino de señales que siguen a los que creemos.

Breve reflexión para considerar.

Amados, que nuestras inseguridades no nos priven de ser bendecidos.

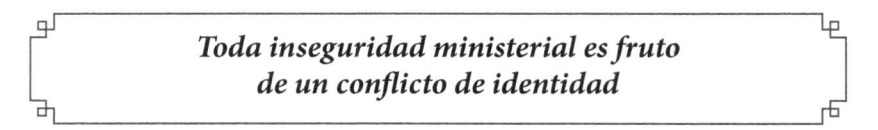

> *Toda inseguridad ministerial es fruto de un conflicto de identidad*

Y estas señales seguirán a los que creen; En mi nombre echarán fuera demonios; hablarán nuevas lenguas; tomarán en sus manos serpientes, y si bebieren cosa mortífera, no les hará daño; sobre los enfermos pondrán sus manos, y sanarán. (Marcos 16: 19/20).

Y acercándose Jesús, les habló diciendo: Toda autoridad me ha sido dada en el cielo y en la tierra. (Mateo 28: 18)

Quinta conclusión.

La bendición de consuma
Cuando se manifiesta en autoridad
La autoridad proveniente del respaldo de Dios

Cuando se sintió el hambre en toda la tierra de Egipto, el pueblo clamó al Faraón por pan.

Y dijo Faraón: a todos los egipcios: Id a José, y haced lo que él os dijere.

Y el hambre estaba por toda la extensión del país. Entonces abrió José todo granero donde había, y vendía a los egipcios; porque había crecido el hambre en la tierra de Egipto. (Génesis 41: 55/56)

Sexta conclusión

La bendición se completa
Cuando quien la recibe también la comparte

Te bendeciré y serás de bendición. (Génesis 12: 2).

Sanad enfermos, limpiad leprosos, resucitad muertos, echad fuera demonios; "de gracia recibisteis, dad de gracia" (Mateo 10: 8).

¿Hacia dónde? ¡Señor!

*Es el viaje que cada uno emprendió o emprenderá
en absoluta certeza que será guiado
a la bendición de Dios*

VISIÓN DEL CORAZÓN DE DIOS
Otra vez, ¿Hacia dónde? !Señor!
(segunda parte)
La agenda de Dios

~~~~~~

Un viaje íntimo.

"Entre el Espíritu Santo y Pablo"
"El que inspira, y el inspirado"
"El Señor y el siervo"

Al leer el siguiente pasaje de la Escritura, me maravilla encontrarme con Pablo describiendo uno de sus muchos momentos íntimos con el Señor.

Pareciera ser que el Espíritu Santo le habla en ese mismo instante en el que Pablo le escribe a los hermanos de Corinto.

El apóstol lejos de detenerse a escuchar la guía que le está siendo manifestada, el solo escribe los detalles de esta guía del Espíritu Santo, mientras trata de ordenar sus pensamientos para expresar correctamente lo que recibe.

Yo escribiré tu agenda.

Iré a vosotros, cuando haya pasado por Macedonia, pues por Macedonia tengo que pasar. Y podrá ser que me quede con vosotros, o aun pase el invierno, para que vosotros me encaminéis a donde haya de ir. Porque no quiero veros ahora de paso, pues espero estar con vosotros algún tiempo, si el Señor lo permite. Pero estaré en Éfeso hasta Pentecostés; porque se me ha abierto una puerta grande y eficaz, y muchos son los adversarios. (1 Corintios. 16: 5/9)

Aquí Pablo comienza *"el viaje"* con más incógnitas que certezas. Él es el soñador que espera confiadamente la guía del Señor a cada paso del viaje.

¡Trataremos de tener luz de cada detalle de este apasionante viaje!

¡Iré a vosotros, cuando haya pasado por Macedonia, pues por Macedonia tengo que pasar! (1 Corintios 16: 5)

Pablo comienza este relato a la iglesia de Corinto con una certeza, quizás la más certera de todas las certezas. *¡Iré a vosotros!*

En este relato de Pablo lo imagino como si estuviera pensando en voz alta qué cosa escribirles a los hermanos de Corinto. Iré a vosotros una vez que haya pasado por Macedonia. Porque, pues: *¡Por Macedonia tengo que pasar!*

Les escribe como tratando de poner en orden las cosas que Dios le ha confirmado que debe hacer en este viaje.

Evidentemente lo que Dios le había encargado al apóstol es que: *"la visita a la Iglesia de Corinto no debía ser una visita corta y debía pasar con ellos el tiempo que fuera necesario"*

Y podrá ser que me quede con vosotros, o aun pase el invierno. (1 Corintios: 16: 6ª)

Entonces podrá ser que me quede con vosotros, o mejor aún, *¡Quizás pase el invierno!*

Aflora su corazón pastoral contándoles que Dios le había mandado que se quedara todo el invierno con ellos. Los hermanos de Corinto necesitaban clarificar muchas cosas. Necesitaban tiempo de calidad con Pablo.

La razón por la que menciona pasar el invierno en Corinto era porque los viajes de Pablo eran en su mayoría a pie, por tal razón, durante el crudo invierno no era buena idea realizar tal viaje caminando.

Para que vosotros me encaminéis a donde haya de ir.
(1 Corintios: 16: 6b)

Vea que Pablo admite que no tenía idea donde Dios le pediría estar en los meses de primavera.

O sea, en los meses de invierno trataría de estar en Corinto, y a comienzos del verano, época del año en que se celebra Pentecostés, iba a estar en Éfeso.

Está diciendo, en otras palabras, que después de estar con ellos deberían encaminarlo hacia donde El Señor le indicara; ***tan solo que esa parte del "viaje" aún no le había sido revelada. ¡Maravilloso!***

Porque no quiero veros ahora de paso, pues espero estar con vosotros algún tiempo, si el Señor lo permite. *(1 Corintios 16: 7)*

Decíamos que es evidente que el deseo del apóstol era pasar con los hermanos de Corinto el mayor tiempo que pudiere.

Nos pasa frecuentemente que al llegar a una congregación y luego de compartir brevemente, Dios muestra a sus siervos de qué cosa hay necesidad en ese pueblo:

- *Si necesidad de fortalecer algunas doctrinas.*
- *Si motivación para un plan evangelizador.*
- *Si ayudarles a poner en orden alguna situación en particular.*
- *Si necesidad de escucharlos*
- *Si abrazarlos en el amor de Dios.*
- *Si acompañarlos en tiempos de soledad.*

- *Si atenderlos en enfermedad.*
- *Si orar fervientemente por ellos.*
- *Si suplir alguna necesidad.*
- **Si recordarles: ¡Dios no se ha olvidado de ellos!**

Testimonio ministerial.

En 1996 fui enviado por el *"Ministerio Mensaje de Salvación"* por medio del Pastor Jorge Gomelsky, al sur extremo de la Argentina, la ciudad de Río **Grande**, en **"Tierra del Fuego".**

Para que se comprenda mejor. El clima en Tierra del Fuego es similar al de Alaska. El primero en el hemisferio Sur, y el segundo en el hemisferio Norte.

El propósito de dicho viaje era muy claro de parte del Pastor Gomelsky, al decirme:

"El Pastor, su familia, y la congregación necesitan nuestro respaldo y atención"

Me entregó un ticket de avión para salir de Buenos Aires un día jueves y regresar al lunes siguiente.

Realmente conocí al Pastor, su esposa y sus hijos, a toda la familia pastoral, preciosos siervos del Señor.

Sus hijos e hijas jóvenes que aman a Dios notablemente, y por supuesto, su congregación era el reflejo de ellos.

Pero necesitaban atención. Claramente el Señor le había mostrado al Pastor Gomelsky tal necesidad.

Muchas cosas que atender en tan pocos días.

Atender a la iglesia, es estar dispuestos a dar nuestro tiempo, y tiempo de calidad.

Pero el Señor, conociendo la necesidad de ellos y conociendo que mi vuelo de regreso era cuatro días después, *dispuso una tormenta de hielo, nieve, y viento helado, y los vuelos fueron cancelados por veinte días.*

- *El Señor es bueno y misericordioso*
- *El Señor sabe de qué cosa su pueblo tiene necesidad y la provee*
- *Unos meses después Dios puso carga en mi corazón por ellos y volví, pero esta vez con mi esposa y mis hijos, y pasamos con ellos un precioso y fructífero tiempo*

*Las cosas de Dios pasan
Cuando ponemos nuestra voluntad bajo su voluntad
El siervo de Dios no cuestiona.
¡Descansa!*

Pablo continúa relatando un plan, el de Dios

*Pero estaré en Éfeso hasta Pentecostés *1 Corintios 16: 8ª)*

Y continúa el viaje sabiendo que debería estar en Éfeso para la fiesta de Pentecostés, y celebrar junto a los hermanos de Éfeso la provisión de los frutos de la tierra y celebrar que Dios le ha dado a Moisés las tablas de la Ley.

¡En la fiesta de Pentecostés se celebra la provisión de Dios!

<u>La provisión de la ley. (La palabra de Dios)</u>
<u>La provisión de los frutos de la tierra.</u>
<u>La provisión del Espíritu Santo.</u>

La Pascua y Pentecostés son *"Fiestas Complementarias"*, *separadas* por cincuenta días.

- *La Pascua es la celebración de la libertad, por la mano de Dios*
- *Pentecostés es la celebración de la provisión de Dios*

• La libertad y la provisión son complementarias

(Extracción de: "Escrituras o tradición". Mismo autor)

Porque se me ha abierto una puerta grande y eficaz y muchos son los adversarios. (1 Corintios 16: 8b)

Frecuentemente se predica este pasaje de manera genérica, diciendo: *Pablo habla de la puerta grande y eficaz de que Dios le abre a cada ministerio y que por ende son muchos los adversarios.*

¿Hacia dónde Señor? ¡La pregunta que debemos hacernos cada día!

<u>Aplicación contextual.</u>

Pablo tenía muy claramente detectada la visión que Dios puso en él.

Y habiendo llegado, y reunido a la iglesia, refirieron cuán grandes cosas había hecho Dios con ellos, y como se había abierto la puerta de la fe a los gentiles. (Hechos. 14: 27).

*Poco después, le fue mostrado a Pablo
Donde Dios debía enviarlo*

Y pasando junto a Misia, descendieron a Troas.

Y se le mostró a Pablo una visión de noche:

Un varón macedonio estaba en pie, rogándole, y diciéndole: "Pasa a Macedonia y ayúdanos" Cuando vio la visión, enseguida procuramos partir para Macedonia, dando por cierto que Dios nos llamaba para que les anunciemos el evangelio. (Hechos 16: 8/10).

Aplicación espiritual

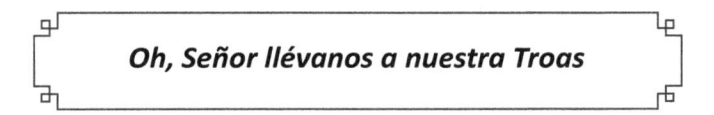

> **Oh, Señor llévanos a nuestra Troas**

Si está leyendo o escuchando *"Corazón de Siervo"*, es porque el llamado de Dios al servicio ya fue sembrado por El.

Cada uno de nosotros estará en algún punto de este proceso, cada uno de nosotros ha reconocido ese llamado de alguna manera y por esa razón está aquí.

Todos nosotros conocemos acerca de *"La gran comisión"*, hemos leído el último capítulo de los evangelios, hemos oído predicar al respecto, entonces podemos reconocer que tenemos conocimiento de ello.

Una cosa es conocer y otra es obedecer
Una cosa es saber lo que debo hacer y otra es hacerlo
Una cosa es conocer cuando Dios nos habla en general
Otra cosa es reconocer que me está hablando a mí.

El relato *íntimo* de Lucas.

Y pasando junto a Misia, descendieron a Troas,

Y se le mostró a Pablo una visión de noche: Un varón macedonio estaba de pie, rogándole y diciendo: ¡Pasa a macedonia y ayúdanos!

Cuando vio la visión, enseguida procuramos partir para Macedonia, dando por cierto que Dios nos llamaba para que les anunciásemos el evangelio. (Hechos 16: 8/10).

Descripción de las aplicaciones espirituales.

Estos tres versículos que acabamos de leer, describen una situación que no nos debería ser desconocida.

Efectivamente, es un llamamiento de Dios.

Rápidamente podremos notar grandes coincidencias entre el llamamiento a *"la gran comisión"* y el llamamiento al apóstol Pablo ocurrido en Troas.

> *Una cosa es conocer cuando Dios nos habla en general*
> *Otra cosa es reconocer que me está hablando a mí.*
> *¿A mí?*
> *¿Como que a mí?*

Estoy muy seguro de que no soy Pablo
Estoy muy seguro de que no estoy en Troas
Estoy muy seguro de no saber cómo se viste la gente de Macedonia

¡También estoy seguro de que Dios me está hablando a mí!

Podemos hacernos los distraídos o mirar para otro lado
Podemos reaccionar a nuestra manera o a la manera de Pablo

Cuando Pablo vió la visión
enseguida procuramos partir a Macedonia

- *Las visiones de llamamientos son para "ya mismo"*
- *La respuesta del siervo de Dios debe ser "ya mismo"*
- *Porque la necesidad a la que Dios nos envía ocurre "ya mismo"*

¡Y muchos son los adversarios! (1 Corintios 16: 8c)

Y cuando Dios abre puertas, obviamente el enemigo levanta oposición espiritual.

La primera ciudad de Macedonia es Filipos, y la bendición no se tardó: **Lidia y su familia fueron salvos y bautizados. (Hechos 16: 13/15).**

Nuestro adversario el diablo tampoco se tardó: **Pablo y Silas fueron encarcelados y azotados por alborotar la ciudad. (Hechos 16: 20/24).**

Y como es de esperar, nuestro Dios precioso y fiel, tampoco se demoró: **Un terremoto hizo que se sacudieran los cimientos de la cárcel y se abrieran las puertas. (Hechos 16: 25/26)**

El Espíritu Santo cumpliendo lo dicho por el Señor Jesús: **Convenció al carcelero y a su familia de pecado, de justicia y de juicio y fueron salvos en aquella madrugada.**

Amados, estamos hablando un lenguaje espiritual que debería ser habitual entre consiervos, y también debería ser habitual que, mediante su predicación lo hagan notorio a las congregaciones que Dios les ha confiado.

¡La oposición es lógica! La falta de comprensión del evangelio en el contexto de *"guerra"* es principio de males.

Si su ministerio anda en completa paz
¡Preocúpese!

Cuando Dios abre una puerta grande y eficaz
Son muchos los adversarios

Cuando el hombre fuerte armado guarda su palacio, en paz está lo que posee. (Lucas. 11: 23).

En lo personal, cuando todo lo que estoy haciendo se desarrolla en absoluta paz, ciertamente voy a Dios y le pregunto: *Padre, ¿qué estoy haciendo mal? ¿Qué cosa tengo que cambiar? ¿Hacia dónde, Señor?*

Los que servimos al Rey de Reyes, no debemos desconocer ciertos principios espirituales. Por nuestro propio bien y por el bien de la congregación que Dios nos ha confiado y por la cual habremos de rendir cuentas.

La visión debe ser clara, certera *(como a Pablo)* debe ser predicada a la congregación *(como hizo Pablo)* y debemos tener conciencia que habrá adversarios (como Pablo la tuvo).

La visión.

Sin profecía el pueblo se desenfrena. (Proverbios 29: 18ª)

El texto que escribí es de la versión RVR 1960. Sin embargo, otras versiones más actualizadas se refieren a que: ***"Sin visión el pueblo se desenfrena"***

"Los ministerios estrictamente escriturales", son los ministerios confiables.

Veamos este texto en las diferentes traducciones.

La Biblia de Las Américas

LBLA: *Donde no hay visión.*

Biblia del Jubileo

JBS: *Donde no hay visión profética.*

Dios Habla Hoy

DHH: *Donde no hay dirección divina.*

Nueva Biblia de Las Américas

NBLA: *Donde no hay visión.*

Nueva Biblia Viva

NBV: *Cuando no hay dirección del Señor.*

Nueva traducción Viviente

NTV: *Cuando la gente no acepta la dirección divina.*

Nueva Versión Internacional

NVI: *Donde no hay visión.*

Castellana

CST: *Donde no hay visión.*

Palabra de Dios para Todos

PDT: *Si Dios no guía la nación.*

Biblia La Palabra (España)

BLP: *Cuando no hay profecía.*

Más allá de cuál fuere su traducción preferida para el uso devocional diario, el concepto que nos expresa la Palabra de Dios, es muy claro sea cual sea la traducción usada.

El punto en el que quiero advertirles a todos es sobre las consecuencias.

Ahí sí hay unanimidad de traducción.

¡El pueblo se alborota!

Sinónimos: alborozar, gritar, vocear, perturbar, escandalizar, alterar, levantar, sublevar. Encresparse, enfurecerse, encolerizarse.

Ninguna es cosa buena. Ninguna representa a Dios. Ninguna da de esperar frutos.

¡Ninguna cosa buena!

Por tal razón, podemos asegurar que nada bueno procede a la **"*falta de una visión*"** dada por el Señor, para un siervo y para una congregación.

Esa es una de las maneras cómo Dios se pone en contacto con su siervo para decirle:

¡Esto te es necesario hacer para que mi voluntad sea cumplida!

Cuando la congregación ve a su Pastor firme en la visión de Dios, predicando de ella, enseñando sobre ella, viviendo por ella; la congregación sabrá que van todos juntos hacia un mismo lado. ¡Eso evita los alborotos!

¿Por qué Dios da visiones?

Porque los ojos de Jehová contemplan toda la tierra, para mostrar su poder a favor de los que tienen corazón perfecto para con él. (2 Crónicas. 16: 9ª).

Él sabe que necesitan los de corazón perfecto porque sus ojos han contemplado toda la tierra. La ve, escucha, sabe de qué tienen necesidad y deposita su confianza en un siervo para que guíe a su pueblo a ir a cubrir esa necesidad.

< >

El clamor, pues, de los hijos de Israel ha venido delante de mí, y también he visto la opresión con que los egipcios los oprimen. Ven por tanto ahora, y te enviaré a Faraón, para que saques de Egipto a mi pueblo, los hijos de Israel (Éxodo. 3: 9/10).

Él vio en qué manera su pueblo era oprimido entonces puso en Moisés la visión, y la misión de ir a libertarlos del yugo de Egipto y de Faraón.

< >

Y no hay cosa creada que no sea manifiesta en su presencia; antes bien todas las cosas están desnudas y abiertas a los ojos de aquel a quién tenemos que dar cuentas. (Hebreos. 4: 13).

Es notoriamente claro que, el Dios de toda gracia da visiones a sus siervos, de todo aquello que *Él ya vio primero*.

< >

Mi embrión vieron tus ojos, y en tu libro estaban escritas todas aquellas cosas que fueron luego formadas sin faltar una de ellas. ¡Cuan preciosos son oh, Dios tus pensamientos!" (Salmos. 139: 16/17a).

Toda la creación está desnuda y abierta a los ojos de Jesús. Incluso sus ojos ven los embriones de aquellos a quienes quieren asesinar ciertas personas quienes tienen la conciencia anestesiada a causa de pecado.

Dios muestra su voluntad a sus siervos

Porque Él, ve las necesidades de su pueblo

Para que todos llevemos libertad a los cautivos y oprimidos

<u>Oro por ti con estas palabras.</u>

El Espíritu del Señor está sobre ti
Por cuánto te ha ungido para dar buenas nuevas a los pobres
Te ha enviado a sanar a los quebrantados de corazón
A pregonar libertad a los cautivos
Y vista a los ciegos

A poner en libertad a los oprimidos
A predicar el año agradable del Señor
(Lucas 4: 18/19)

CAPÍTULO TRES
El ministro del corazón de Dios

TEMAS DE ESTE CAPÍTULO

Ungido
"David: Hijo, Siervo, Rey"

Martillo que quebranta la piedra
"Simón Pedro: Una vez vuelto"

Sobrevivientes "CERO"
"Pecadores o Nacidos de nuevo"

Idolatría en el nombre de Jesús
¡Yo!, ¡Yo cristiano!, ¡Yo siervo!

EL MINISTRO DEL CORAZÓN DE DIOS
Ungido
David: El hijo, El Siervo, El Rey

¿Hasta cuándo?

¡Correspondencia para mi siervo Samuel!

Dijo Jehová a Samuel: ¿Hasta cuándo llorarás a Saúl, habiéndolo yo desechado para que no reine sobre Israel?

Llena tu cuerno de aceite, y ven, te enviaré a Isaí de Belén, porque de sus hijos me he provisto de rey. Y dijo Samuel: ¿Cómo iré? Si Saúl Lo supiera me mataría.

Jehová respondió: Toma contigo una becerra de la vacada, y di: A ofrecer sacrificio a Jehová he venido. Y llama a Isaí al sacrificio, y yo te enseñaré lo que has de hacer; y me ungirás al que yo te dijere.

Hizo, pues, Samuel como le dijo Jehová; y luego que llegó a Belén, los ancianos de la ciudad salieron a recibirle con miedo, y dijeron:

¿Es pacífica tu venida? El respondió: Si, vengo a ofrecer sacrificio a Jehová; santificaos y venid conmigo al sacrificio.

Y santificando él a Isaí y a sus hijos, los llamó al sacrificio.

Y aconteció que cuando ellos vinieron él vio a Eliab, y dijo: De cierto delante de Jehová está su ungido.

Y Jehová respondió a Samuel: No mires a su parecer, ni a lo grande de su estatura, porque yo lo desecho; porque Jehová no mira lo que mira el hombre; pues el hombre mira lo que está delante de sus ojos, pero Jehová mira el corazón.

Entonces llamó Isaí a Abinadab y lo hizo pasar delante de Samuel, el cual dijo: Tampoco a éste ha escogido Jehová.

Hizo pasar a Sama. Y él dijo: Tampoco a este ha elegido Jehová

E hizo pasar Isaí siete hijos suyos delante de Samuel; pero Samuel dijo a Isaí: Jehová no ha elegido a estos. (1 Samuel. 16: 1/10)

¿Le suena familiar esta situación?

Creo que todos hemos llorado lágrimas inútiles. ¡Cuando Dios da su sentencia sobre algo o alguien!

El ministerio pastoral tiene estas cosas inesperadas para todos nosotros.

Lo más importante es que una vez habiendo hecho todo lo que ha estado a nuestro alcance, habiendo orado por alguien, habiendo acompañado a alguien, habiendo dedicado tiempo y esfuerzo a favor de alguien, solo queda aceptar Su voluntad

¡Llena tu cuerno de aceite!

- *En medio versículo, el Padre nos define de qué se trata el ministerio pastoral*
- *En medio versículo, refleja muchos momentos de la vida de sus siervos*
- *En medio versículo, nos recuerda muchas lágrimas derramadas*
- *En medio versículo, nos llena de ánimo y nos recuerda a quien servimos*

Un poco de lágrimas, está bien; *¡pero solo un poco!*

¡Llora un poco y acepta mi voluntad!

Llena tu cuerno de aceite una vez más
El ministerio aún no acaba

Nada más y nada menos, ungirás al nuevo rey, dijo el Señor a Samuel.

"Después de haber llorado algunas veces". "Después de haber llenado mi cuerno de aceite algunas otras veces"

<u>Los animo a que cada uno se pregunte a su mismo</u>

<u>¿Es a mí, Señor?</u>

- *¿A quién de ustedes está Dios hablando hoy?*
- *¿A quién estarás enseñando hoy, Dios mío?*
- *¿A quién quieres consolar hoy?*
- *¿A quién quieres dar ánimo en este día?*
- *¿El cuerno de quien vas a llenar hoy otra vez, Padre?*

Hermoso es vivir en medio de misterios, si los tales provienen del Dios, quien nos ama de esta manera.

Te enviaré a Isaí de Belén, porque de sus hijos me he provisto un rey. (1 Samuel 16: 1)

No mires a su parecer, ni a lo grande de su estatura, porque yo lo desecho; porque Jehová no mira lo que está delante de sus ojos, pero Jehová mira el corazón, (1 Samuel 16: 7)

Acerca de la unción.

Mucho se habla por estos días sobre *"la unción"* de diferentes maneras y con diferentes énfasis.

Hemos compartido anteriormente en el capítulo dos, *"Ingredientes y proporciones"* como encubiertamente, sin que nosotros lo percibamos claramente, escuchamos o leemos sobre ciertos temas espirituales de manera desbalanceada.

Para evitar esto, debemos ponernos un *"Paraguas Doctrinal"*.

- Dios es un Dios Trino, Padre, Hijo y Espíritu Santo, y los tres son uno. *(Doctrina fundamental de la Trinidad)*
- La única autoridad manifestada a la iglesia es Jesucristo.

"La piedra angular que desecharon los edificadores" **(Mateo 21: 42); (Salmos 118: 22).**

"Os he dicho estas cosas estando con vosotros. Mas el Consolador, el Espíritu Santo, a quien el Padre enviará en mi nombre, él os enseñará todas las cosas y les recordará todo que yo os he dicho" **(Juan 14: 26); (1 Juan 2: 27).**

Todos coincidimos en esta verdad
Jesucristo es la cabeza de la iglesia
Que el Espíritu Santo nos fue enviado
Por el Padre por el ruego de Jesús
(Concepto Trinitario)

Dicho esto, ponemos la prioridad en lo que nos une. *(A fin de perfeccionar a los santos para la obra del ministerio, para la edificación del cuerpo de Cristo,* **hasta que todos lleguemos a la unidad de la fe y del conocimiento del Hijo de Dios)**.*(Efesios 4: 13)*

La unción de David

Entonces dijo Samuel a Isaí:

¿Son éstos todos tus hijos? Y él respondió: Queda aún el menor, que apacienta las ovejas.

Y dijo Samuel a Isaí: Envía por él, porque no nos sentaremos a la mesa hasta que él venga aquí. Envió, pues, por él, y le hizo entrar; y era rubio, hermoso de ojos, y de buen parecer.

Entonces Jehová dijo: Levántate y úngelo, porque éste es. (1 Samuel 16: 11/12)

No nos sentaremos a la mesa hasta que él venga aquí

Oye siervo mío, hoy pongo delante de ti a mi escogido. Veras que nos dará muchas alegrías a ti y a mí.

Él tiene un corazón semejante al mío, y me servirá con fidelidad.

¡Úngelo con el aceite de tu cuerno!

Samuel tomó el cuerno del aceite, y lo ungió en medio de sus hermanos; y desde aquel día en adelante el Espíritu de Jehová vino sobre David. Se levantó luego Samuel, y se volvió a Ramá.

El Espíritu de Jehová se apartó de Saúl, y le atormentaba un espíritu malo de parte de Jehová.

Y los criados de Saúl le dijeron: He aquí ahora, un espíritu malo de parte de Dios lo atormenta.

Diga, pues, nuestro señor a tus siervos que están delante de ti, que busquen a alguno que sepa tocar el arpa, para que cuando esté sobre ti el espíritu malo de parte de Dios, él toque con su mano, y tengáis alivio.

Y Saúl respondió a sus criados: Buscadme, pues, ahora alguno que toque bien, y traédmelo.

Entonces uno de los criados respondió diciendo: He aquí yo he visto a un hijo de Isaí de Belén, que sabe tocar, y es valiente y vigoroso y hombre de guerra, prudente en sus palabras, y hermoso, y Jehová está con él.

Y Saúl envió mensajeros a Isaí, diciendo: Envíame a David tu hijo, el que está con las ovejas, y tomó Isaí un asno cargado de pan, una vasija de vino y un cabrito, y lo envió a Saúl por medio de David su hijo. (1 Samuel 16: 13/20).

Ungido para ministrar el Espíritu de Dios

Es maravilloso ver, que la vida de David antes de ser ungido por el profeta Samuel, era una vida rutinaria. Podemos deducir que el andar cotidiano de David era bastante similar cada día.

Sacar las ovejas, conducirlas a pasturas verdes, estar atento a los peligros que las acechan; y se podría decir que los únicos momentos distintos y emocionantes transcurrían precisamente cuando se veía en problemas, obligado a enfrentar animales salvajes y así defender la vida de las preciadas ovejas de su padre, Isaí.

De igual manera, sucede con nuestras propias vidas, monótonas, predecibles, repetitivas antes de ser ungidos por Dios, para llevar a cabo sus propósitos.

Después de ser ungido, todo cambió para David. ¡Veamos!

¿Qué cosas cambiaron?

El cambio de identidad

La palabra de Dios nos declara que *"desde aquel día en adelante"* el Espíritu de Dios, vino sobre David.

Nada es igual, ya no hay monotonía, ni tampoco una vida rutinaria. David comenzó a vivir bajo la experiencia de la manifestación del Espíritu de Dios.

Una nueva identidad dada por Dios implica una nueva relación
Una nueva relación con Dios gesta una nueva vida del agua y del Espíritu

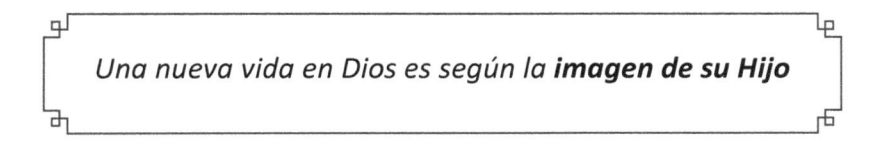

> Una nueva vida en Dios es según la **imagen de su Hijo**

Tras haber sido ungido por Dios para un propósito, también trajo consigo, un cambio en las actitudes de David.

He escuchado afirmar que la valentía de David fue puesta de manifiesto al enfrentar al gigante, o al combatir como nadie más en los escuadrones de Israel, o también en las variadas maneras en que enfrentó a Saúl, tras haber caído de la gracia de Dios.

¡Pero esto no proviene de sí!

Su singular valentía proviene de su íntima y fuerte relación con Dios, quien, tras darle una nueva identidad, lo dotó de la determinación para aceptar los *"múltiples desafíos"* que Dios le hizo a partir del día en que fuera ungido.

Aplicación espiritual.

Esto se entiende muy claramente cuando lo expresamos como un trato secuencial de Dios en la vida de David a causa de la *unción "para lo que fue ungido"*, valga la redundancia.

La unción para el ministerio
es la separación temprana por el Espíritu Santo
que nos lleva al proceso para permanecer firmes en esta gracia
la cual produce en nosotros entereza de carácter
para aceptar "múltiples desafíos"

(Vea la aplicación contextual en Romanos 5: 1/5 **NVI**)

Otra vez priorizando aquello que nos une.

Dios no unge a personas para que nada cambie en sus vidas.

Me refiero a cambios que son el fruto del Espíritu Santo, y todos sabemos y seguramente coincidimos en que el fruto del Espíritu Santo no es de manifestación instantánea.

Es el resultado de un proceso de santificación, el cual nunca acaba.

"No que lo haya alcanzado ya, ni que ya sea perfecto, sino que prosigo, por ver si logro asir aquello para lo cual también fui asido por Cristo Jesús. Hermanos, yo mismo no pretendo haberlo ya alcanzado; pero una cosa hago, olvidando ciertamente lo que queda atrás y extendiéndome a lo que está delante; prosigo a la meta, al premio del supremo llamamiento de Dios, en Cristo Jesús" (Filipenses 3: 14/15)

¿Anhelas unción de Dios?
No esperes algo que simplemente cae del cielo
Antes bien ten dispuesto tu corazón para olvidar los que queda atrás y extenderte a lo que está delante

- *Porque si buscas ser ungido, al mismo tiempo buscas ser tratado, quebrantado, probado, enviado y desafiado a niveles impensados.*
- *Y te será natural vivir lo expresado por el apóstol Pablo:* **"Porque esta leve tribulación momentánea produce en nosotros un cada vez más excelente y eterno peso de gloria".** *(2 Corintios 4: 17)*
- *Y también te será natural vivir lo expresado por el apóstol Pedro: "Amados, no os sorprendáis del fuego de la prueba que os ha sobrevenido, como si alguna cosa extraña os aconteciese" (1 Pedro 4: 12)*

¡Indefectiblemente, todo ministerio será probado por Dios!

- *¿Acaso es que Dios debe comprobar si usted ya está listo para tal labor?*
- *¡Por supuesto que no! Es usted el que, una vez superada la prueba, sepa, con total seguridad y firmeza,* **que ya está listo para acudir a Su llamado**
- *La adversidad es lo que capacita nuestro carácter. No cualquier tipo de adversidad; sino aquella que es puesta por Dios para forjar nuestro carácter.*

Ahora bien, los cambios no acaban, hay otro gran cambio que ocurre de manera casi imperceptible, extremadamente amorosa y milagrosa. *¡Un cambio que no dependió de David, ni en estos días depende de usted!*

El cambio de su entorno.

Y Saúl respondió a sus criados: "Buscadme un hombre que ministre el Espíritu de Dios". (1 Samuel 16: 17).

Que Dios en su *"providencia para con sus siervos"* tiene total control de los entornos que él mismo provee a cada uno, para que se cumpla la Escritura en usted, aquello que fue dicho por el profeta Isaías:

"Mi siervo eres tú; te escogí, y no te deseche. No temas, porque yo estoy contigo; no desmayes, porque yo soy tu Dios que te esfuerzo; siempre te ayudaré, siempre te sustentaré con la diestra de mi justicia" (Isaías. 41:9b/10).

¡El entorno en acción!

¡He aquí yo he visto a un hijo de Isaí de Belén! (1 Samuel 16: 18)

- *Sabe tocar*
- *Es valiente*
- *Es vigoroso*
- *Es hombre de guerra*

- *Es prudente en sus palabras*
- *Es hermoso*
- *Y Jehová está con el*

Permítame hacerle notar que esta clase de referencia no era para nada común en aquellos tiempos, y podría decir que, nada común en ningún tiempo.

Un perfecto desconocido para nosotros, pero bien conocido por Dios, es puesto por Dios para que provea las referencias al rey Saúl, acerca de David.

¡Vaya recomendación! Tenga en cuenta que esta recomendación viene de alguien quien tan solo lo vio.

Puede ver en su vida el cumplimiento de lo dicho por el profeta Isaías en estos "*milagros imperceptibles*".

Cuando usted atiende el llamado de Dios, tenga la certeza que Él lo rodea de personas que ni siquiera conoce, personas que en lo poco o en lo mucho, están situadas por Dios en lugares estratégicos, personas a quienes Dios ha decidido usar a su favor.

Testimonio ministerial.

En mi experiencia como misionero en Estados Unidos de América, he podido ver cómo el Señor, ha rodeado mi vida y a mi familia a personas quienes hasta entonces eran perfectos desconocidos para mí; pero perfectamente conocidos por Él. Y movidos para actuar a nuestro favor.

A poco tiempo de llegar a la tierra del llamado, vivimos una situación muy complicada. Estábamos mi esposa Patricia, nuestros cuatro hijos y yo, sin tener un lugar donde pasar esa noche, ni obviamente las siguientes. ¡Sin casa y sin dinero!

Lloramos mucho aquella mañana delante de Dios.

Fuimos a retirar del kindergarten a nuestra hija menor y su maestra, Valde Rochelle James, noto que mi esposa tenía los ojos irritados de tanto llorar, entonces le preguntó: ¿Por qué lloras? A lo que mi esposa respondió contándole nuestra aparente realidad, Rochelle dijo: *Los siervos de Dios no se quedan en la calle. ¡Mi casa es vuestra casa!*

Y también nos dijo lo siguiente:

¡Como maestra no debería hacer esto, porque no se me permite!
¡Como mujer cristiana, tengo el deber de hacerlo!

<<< >>>

Antes que pudiera compartir este testimonio,
en el contexto de la Providencia Divina de nuestros entornos
el 28 de noviembre de 2022
nuestra amada hermana, nuestro milagro de Dios
V. Rochelle James partió a la presencia de Dios

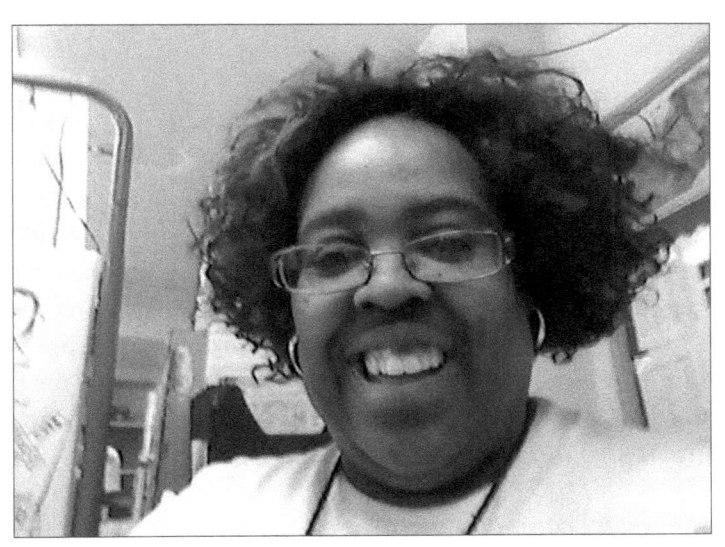

V. Rochelle James

Otros milagros de su providencia han sido provistos para toda mi familia en esta bendita tierra de nuestro llamado.

Gracias Padre, por el precioso entorno con el que rodeas a tus siervos quienes atendiendo tu llamado hemos dejado atrás, nuestros amados, nuestras tierras, nuestros hermanos en la fe, nuestras costumbres.

¡Nos has desarraigado y vuelto a plantar en la tierra del fruto!

Y en tu Divina Providencia nos has rodeado con tu amor manifestado en nuevos rostros, nuevas miradas, nuevas sonrisas, nuevos abrazos, nuevas costumbres, nuevo lenguaje, pero, hermanos y hermanas, dispuestos a hacer por nosotros, aquello que antes solo haría un padre, una madre, un hermano o un buen amigo

La promesa del Padre es:

Con todo, yo no te dejaré, yo daría naciones por tu vida
Y esto hermanos míos, es absolutamente literal

Estados Unidos de América es uno de los más grandes campos de misión en todo el mundo.

¿Es esto posible?
- ¿Acaso no hay iglesias involucradas en grandes emprendimientos para llevar el evangelio a todo el mundo? ¡Claro que sí!
- Mega estructuras sumamente bien intencionadas.

"Los filisteos juntaron sus ejércitos para la guerra y se congregaron en Soco que es de Judá, y acamparon entre Soco y Azeca, en Efes-damin. También Saúl y los hombres de Israel se juntaron y acamparon en el valle de Ela, y se pusieron en orden para la batalla contra los filisteos. Y los filisteos estaban sobre un monte, a un lado, e Israel estaba sobre otro monte al otro lado, y el valle entre ellos.

Salió entonces del campamento de los filisteos un paladín, el cual se llamaba Goliat, hijo de Gat. (1 Samuel. 17: 1/ 4).

Y se paró y dio voces a los escuadrones de Israel, diciéndoles:
¿Para que os habéis puesto en orden de batalla?

¿No soy yo el filisteo y vosotros los siervos de Saul?
(1 Samuel 17: 8)

Es en el poder de Su fuerza y no en la nuestra.

Al mirar el ministerio terrenal de Jesucristo, no he logrado encontrar en él, ningún funcionamiento basado en estructuras, muy por el contrario, su móvil fue siempre el amor y la pasión por las almas de los hombres.

Lectura devocional aplicada

Los hechos que ocurrieron cuando Jesús fue invitado a casa de Simón, apodado el leproso. *(Marcos 14: 3/9)*

Encontramos tres personajes principales:

- *El Señor Jesús.*
- *Una mujer pecadora*
- *Unos murmuradores, con honra social.*

Actitudes comparadas frente al Señor.

- *Los murmuradores, cimentados en la religión con una fe estructurada; una fe que cuestiona:* **¿Para qué se ha hecho este desperdicio de perfume?**
- *La mujer, con una fe sencilla, dispuesta a mostrarle su amor a Jesús,* **trajo un vaso de alabastro con perfume de nardo puro de mucho precio; y quebrando el vaso de alabastro, se lo derramó sobre su cabeza.**
- Jesús, valorando lo hecho por la mujer, dijo: **Dondequiera que se predique este evangelio, en todo el mundo, también se contará lo que esta mujer ha hecho, en memoria de ella.**

Muchos creen que el perfume de nardo puro era algo muy costoso en aquel entonces, y que ella estuvo dispuesta a ofrecer a Jesús.

Sin embargo, lo realmente costoso era el frasco de alabastro. La mujer no abrió la tapa del frasco para derramar la fragancia en los pies de Jesús, sino que quebró el costoso frasco, lo rompió.

Quebró la estructura que contenía la fragancia

Las estructuras jamás podrán reemplazar la unción de los ungidos

El cambio de actitud.

"Cambia el temor por libertad"

Escoged de entre vosotros un hombre que venga contra mí. Si él pudiere pelear conmigo, y lo venciere, vosotros seréis nuestros siervos y nos serviréis.

Y añadió el filisteo: Hoy yo he desafiado al campamento de Israel; dadme un hombre que pelee conmigo.

Oyendo Saúl y todo Israel estas palabras del filisteo, se turbaron y tuvieron gran miedo. (1 Samuel. 17: 8b/ 11).

<Oyendo Saúl> el desafío del enemigo, se turbo, se llenó de pánico.

Aplicación contextual

¿Hasta cuándo llorarás a Sauúl, habiéndolo yo desechado para que reine sobre Israel? (1 Samuel 16: 1)

El Espíritu de Jehová se apartó de Saúl. (1 Samuel 16: 14)

¡Así de contundente, así de trágico, así de triste!

Un líder del cual Dios decidió apartar su Espíritu es alguien quien ejerce la posición, pero ya no es lo que dice ser.

Es mejor para el pueblo no tener un líder
a tener un líder caído de la gracia de Dios
(Ver aplicación contextual en <1 Samuel 8: 1/22>

Los tales se caracterizan por las siguientes cosas:

- *Producen turbación y miedo ante los desafíos del enemigo.*
- *No pueden procesar los desafíos de fe que Dios impone.*
- *No confía en las fuerzas de Dios, sino en las propias.*
- *No busca en Dios su refugio, sino que se refugia en lo que posee.*

Es el mal mensajero del que nos advierte la palabra de Dios.

El mal mensajero acarrea desgracia; más el mensajero fiel acarrea salud. (Proverbios 13: 17).

Oyendo Saúl, (el desafío de Goliat) y todo Israel estas palabras del filisteo, se turbaron y tuvieron gran miedo. (1 Samuel 17: 11)

Si un líder cae de la gracia de Dios
siempre se refleja en el pueblo

Mas ahora tu reino (Saúl) no será duradero. Jehová se ha buscado un varón conforme a su corazón. (1 Samuel 13: 14)

Llena tu cuerno de aceite, y ven, te enviaré a Isaí de Belén, porque de sus hijos "me he provisto de rey" (1 Samuel 16: 1b).

Entonces David dejó su carga en mano del que guardaba el bagaje, y corrió al ejército; y cuando llegó, preguntó por sus hermanos, si estaban bien.

Mientras él hablaba con ellos, he aquí que aquel paladín que se ponía en medio de los dos campamentos, que se llamaba Goliat, el filisteo de Gat, salió de entre las filas de los filisteos y habló las mismas palabras, y las oyó David.

Y todos los varones de Israel que veían aquel hombre huían de su presencia, y tenían gran temor.

Y cada uno de los de Israel decía: ¿No habéis visto aquel hombre que ha salido? Él se adelanta para provocar a Israel. Al que venciere, el rey le enriquecerá con grandes riquezas, y le dará su hija, y eximirá de tributos a la casa de su padre en Israel.

Entonces habló David a los que estaban junto a él, diciendo: ¿Que harán al hombre que venciere a este filisteo, y quitare el oprobio de Israel? Porque, ¿quién es este filisteo incircunciso para que provoque a los escuadrones del Dios viviente?"

(1 Samuel. 17: 22/ 26)

Dios respalda a su ungido con poder.

En esos momentos Dios mueve su mano *a causa de su ungido* y pasan poderosas manifestaciones espirituales.

Este es sin duda alguna, el principio de la derrota de Goliat y todo su ejército.

Este es el principio del fracaso del plan del enemigo, quien se atreve a enfrentar a Israel.

La presencia de David, el ungido de Dios en el lugar es lo que cambia todo.

Isaí respondió: Queda aún el menor que
apacienta las ovejas
¡Envía por él, porque no nos sentaremos
a la mesa hasta que el
esté aquí!
(1 Samuel 16: 11)

- ¡Antes había oído Saúl, ya desechado por Dios, y el miedo cobró protagonismo!

- Una vez más el enemigo lanza su desafío, **pero ahora <oyó David>**.
- ¿Quién es este incircunciso para provocar a los escuadrones del Dios viviente?
- Una declaración que proviene de alguien quien posee una potente identidad.
- Cuando Dios unge a su siervo le provee una identidad espiritual acorde, para que este sepa: ¡Quién es, qué es, y para qué existe!
- Amados, un hijo de Dios debe saber quién es. Una iglesia debe tener la identidad de Dios; y debe discernir a quien escucha.

Si esto no pasa en nuestras vidas, es el tiempo de ir a Dios. Humillados en verdad y de una buena vez presentarnos con ese costoso frasco de alabastro y estar dispuestos a quebrarlo para que la fragancia de la presencia del Espíritu de Dios hable por nosotros.

En esta ocasión oyó David
¡Es tiempo que esta generación de ministros "oiga" los desafíos!
¡Es tiempo que esta generación de ministros "acepte" los desafíos!

Ungido para enfrentar

Y oyéndole hablar Eliab su hermano mayor con aquellos hombres, se encendió en ira contra David y dijo:

¿Para qué has descendido acá? ¿Y a quién has dejado esas pocas ovejas en el desierto?

Yo conozco tu soberbia y la malicia de tu corazón, que para ver la batalla has venido.

David respondió: ¿Qué he hecho yo ahora? ¿No es esto mero hablar?

Y apartándose de él hacia otros, preguntó de igual manera; y le dio al pueblo la misma respuesta de antes.

Fueron oídas las palabras que David había dicho y las refirieron delante de Saul; y él lo hizo venir.

*Y dijo David a Saúl: **No desmaye el corazón de ninguno a causa de él, tu siervo irá y peleará contra este filisteo. (1 Samuel 17: 28/32).***

Hemos leído que David había sido ungido por el profeta Samuel en presencia de los hermanos, y ahora Eliab, su hermano mayor lo acusa de soberbio.

Dejando ver, en mi opinión, la peor de las manifestaciones de la carne para la vida en Cristo: *"Celos de su hermano".*

Y culmina su acusación diciendo: ***Yo conozco tu soberbia y tu malicia de corazón, porque solo has venido a ver la batalla.***

Es curioso tener que preguntarnos
¿A qué batalla se refería Eliab?
Dios comienza sus batallas una vez que llega el designado
Aplique en usted el contexto de: *(1 corintios 4: 6/7)*

Y David comenzó a pregonar por todo el pueblo, lo mismo que había dicho:

¿Quién es este filisteo incircunciso, para que provoque a los escuadrones del Dios Viviente?

Esto llegó a oídos de Saúl, entonces David dijo:

¡Tu siervo irá y peleará contra ese filisteo!

¡Dios no llevó a David a mirar ninguna batalla!
¡Dios llevó a David a iniciar la batalla!

¿Por qué Dios hace tal cosa?
Porque todos tenemos batallas que debemos dar

Perdónanos, Padre por la tremenda cantidad de batallas que no hemos iniciado.

A lo largo de toda la Biblia se reproduce un hecho constantemente: *Los ungidos siempre son atacados.*

Al ser dotados de una fuerte identidad espiritual, producen celos, incomodidad; y esto lo podemos encontrar al seguir con la lectura del libro 1 Samuel, y ver que Saúl movido por *"celos"* persiguió a David por cuanto pueblo desértico este se ocultaría.

"El propio David nos cuenta en el salmo, donde está puesta su confianza"

Salmos 31: 14/16
Mas yo en ti confío, Oh Jehová
Digo: Tu eres mi Dios
en tu mano están mis tiempos
líbrame de la mano de mis enemigos
y de mis perseguidores
haz resplandecer tu rostro
sobre tu siervo
sálvame por tu misericordia

En cuanto a Saúl, movido por fuertes celos, nunca pudo asumir la causa que derivó en que Dios lo haya desechado.

- *Los celos, especialmente en las cosas de Dios, generan una cada vez más notoria distancia entre Él, y aquel que supo servirle alguna vez.*
- *Tal fue la lejanía que él mismo puso con el Señor a causa de su desobediencia y vanidad, que terminó quitándose la vida. (1 Samuel 31: 1/13).*

Características.

Así como Dios le provee de un entorno espiritual favorable, el enemigo también se provee de "angustiadores".

Aquellos que el propio David nos describe: **"Cuando se juntaron contra mí los malignos, mis angustiadores y mis enemigos, para comer mis carnes, ellos tropezaron y cayeron"** *(Salmos 27: 2).* ¡Aleluya!

Cierta vez, Pablo, apóstol y siervo de Jesucristo, acostumbrado a no pasar gran parte del día hablando de sí mismo, o de sus conquistas pasadas, como debe ser; se vio obligado a defender su ministerio ante los congregados en la iglesia de Corinto.

<u>Lectura devocional</u>

(2 Corintios 10: 13 a 12: 13).

A título personal me permito resaltar lo que Pablo se pregunta refiriéndose a las iglesias: **¿*Quién enferma y yo no enfermo? ¿A quién se hace tropezar y yo no me indigno?*** *(2 corintios 11: 29).*

Hay un pasaje con relación a Sansón, el más portentoso juez de Israel, que dice:

Y Sansón descendió con su padre y con su madre a Timnat; y cuando llegaron a las viñas de Timnat, he aquí un león joven que venía rugiendo hacia él.

Y el Espíritu de Jehová vino sobre Sansón, quien despedazó al león como quien despedaza a un cabrito, sin tener nada en su mano. (Jueces. 14 : 5/6).

Leyendo esto, se me ocurrió pensar: Si yo fuera león y tengo hambre, sin duda hubiera elegido atacar a la presa más débil. Al menos, así se comportan los leones que se muestran en "Animal Planet".

Siempre corren al animalito más lento, más accesible, y se proveen su alimento.

Sería más lógico que el león joven ataque a la anciana señora y no a un opulento joven musculoso.

Entonces David contesta a su hermano: ¿Acaso esto no es mero hablar?

El Señor nos enseña que solamente podremos conocer certeramente a una persona, cuando aprendemos a mirar el fruto del Espíritu Santo en su vida. (Lucas 6: 43).

Por tal razón, los ungidos de Dios para un propósito de Dios se reconocen por lo siguiente:

- *Tomar acción ante palabras inertes (1 Samuel 17: 29)*
- *Su fe es desafiada. (1 Samuel 17: 26)*
- *Su identidad espiritual le pide involucrarse y actuar. (1 Samuel 17: 32)*
- *El Espíritu Santo le exige que actúe. (1 Samuel 17: 45)*

Otra vez el entorno.

Otra vez Dios pone a alguien de su entorno para que las cosas sucedan en favor de su ungido.

Fueron oídas las palabras que David había dicho, y las refirieron delante de Saúl; y él lo hizo venir. (1 Samuel 17: 31).

"Alguien", un desconocido para nosotros fue movido por Dios para que le haga llegar a Saúl, las palabras de su ungido, las cuales repetía una y otra y otra vez.

¿Quién es este filisteo incircunciso para que provoque a los escuadrones de Israel?

¿Podemos ver la mano de Dios a nuestro favor?
Cosas casi imperceptibles como esta, nos ocurren en todo tiempo

¡Maravilloso en nuestro Dios! Lo buscamos mayormente en los grandes portentos, y en este pasaje podemos verlo obrar en este silbo apacible, que conmueve mi corazón.

¡Una vez más gracias, Padre! Por ese entorno precioso, con el cual nos rodeas.

Ungidos para aceptar desafíos.

"Este modelo está agotado"

_____
_____
_____
_____
_____
_____
_____

El modelo que Dios busca para estos tiempos
¡Debe escribirlo usted!

¡Solo diré amén!

A todos los intentos e iniciativas de modificar las cosas para que cuando Él venga, nos sorprenda viviendo victorias absolutas, victorias que se conquisten, victorias obtenidas en aquellos campos blancos, listos para la siega.

¡Victorias con el sello de Dios!

EL MINISTRO DEL CORAZÓN DE DIOS
"Martillo que quebranta la piedra"
(Simón Pedro: Y tú, una vez vuelto)

(Golpes) Es sabido que, si hoy usted está escuchando esta exposición o leyendo este manual, El Señor lo ha llamado al ministerio. *¡Gloria a Dios por ello!*

Escuchó recién esos golpes al ritmo del segundero del reloj, y quizás pensó: ¿Qué son esos golpes? Pues, le contestó, esos golpes son **"una ilustración de aquello que Dios hará en usted",** si es que ya no comenzó a hacerlo.

¿Si anhelamos ministerio, que cosa anhelamos?

Mi primer Pastor, Raúl Ameri, de joven oraba: Señor, ¡dame el ministerio de Pablo!

Luego de años se dio cuenta que no solamente estaba pidiendo tener las mismas manifestaciones del Espíritu Santo en su propia vida como lo fue en el apóstol, sino también:

Que el Señor lo tirara al piso camino a Damasco, quedara ciego, que Ananías orara para volver a ver. Que estuviera tres años en el desierto de Arabia. Que hiciera varios viajes misioneros, habiendo sido apedreado, arrestado, encarcelado, traicionado, vituperado, haberse contagiado de cierta enfermedad, haber tenido que declarar ante el Tribuno, ante el Concilio, ante Félix el Gobernador, ante, ante Agripa, estar en un naufragio, etc. etc. Otra vez digo: ¡Gloria a Dios!

Por todas estas cosas, y muchas más, cuando con gran gozo comparto de parte de Dios sobre el llamamiento al ministerio.

El segundo quebranto
<u>Textos focales: Jeremías 23:21/32; Lucas 22:31/34; Juan 21:3/17</u>

No envié yo a aquellos profetas; ellos corrían, más yo no les hablé, más ellos profetizaban.

Pero si ellos hubieran estado en mi secreto, habrían hecho oír mis palabras a mi pueblo, y lo habrían hecho volver de su mal camino, y de la maldad de sus obras. (Jeremías 23: 21/22).

<u>Veamos el contexto previo a estas palabras.</u>

- *Haciendo un análisis bastante escueto, podríamos afirmar que Dios llamó a su siervo Jeremías y lo dio por profeta a las naciones. (Jeremías 1: 5).*
- *Que fue enviado por Dios para anunciar a Judá, y a todo Israel acerca de la apostasía venidera. (Jeremías. Capítulo 2).*
- *Que en su predicación trató de conducir a Israel y a Judá al arrepentimiento. (Jeremías. Capítulo 3).*
- *Que, ante la dureza del corazón de ellos, dio de parte de Dios en mensaje de juicio contra Jerusalén y contra Judá. (Jeremías: Capítulo 6).*
- *Anuncia a Judá que será llevada en cautiverio. (Jeremías. Capítulo 13).*
- *Trató de abandonar su ministerio a causa de ser el único que profetizaba la verdad, y el pueblo iba tras otras voces que solamente hablaban de "bendición viene" (Jeremías 20: 7/18).*

¡No envié a aquellos profetas, pero ellos corrían!
¡Yo no les hablé, más ellos profetizaban!

"Profetas/Predicadores" dejan ver una notoria avidez por el acto de la predicación, es una situación que define estos tiempos.

Pero Dios, por boca del profeta Jeremías nos hace saber que esto ya sucedía en aquellos tiempos. ¡No es algo nuevo!

La avidez por predicar no trae nada bueno consigo. El verdadero problema es el contenido de lo que los tales predican.

- *¡No los envié, pero corrían!*
- *¡No les hable, pero profetizaban! ¡Trágico!*

Sin embargo, el Señor, nos declara la única solución a ese problema, en los tiempos de Jeremías

y en nuestros tiempos

> *Si hubieran estado en mi secreto*
> *Hubieran conocido mis palabras*
> *Y se las hubieran dicho a mi pueblo*
> *Para que se arrepientan*
> *(Jeremías 23: 22)*

Es la voz de nuestro Señor diciéndonos:

¡Oigan siervos míos! ¡Es en mi secreto donde les hablo!

¿Soy yo Dios de cerca solamente, dice Jehová, y no Dios desde muy lejos?

¿Se ocultará alguno, dice Jehová, en escondrijos que yo no lo vea?

¿No lleno yo, dice Jehová, el cielo y la tierra?

Yo he oído lo que aquellos profetas dijeron, profetizando mentira en mi nombre, diciendo: ¡Soñé, soñé!

(Jeremías 23: 23/25)

¡Hay tantas maneras de mentir!

Se puede mentir con el clásico: ¡Yo no fui!

Se puede mentir con: ¡Mentiras piadosas!

Se puede mentir: ¡Al hablar de sí mismos! ¡Ah, pero yo!

Se puede mentir: ¡Agrandando un testimonio!

Se puede mentir: ¡Sobre espiritualizando todo!

¿Pero mentir en nombre de Dios?
Mentir diciendo: ¡Dios me dijo!

(G) Imitando el idioma secuencial de Santiago:

La falta de intimidad con Dios se manifiesta como ignorancia, y la ignorancia, habiendo sido consumada da a luz la irresponsabilidad, y ambas trabajando juntas dan a luz a la "mentira en el nombre de Dios"

Una verdad parcial es la más cruel de las mentiras

Lejos de ser algo nuevo, este tipo de mentira estratégica es tan antigua como aquel que es llamado: *Padre de mentira.*

Inyectó a una verdad una pequeña dosis de mentira
<u>**Aplicación contextual (Gálatas 5:9)**</u>

¿Hasta cuándo estará esto en el corazón de los profetas que profetizan mentira, y que profetizan el engaño de su corazón?

¿Los que piensan hacer que mi pueblo se olvide de mi nombre con sus sueños que cada uno cuenta a su prójimo, al modo que sus padres se olvidaron de mi nombre por Baal? <RVR1977> (Jeremías. 23: 26/27).

Note que en este caso el Señor no los llama **"falsos profetas"**, todo lo contrario.

El problema es aún mayor que la falsedad
Profetas que profetizan mentiras

¿Hasta cuándo?

¿Puede sentir el corazón de Dios? ¡Esta pregunta trae consigo, decepción!

Me pregunto si los hijos de Dios hemos conocido que con nuestros actos podemos alegrar o entristecer el corazón de nuestro Padre.

Aquellos que fuimos bendecidos con hijos, bien sabemos de tales cosas. Mis hijos me llenan de alegría, y otras veces me provocan tristezas.

Golpes.

- *El profeta que tuviere un sueño cuente el sueño*
- *Y aquel a quien fuera mi palabra, cuente mi palabra verdadera*

¿Qué tiene que ver la paja con el trigo?
¿No es mi palabra como fuego?
¿No es mi palabra como martillo que quebranta la piedra?
(Jeremías. 23: 28/ 29)

(Aplicación contextual: Mateo 3: 11/12)

El quebranto ministerial de Simón Pedro

Hay un proceso al que Dios lleva a sus siervos para ser tratados, y poder ser usados al fin

- *Necesariamente*
- *Implacablemente*
- *Amorosamente*

Sepa, pues, que todo el que anhela ministerio
anhela pasar por este proceso de quebranto

Dijo también el Señor: Simón, Simón, he aquí Satanás os ha pedido para zarandearos como a trigo; pero yo he rogado por ti, que tu fe no falte; y tú, "una vez vuelto", confirma a tus hermanos.

Él dijo: Señor; dispuesto estoy a ir contigo no solo a la cárcel sino también a la muerte. Y él dijo: Pedro, te digo que el gallo no cantará hoy antes que tú niegues tres veces que me conoces. (Lucas 22: 31/ 34).

¡Simón, Simón! Llamó especialmente su atención al llamarlo con su antiguo nombre.

Necesitaba decirle algo importante:

- *Satanás os ha pedido para zarandearos.*
- *Yo he rogado por ti, que tu fe no falte.*
- *Y tú "una vez vuelto" confirma a tus hermanos.*

El ataque a la iglesia incipiente por parte del enemigo ya había comenzado poco antes.

Ya había actuado fuertemente sobre Judas, como declara la palabra de Dios

Y entró Satanás en Judas, por sobrenombre Iscariote, el cual era uno de los doce; y este fue y habló con los principales sacerdotes, y con los jefes de la guardia, de como se los entregaría. Ellos se alegraron, y convinieron en darle dinero. Y él se comprometió para entregárselo a espaldas del pueblo. (Lucas 22: 3/ 5)

- *Y ahora había venido por Simón Pedro.*
- *Entonces, ocurre "El milagro".*
- *No es un milagro portentoso*
- *No es un milagro que ocurre a la vista de todos*
- *No es un milagro que ocurre para generar fe en otros*
- *Es un milagro, tan íntimo como orar.*
- *Y el Padre que está en secreto, hará algo en tu corazón, para que pueda recompensarte en público.*

Pedro, estaba a punto de iniciar "La travesía del quebranto"

***¡Simón, no puede ser usado por Dios!
¡El Señor necesita a Pedro!***

De pronto Jesús dice algo inentendible

***Y tú, una vez vuelto, confirma a tus hermanos
(Lucas. 22: 32b)***

*¿Una vez vuelto de dónde?
¡Pedro no se fue a ningún lado!*

En esta ocasión el Señor Jesús intercedió ante el Padre rogando por él.

Este pasaje de lo dicho por Jesús a Pedro me ha sido de respuesta en lo personal varias veces.

No consideró rogar al Padre que lo quite del fuego de la prueba, porque le era necesario que Pedro fuera probado como se prueba el oro.

***Yo he rogado por ti, que tu fe no falte
y tú "una vez vuelto de este proceso" de quebranto ministerial
Confirma a tus hermanos
<u>Exactamente acá, comienza el proceso ministerial</u>***

(G) Cada palabra de Jesús, cada uno de sus gestos, cada detalle para con Simón de aquí en adelante, son de una profundidad tal que nos será necesario involucrar todos nuestros sentidos en esto, todos tenemos nuestra atención, buscando un momento especial de quietud.

Cada palabra, cada mirada, cada gesto del Señor es amorosamente devastador.

Es literalmente un *"martillo que quebranta la piedra"*.

Aplicación espiritual.

Así como hubo rogado por Simón Pedro, él ha rogado por cada uno de los que han de ser sometidos a este proceso inherente al ministerio.

Este es un *"Acto de Dios"*, Dios sabe todo acerca de cada uno de nosotros.

> *Pero al volver de este proceso de quebranto ministerial*
> *Tú te vas a conocer, tal y como Dios te conoce*

Cuando leemos la carta a los romanos, el apóstol Pablo, inspirado por Dios, en el capítulo ocho, y versículo veintinueve, comienza diciendo: *"A los que antes conoció"*.

Tenemos cierta tendencia a *"creer erróneamente"* que cuando antes nos conoció, Dios ya sabía que en algún momento del futuro yo iba a ser suficientemente obediente, suficientemente misericordioso, o que mi fe sería suficientemente madura, por eso luego Dios dice de mí todo lo que está escrito seguidamente en este versículo: *"que por eso me predestinó, porque soy muy parecido a su Hijo. Y por esa razón me llamó, y me justificó, y luego me glorificó.*

> *Al que cree en Aquel que justifica al impío*
> *su fe le es contada por justicia*
> *(Romanos 4: 5)*

> *Los siervos del Señor no debemos perder de vista*
> *que Dios nos conoció antes, lleno de actos impíos*
> *y no vio ninguna obra buena en ninguno*
> *y aún así, a pesar de eso, nos escogió para que seamos*
> *conformes a la imagen de su Hijo*

El proceso comienza enfrentándonos con la verdad.

(G) Pedro, tienes que darte cuenta de que tu no vas a venir conmigo ni a la cárcel, ni a la muerte, ni nada tuyo es tan excelente como crees.

Y para que veas que tu fe es endeble te aviso que, durante esta misma madrugada, el gallo no cantará hoy antes que me niegues tres veces.

Y después que tu piedra sea quebrantada, podrás confirmar a tus hermanos.

Tengo que aprovisionarte para el ministerio.

Desde Pedro hasta mí, este proceso no ha perdido vigencia

(G) Y a ellos dijo: Cuando os envié sin bolsa, sin alforja, y sin calzado, ¿os faltó algo? Ellos dijeron: Nada. Y les dijo: Pues ahora, el que tiene bolsa, tómela, y también la alforja; y el que no tiene espada, venda su capa y compre una.

Porque os digo que es necesario que se cumpla todavía aquello que está escrito:

Y fue contado con los inicuos; porque lo que está escrito de mí, tiene cumplimiento.

Entonces ellos dijeron: Señor, aquí hay dos espadas.

Y él les dijo: Basta. (Lucas 22: 35/ 38)

Primeramente, Jesús les recordó cuando salieron a misionar de a dos en dos, y fueron enviados sin bolsa, sin alforja y sin calzado. Y nada les faltó.

> *Ahora les dice: Deben salir a la obra bien provistos; bolsa, alforja y espada*

Cuando algo no se comprende en primera instancia, hay que intentar encontrar su real sentido en el contexto.

En este caso, no es tan difícil porque el mismo Señor nos lleva hacia él.

El contexto.

Satanás os ha pedido para zarandearos. (Lucas 22: 31). <primer contexto, o contexto primario>.

Es necesario que se cumpla todavía en mi aquello que está escrito: Y fue contado con los inicuos. (Lucas. 22: 37).

"Fue contado entre los inicuos" El mismo texto de labios de Jesús nos invita a contemplar **Isaías capítulo 53** donde se describe el carácter del siervo de Jehová. <segundo contexto, o contexto secundario>.

Despreciado y desechado de los hombres.
(Isaías 53: 3)

Experimentado en quebranto
(Isaías 53: 3)

Como que escondimos de él, el rostro
(Isaías 53: 3)

Lo tuvimos por herido de Dios y abatido
(Isaías 53: 4)

Se dispuso con los impíos su sepultura
(Isaías 53: 9)

Servimos al Señor que también fue Señor de todos estos actos de injusticia por parte de los hombres.

Servimos al Señor, que fue Señor de su carácter, ante el desprecio.

Servimos al Señor, que fue reconocido Señor, en su vida, en su muerte y en su resurrección.

¿Porque el siervo del Señor debería ser distinto a su Señor?
¿Por qué no deberíamos ser semejantes en su quebranto?

De lejos.

Y prendiéndole, le llevaron, y le condujeron a casa del sumo sacerdote." Y Pedro le seguía de lejos". Y habiendo ellos encendido fuego en medio en medio del patio, se sentaron alrededor. (Lucas: 22: 54/55).

Sentado a un fuego extraño.

(G) Pedro se sentó también con ellos. Pero una criada, al verle sentado al fuego, se fijó en él, y dijo: También éste estaba con él. Pero él lo negó, diciendo: Mujer, no lo conozco. (Lucas 22: 56/57).

Solo una mirada.

(G) Un poco después, viéndole otro, dijo: Tú también eres de ellos. Y Pedro dijo: Hombre, no lo soy. Como una hora después, otro afirmaba, diciendo: Verdaderamente también éste estaba con él, porque es galileo. Y Pedro dijo: Hombre, no sé lo que dices. Y enseguida, mientras él todavía hablaba, el gallo cantó.

(G) Entonces, vuelto el Señor, miró a Pedro; y Pedro se acordó de la palabra del Señor, que le había dicho: Antes que el gallo cante, me negarás tres veces. Y Pedro, saliendo, lloró amargamente. (Lucas 22: 58/62).

Definitivamente, lo dicho por el Señor, ¡invariablemente se cumplió!

Es la fe, la certeza de lo que esperamos, *¡sin duda alguna todos seremos sometidos a este proceso!*

¡Hoy nos ocupa conocer cómo pasó este proceso en Pedro!

¡La manera en que estas cosas se sucedieron una tras otra, fue demoledora!

Gran parte de Simón dejó de existir mientras ocurría lo aquí narrado. Por ende, gran parte de Pedro comenzó a formarse para servirle, mientras ocurría lo aquí narrado.

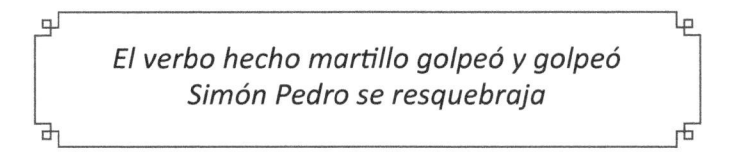

> *El verbo hecho martillo golpeó y golpeó*
> *Simón Pedro se resquebraja*

De manera milagrosa ocurre que, en el mismo proceso de quebranto:

Mientras Simón se desvanece
Pedro de manifiesta

Corriendo al sepulcro.

Eran María Magdalena, y Juana, y María madre de Jacobo, y las demás con ellas, quienes dijeron estas cosas a los apóstoles.

<u>*"Mas a ellos les parecían locura las palabras de ellas, y no las creían"*</u>

(G) Pero levantándose Pedro, corrió al sepulcro; y cuando miró dentro, vio los lienzos solos, y se fue a casa maravillándose de lo que había sucedido. (Lucas. 24: 10/12)

Último intento de Simón.

Simón Pedro, Tomas llamado el Dídimo, Natanael el de Caná de Galilea, los hijos de Zebedeo, y otros dos de sus discípulos.

Simón Pedro les dijo: Voy a pescar. Ellos le dijeron: Vamos nosotros también contigo.

Fueron, y entraron a la barca; y aquella noche no pescaron nada.

Cuando ya iba amaneciendo, se presentó Jesús en la playa; más los discípulos no sabían que era Jesús. Y les dijo: ¡Hijitos! ¿Tenéis algo de comer? Le respondieron: No.

Él les dijo: Echad la red a la derecha de la barca, y hallareis. Entonces la echaron, y ya no la podían sacar, por la gran cantidad de peces.

Entonces aquel discípulo a quien Jesús amaba dijo a Pedro: ¡Es el Señor! Simón Pedro, cuando oyó que era el Señor, se ciñó la ropa (porque se había despojado de ella), y se echó al mar. Y los otros discípulos vinieron con la barca, arrastrando la red de peces, pues no distaban de tierra sino como doscientos codos.

Al descender a tierra, vieron brasas puestas, y un pez encima de ellas, y pan. Jesús les dijo: Traed de los peces que acabáis de pescar. Subió Simón Pedro y sacó la red a tierra, llena de grandes peces, ciento cincuenta y tres; y aun siendo tantos, la red no se rompió. (Juan. 21: 3/ 11)

He oído decir muchas veces, que este acto de Simón Pedro es un acto que refleja un paralelo espiritual con *"Volvamos a Egipto"*

¿Volver al sitio donde sabemos que no hay nada?
¿Como el perro vuelve a su vómito?
¡Eso es volver a Egipto!

"Volvamos a Egipto" es la orden dada por un general vencido, sabiendo que ya no tiene autoridad ni gobierno.

Vuelvo a pescar es Pedro hecho pedazos
Sabiendo que negó a Jesús, tal como Él lo había dicho

Jesús sabía exactamente como estaba Pedro
y fue a esa playa a buscarlo

Al rescate de los suyos

Echad la red a la derecha–dijo el Señor -

A tal punto, está vencido Simón, que ya no sabe hacer ni siquiera aquello que hacía como un experto.

El "Segundo Quebranto" trae consigo la pérdida
de nuestra anterior identidad.

Corazón de Siervo

> *¡Yo he rogado por ti!*
> *¡Yo he rogado a mi Padre por ti!*
> *¡Yo confió en ti!*

Yo ruego por ellos; no ruego por el mundo, sino por los que me diste; porque tuyos son... y he sido glorificado en ellos. (Juan. 17: 9/10).

Jesucristo es el Señor

Y otra vez, Pedro se ciñó la ropa y se fue nadando a la orilla.

(G) Cuando hubieron comido, Jesús dijo a Simón Pedro: Simón, hijo de Jonás, ¿me amas más que estos? Le respondió: Si, Señor; tú sabes que te amo. (G) Él le dijo: Apacienta mis corderos. (Juan. 21: 15/ 17),

Volvió a decirle la segunda vez (G) Simón, hijo de Jonás, ¿me amas? Pedro respondió: Si, Señor; tú sabes que te amo. (G) Pastorea mis ovejas.

Ahora, y para finalizar, Jesús termina el proceso de una manera extremadamente personal. Habla a Simón, hijo de Jonás, esperando que, Pedro y solo Pedro le responda

Señor tú lo sabes todo

- *Señor, tú sabes que te negué*
- *Señor, tú sabes que soy débil*
- *Señor, tú sabes que no entiendo muchas cosas*
- *Señor, tú sabes que no soy digno*

Le dijo la tercera vez: (G) Simón, hijo de Jonás, ¿me amas? Y le respondió: Señor, tú lo sabes todo; tú sabes que te amo. Jesús le dijo: (G) ¡Apacienta mis ovejas! (Juan 21: 17).

Tu eres digno y por eso apacienta mis ovejas

Acaba de cumplirse lo dicho por el Señor Jesús:

> *Pero yo he rogado al Padre por ti*
> *que tu fe no falte*

> *y tú, una vez vuelto*
> *confirma a tus hermanos*

> **La roca ha sido quebrantada**

Y una vez vuelto, su primer discurso.

> *Y aquel Simón Pedro que por miedo le hubo negado*
> *puesto de pie, junto a sus hermanos ante miles*
> *confesó a Jesucristo el Señor*

Entonces Pedro, poniéndose en pie "con los once", alzó la voz y les habló diciendo:

Varones judíos, y todos los que habitáis en Jerusalén, esto os sea notorio,

> **y oíd mis palabras**
> **y en los postreros días, dice Dios**
> **derramaré de mi Espíritu sobre toda carne**
> **y de cierto sobre mis siervos sobre mis siervas**
> **derramaré de mi Espíritu y profetizarán**
> **(Hechos. 2: 14; 17/18)**

¡Poderoso! El cambio en Pedro es abrumador. Nada queda de aquel pendenciero negador, nada queda de aquel humilde pescador de Galilea.

En una mirada un tanto simplista, algunos adjudican este cambio radical en Pedro, al estruendo acontecido en aquel hermoso *"aposento alto de Jerusalén"*

Queda expuesto que no hay para nadie llamado al ministerio, ninguna posibilidad de cambio, sin ser sometidos a este proceso de quebranto por la palabra de Dios.

> *El martillo que quebranta la piedra*

EL MINISTRO DEL CORAZÓN DE DIOS
SOBREVIVIENTES (cero)
Ministerio de guerra ¡El nuevo nacimiento!

A lo largo de la historia de la humanidad se han producido diferentes eventos trágicos que cobraron la vida de muchos.

Muchos de esos eventos fueron signados por la maldad de un hombre o varios hombres, los que han conducido naciones enteras al odio, a guerras de pueblos contra pueblos, a cobrarse de viejos rencores; y en todos ellos, quedan expuestas las más oscuras miserias de la condición humana.

Asimismo, también hubo enfermedades pandémicas, accidentes trágicos, y otras tantas razones que tienen un común denominador: La pobre condición de los hombres, sus bajezas más extremas, las indiferencias, las insensibilidades. En esos momentos críticos, mayoritariamente, ha aflorado lo más bajo de la especie.

Sin embargo, en la mayoría de ellos, quedaron "sobrevivientes."

Y Dios, siempre estuvo y está presente, incluso en cada uno de estos trágicos eventos mencionados.

Cada una de las personas que intervinieron o fueron víctimas no han ocultado su propio corazón, ante Dios.

Sobrevivientes.

- De la tragedia del RMS Titanic en 1912. Viajaban 2224 personas, y murieron más de 1.500. **¡Pero muchos sobrevivieron!**
- De la Gripe Española en 1918, murieron 500 millones de personas, el 30% de la población mundial. **¡Pero muchos sobrevivieron!**
- Del holocausto judío. El genocidio ocurrido durante la Segunda Guerra Mundial, entre 1941 y 1945. Se cobraron cruel y cobardemente la vida de más de 6 millones de personas. **¡Pero muchos sobrevivieron!**
- Del ataque a las Torres Gemelas, en septiembre 11 de 2001. Llevado a cabo cobardemente por la Red Militante Islamista Al Qaeda, con 2977 víctimas fatales. **¡Pero muchos sobrevivieron!**

De todas estas tragedias mencionadas y las otras muchas que no se mencionaron, podemos afirmar por propios testimonios, que:

"Ninguno de los sobrevivientes volvió a ser la misma persona"

En la más contemporánea de todas estas tragedias mencionadas, las Torres Gemelas también ha dejado ver la bravura y compasión de muchos, quienes dieron sus vidas o las pusieron en alto riesgo, por salvar a otro. Seguramente también en las otras menciones, y de tales, se escribieron libros, se filmaron películas dando testimonio de estos hechos heroicos.

Asimismo, existe un sentimiento que es común a todos ellos: **¡Cierta nostalgia por sus vidas, antes de la tragedia a la que sobrevivieron!**

El uso de la palabra "sobreviviente" en el presente estudio, no es con el significado descripto por R.A.E, sino una concepción de esta, para una aplicación netamente espiritual.

Oro a Dios que este breve relato sirva de prefacio para el *"tema espiritual"* que hoy nos ocupa.

Sirva como propósito para concientizar sobre aquello que Dios quiere hablarnos hoy, lo cual es conocido por todos nosotros.

> **¡Conocer y ser consciente no son la misma cosa!**

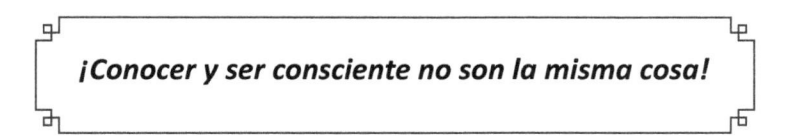

Tragedia desconocida por el hombre.

A modo de contexto, nombrar las grandes catástrofes naturales o provocadas por los hombres, nos deja para reflexionar que muchísimos se han ido, y muchos han sobrevivido a las mismas. Pero la humanidad se enfrenta a la mayor catástrofe que existe desde que el hombre fuese creado, y se carece de toda conciencia, se ignora voluntariamente, se desacredita su letalidad.

"Vivir separado de Dios"

La enorme mayoría de las personas creen que no hay nada más letal que:

- *Un ataque nuclear.*
- *Nos impacte un asteroide.*
- *Una pandemia aún no conocida.*
- *Las armas químicas.*

Y nuestro planeta, *"Tierra"* también ha sufrido varios eventos de extinción masiva hace millones de años.

El más conocido por todos fue en el Periodo Cretácico, hace 65 millones de años, cuando se extinguieron los dinosaurios.

Científicamente se le denomina: E.L.E. (Extinction Level Event)

En español se podría decir Evento de Extinción Masiva.

Precisamente a esto me quiero referir. Las personas temen a los eventos de destrucción. Sin embargo, la gran mayoría de los seres vivientes han vivido su vida sin conocer ninguno de estos eventos que se cobraron muchísimas muertes.

Lo realmente letal ocurre todos los días
no duele al hacerlo
nos parece normal
ocurre mientras vivimos. ¡Imperceptiblemente!
gente con "prestigio" lo promueve
se "promociona" en los medios de comunicación
se "agita" desde las redes sociales
habita en nuestras mentes
habita en nuestros corazones
habita en nuestras conciencias
¡Mata cruelmente!

Todo aquello que provoca que las personas vivan alejadas de Dios, se llama:

P E C A D O

Y el pecado provoca la

M U E R T E

A diferencia de los Eventos de destrucción

El pecado no deja

S O B R E V I V I E N T E S

Jesucristo. El único plan de Dios para la salvación de nuestra alma.

"Y Él os dio vida a vosotros, cuando estabais muertos en vuestros delitos y pecados, en los cuales anduvisteis en otro tiempo, siguiendo la corriente de este mundo, conforme al príncipe de la potestad del aire, el espíritu que "ahora" opera en los hijos de desobediencia" **(Efesios. 2: 1/2)**

Vivir sin Cristo equivale a estar muerto, aunque respiremos

Y ciertisimamente, para todos aquellos que están viviendo en esa situación de pecado, **separados de Dios,** sepan que aún hay esperanza, aún está viva la oportunidad ser libre del mismo.

En estos postreros días Dios nos ha hablado por el Hijo y su voz sigue tronando en los corazones. *Él es la puerta y el que por Él entrare será salvo.*

"De cierto, de cierto os digo: El que oye mi palabra, y cree al que me envió, tiene vida eterna; y no vendrá a condenación, más ha pasado de muerte a vida" (Juan. 5: 24)

Amados consiervos, diáconos, líderes, hermanos y hermanas con llamamiento, notemos que en nuestras iglesias, quizás más que nunca, hay de aquellos que asisten cada domingo, cantan al Señor, oyen su Palabra, ofrendan, son bautizados, y a participan de la Santa Cena; **"pero nunca muestran frutos dignos de arrepentimiento ni de nuevo nacimiento en el Espíritu."**

¿Quién está fallando?
¿Ellos o nosotros?
¿Nunca aprenden o enseñamos mal?

"Porque la palabra de Dios es viva y eficaz, y más cortante que toda espada de dos filos; y penetra hasta partir el alma y el espíritu, las coyunturas y los tuétanos, y discierne los pensamientos y las intenciones del corazón" (Hebreos 4: 12)

¿Falla esta generación?

¿Fallamos los ministros de Dios?

¿Fallamos ambos?

- La creencia popular de conciencia cauterizada dice que asistir cada tanto a la iglesia, es más que suficiente.
- ¡La fe sin compromiso, es una sal que ya no sazona!
- ¡Duele ver que muchas personas asisten a las iglesias, en todo el mundo y actúan todavía, con nostalgias de aquello **que dicen ya no ser!**

Verdades para considerar introspectivamente

El pecado no deja sobrevivientes
El único plan de salvación es el de Dios por Jesucristo
Cristo no da lugar a vivir con nostalgias
La iglesia es la congregación de resucitados juntamente con Cristo
Evangelizar se hace fuera del templo

Ya todos sabemos, gracias a aquellos que nos enseñaron, que la iglesia (gr. ekklesia) no es un edificio, sino gente que se reúne en pos de Cristo.

"…y lo dio por cabeza sobre todas las cosas a la iglesia, la cual es su cuerpo, la plenitud de aquel que todo lo llena en todo. Y él os dio vida a vosotros, cuando estabais muertos en vuestros delitos y pecados, en los cuales anduvisteis en otro tiempo, siguiendo la corriente de este mundo, conforme al príncipe de la potestad del aire, el espíritu que ahora opera en los hijos de desobediencia, entre los cuales también todos nosotros vivimos en otro tiempo en los deseos de nuestra carne y de los pensamientos, y éramos por naturaleza hijos de ira, lo mismo que los demás. Pero Dios, que es rico en misericordia, por su gran amor con que nos amó, aun estando nosotros muertos en pecados, nos dio vida juntamente con Cristo (por gracia sois salvos) y juntamente con él nos resucitó, y asimismo nos hizo sentar en los lugares celestiales con Cristo Jesús" (Efesios. 1: 22b a 2: 6).

La iglesia no alberga sobrevivientes
La iglesia somos todos aquellos que hemos nacido de nuevo

Definición de sobreviviente.

Características generales.

Persona que luego de enfrentar alguna situación extremadamente grave, potencialmente mortal, ya sea enfermedad, catástrofe natural u otra situación extrema, conserva su vida. (Definición de R.A.E.).

Definición escritural de "Resucitado o Nacido de Nuevo":

Características generales.

"De cierto, de cierto te digo, (Nicodemo) que el que no naciere de nuevo, no puede ver el reino de Dios. Nicodemo le dijo: ¿Cómo puede un hombre nacer de nuevo siendo viejo? ¿Puede acaso entrar por segunda vez en el vientre de su madre, y nacer? Respondió Jesús: De cierto, de cierto te digo, que el que no naciere del agua y del Espíritu, no puede entrar en el reino de Dios. Lo que es nacido de la carne, carne es; y lo que es nacido del Espíritu, espíritu es. (Juan. 3: 1/ 6).

Lo que Jesús le dice a Nicodemo, maestro en Israel, es que para entrar al cielo hay que nacer de nuevo, del agua y del Espíritu.

En realidad, el Señor Jesús expone a Nicodemo en su propia ignorancia en ese momento.

Vivimos nuestras vidas naturalmente, pero la Biblia nos dice que: *"Estamos muertos en nuestros delitos y pecados"*, más *Dios que es grande en amor y rico en misericordia* en algún momento de nuestras vidas se manifestará a sus escogidos y *por medio de la fe, seremos impactados por su gracia, la cual actúa de una manera irresistible.*

En ese momento sabremos que Dios desea tomar el gobierno de nuestras vidas y sentarse en el trono de nuestro corazón.

Su Palabra nos dice que en ese instante somos *"redimidos, vueltos a comprar, con el propósito de ser santos y sin mancha delante de él"*, mediante el milagro de experimentar un nuevo nacimiento, *del agua y del Espíritu.*

De esta manera Dios mismo es la garantía de que somos suyos, porque somos habitados por él, en la persona del Espíritu Santo.

Más arriba compartimos todos una pregunta:

¿Quién es responsable de la condición de ciertas personas que concurren habitualmente a una iglesia?

¡Pareciera ser que estamos abordando un tema incómodo!

Testimonio ministerial.

En un tiempo, mientras se desarrollaba mi ministerio pastoral, Dios confronta mi servicio con una realidad:

> *Si quieres ver frutos de nuevo nacimiento.*
> *¡Predícalo!*
> *Si quieres ver frutos de madurez. ¡Predícalo!*

¡El Señor me mostraba cierta responsabilidad de mi parte!

Debía comenzar a corregir ciertos aspectos de mi predicación inmediatamente. Luego del debido proceso, el Padre me mostró claramente que es mi obligación predicar muy frecuentemente del *"Nuevo Nacimiento"* y de *"La Piedad"* de la que nos habla Pablo en la primera carta a Timoteo.

Entonces y volviendo al tema que originara esa pregunta:

> *¿Cuál es la condición de alguien quien se expone*
> *por mucho tiempo a la palabra de Dios,*
> *pero no se ven frutos de haber nacido de nuevo?*

"Así será mi palabra que sale de mi boca; no volverá a mí vacía, sino que hará lo que yo quiero, y será prosperada en aquello para que la envié" (Isaías 55 : 11).

Está diciendo con claridad que:

> *La palabra sale de su boca hará lo que Dios quiere*
> *será prosperada en su propósito y no volverá a Él vacía*

Concluimos que, la palabra volverá a Dios con la salvación del alma de aquel a quien fuera enviada, porque tal persona no puede resistir la gracia que Dios pone de manifiesto a su vida.

La otra opción es que la persona a la cual fue enviada su palabra muestre la indiferencia de esa persona para con Dios, lo cual deriva en la condena del alma

Entonces para concluir en este tema, determinaremos como texto base a hebreos 4: 12.

Explica con mucha claridad que es "la palabra de Dios" lo único que puede penetrar en los hombres y separar su condición inmaterial: El alma y el espíritu. Poder de Dios para salvación a todo aquel que cree (Romanos 1:16).

Cuando la creación de Dios es visitada por Dios, deja de ser una "dicotomía" y comienza a ser una "tricotomía" En ese punto, nuestro "ser" está compuesto de, *espíritu, alma y cuerpo.*

Como textos complementarios tenemos:

"Y el mismo Dios de paz os santifique por completo; y todo vuestro ser, espíritu, alma y cuerpo, sea guardado irreprensible para la venida de nuestro Señor Jesucristo. (1 Tesalonicenses 5: 23).

"El Espíritu (Santo) mismo da testimonio a nuestro espíritu, de que somos hijos de Dios". (Romanos 8: 16).

2020 – El año del Covid-19

¿Es bueno que existan innumerables cantidades de emisoras radiales cristianas?

En tiempos anteriores a la pandemia, donde nadie debía quedarse en casa para tener el debido cuidado de su salud y la de terceros al mismo tiempo, las personas estaban en sus labores cotidianas, ocupados en sus quehaceres, y tal vez, mientras conducían, sintonizaba una emisora cristiana en su automóvil.

> *¡Los ministerios se desarrollan conforme a una visión*
> *que Dios da a su siervo!*
> *David cuidaba las ovejas de su padre, Isaí.*

Esta situación difícil de expresar y que al mismo tiempo suene bonito, me ha traído muchísimo trabajo pastoral, porque las propias ovejas que Dios puso a mi cuidado de pronto mencionan cosas opuestas a lo que se le había enseñado.

El llamamiento al ministerio pastoral es algo de mucha responsabilidad porque somos los pastores quienes velamos por las almas de las ovejas, como quienes hemos de dar cuenta. **(Parafraseado de Hebreos 13: 17).**

Todo esto se agravó en tiempos de pandemia. Se han escuchado decir "**En el nombre de Dios**" infinidad de argumentos, diciendo que Dios había enviado esta enfermedad, argumentos que no se condicen con el corazón del Padre en quien he creído.

Las autoridades sanitarias y gubernamentales nos pedían el uso de barbijos, gel sanitario, lavarnos las manos muchas veces al día, limpiar el calzado si íbamos fuera de la casa, usar máscaras, guantes, no tocar nada, ni las barandillas para poder subir una escalera. Y todo fue necesario.

¿Qué estoy tratando de exponer?

El mundo fue muy eficaz en darnos a conocer los cuidados que se debían tener para beneficio propio y del prójimo.

Llamativamente nadie hizo mención de la causa que dio origen a ese virus.

> *¡El pecado trae consecuencias inimaginables!*
> *¡Dios nos libra del pecado, no de sus consecuencias!*

La conformación del ser.

Se aplica el término *"dicotomía"* para describir la conformación del ser, el cual es de forma indivisible, un cuerpo y un alma/espíritu. Estos últimos dos, están unificados.

Como es de prever hay varias corrientes de pensamiento científico quienes tienen entre sí diferentes conceptos y diferentes explicaciones.

Lo que la Biblia enseña es que el hombre en estado de dicotomía, ya que el alma y el espíritu están unificados, no puede entender las cosas espirituales en su total dimensión. Dicho muy brevemente, esto es lo que le está diciendo Jesús a Nicodemo: *"Si no naces de nuevo del agua y el Espíritu no puedes ver el reino de Dios".*

En el uso de las responsabilidades de ministro de Dios, debo reconocer que muchos se enojan al escuchar esto. Creen tener la capacidad de desarrollar vidas espirituales, pero lejos de Dios o creyendo en un dios a su medida.

La intervención de la palabra de Dios es lo único que nos da la posibilidad de entender a Dios y su propósito.

Esta es otra verdad que provoca el enojo de las personas que vienen a Dios, pero manteniendo cierta arrogancia en su corazón. La condición que Dios requiere para acercarse a Él, la describe en:

Al corazón contrito y humillado no despreciarás tú, oh Dios. (Salmos. 51: 17).

Lamentablemente muchos creen que pueden acercarse a Dios y que todo siga igual en sus vidas. No podemos venir a Dios con nuestras maneras de pensar, nuestras prioridades, nuestro orgullo, nuestra manera de percibir a Dios, y muchísimas cosas más. La Biblia engloba todas estas cosas en una frase: **"Los designios de la carne"**

"Por cuanto los designios de la carne son enemistad contra Dios; porque no se sujetan a la ley de Dios, ni tampoco pueden; y los que viven según la carne no pueden agradar a Dios." (Romanos. 8: 7/8).

"Así que no depende del que quiere, ni del que corre, sino de Dios que tiene misericordia.

Porque la Escritura dice a Faraón: Para esto mismo te he levantado, para mostrar en ti mi poder, y para que mi nombre sea anunciado por toda la tierra. De manera que de quien quiere, tiene misericordia, y al que quiere endurecer, endurece. Pero me dirás: ¿Por qué, pues inculpa? Porque ¿Quién ha resistido a su voluntad? Mas antes, oh hombre, ¿quién eres tú para que alterques con Dios? Dirá el vaso al que lo formó: ¿Por qué me has hecho así? ¿O no tiene potestad el alfarero sobre el barro, para hacer de la misma masa un vaso para honra y otro para deshonra? (Romanos. 9: 16/ 21).

¡Es maravilloso como Pablo escribe y fundamenta escribiendo de corrido, aquello que a nosotros quizás, nos tome años en comprender!

Muertos al pecado.

A diferencia de los "Eventos de Destrucción Masiva" donde absolutamente **"nadie"** estuvo voluntariamente, sino por el contrario, fueron sorprendidos en medio de un evento catastrófico o fueron forzados a vivirlo; lo que Cristo pide a los que han de pasar la eternidad con Él es que **"voluntariamente"** **¡Mueran a una vida donde el pecado reina, y nazcan de nuevo a una vida donde Cristo reina!**

- *"Porque los que hemos muerto al pecado, ¿cómo viviremos aún en él? (Romanos 6: 2b).*
- *"Porque si fuimos plantados (crucificados) juntamente con él en la semejanza de su muerte lo seremos en la de su resurrección; sabiendo esto, que nuestro viejo hombre fue crucificado juntamente con él, para que el cuerpo del pecado sea destruido, a fin de que no sirvamos más al pecado. Porque el que ha muerto, ha sido justificado del pecado" (Romanos 6: 5/7).*

- *"Así vosotros también consideraos muertos al pecado, pero vivos para Dios, en Cristo Jesús, Señor nuestro" (Romanos. 6: 11).*
- *"Con Cristo estoy juntamente crucificado, y ya no vivo yo, más Cristo vive en mí" (Gálatas. 2: 20ª).*
- *"Pero los que son de Cristo han crucificado la carne con sus pasiones y deseos. Si vivimos por el Espíritu, andemos también por el Espíritu". (Gálatas. 5: 24/25).*

"Palabra fiel es esta:

Si somos muertos con él, también viviremos con él;
Si sufrimos, también reinaremos con él;
Si le negáremos, él también nos negará;
Si fuésemos infieles, él permanece fiel
Él no puede negarse a sí mismo.

"...sino encomendando la causa al que juzga justamente; quien llevó él mismo nuestros pecados en su cuerpo sobre el madero, para que vivamos a la justicia; y por cuya herida fuisteis sanados. Porque vosotros erais como ovejas descarriadas, pero ahora habéis vuelto al Pastor y Obispo de vuestras almas. (1 Pedro. 23b/ 25).

La palabra de Dios define claramente tres conceptos de muerte.

Muerte física.

"Y mandó Jehová Dios al hombre, diciendo: De todo árbol del huerto podrás comer; más del árbol de la ciencia del bien y del mal no comerás; porque el día que de él comieres. Ciertamente morirás" (Génesis. 2: 16/17).

Nadie conoce cuál es la sensación al morir, es algo tan único que no podemos siquiera imaginarlo, pero podemos comprender en fe por las Escrituras que la muerte física es la separación del cuerpo y del alma/espíritu.

"Y el polvo vuelva al polvo, como era, y el espíritu vuelva a Dios que lo dio". (Eclesiastés 12: 7).

Muerte espiritual.

"Y él os dio vida a vosotros, cuando estabais muertos en vuestros delitos y pecados, en los cuales anduvisteis en otro tiempo, siguiendo la corriente de este mundo, conforme al príncipe de la potestad del aire, el espíritu que ahora opera en los hijos de desobediencia" (Efesios. 2: 1/2).

Este es el versículo que dio origen al desarrollo del presente tema. El apóstol Pablo, se dirige a los creyentes en la ciudad de Éfeso, explicándoles lo siguiente:

Todas las personas nacen y viven en la naturaleza de Adán. **"Fue hecho el primer hombre Adán alma viviente, el postrer Adán, espíritu vivificante". Mas lo espiritual no es primero, sino lo animal; luego lo espiritual. El primer hombre es de la tierra, terrenal; el segundo hombre, que es el Señor, es del cielo. Cual lo terrenal, tales también los terrenales; y cual el celestial, tales también los celestiales. (1 corintios 15: 45/48).**

Solo por la fe en Jesucristo el Hijo de Dios se nos concede dejar atrás la naturaleza terrenal que nos mantiene bajo muerte espiritual a causa del pecado.

Y por la palabra de Dios que penetra hasta separar el alma del espíritu se nos concede adoptar la naturaleza celestial dada por Cristo. *(El nuevo nacimiento)*

Muerte eterna.

"Y el mar entregó los muertos que había en él; y la muerte y el Hades entregaron los muertos que había en ellos; y fueron juzgados cada uno según sus obras. Y la muerte y el Hades fueron lanzados al lago de fuego. Esta es la muerte segunda. Y el que no se halló inscrito en el libro de la vida fue lanzado al lago de fuego" (Apocalipsis. 20: 14/15).

Nacidos de nuevo.

Tomaremos como texto primario para este desarrollo *(Juan. 3:1/15)*

Nicodemo:

Religión: Fariseísmo.

Posición: Principal entre los judíos.

Profesión: Maestro de Israel.

Es maravilloso lo que aquí ocurre. Podemos asumir que, por la posición religiosa, social y laboral/ministerial, Nicodemo era un hombre sumamente preparado intelectualmente.

Sin lugar a duda, Nicodemo era un hombre muy conocedor de la Ley y los Profetas. Conocía a la perfección las profecías sobre la llegada del Mesías. El cómo todo judío esperaba fervientemente la llegada del Mesías.

Los fariseos ya habían sentado posición acerca de Jesús, deliberadamente eligieron rechazarlo antes que reconocerlo.

Sin embargo, Nicodemo da muestras que vio en Jesús, aquellas características que conocía perfectamente sobre el Mesías; y lo reconoció.

Fue donde Jesús estaba, por la noche, para que ninguno de sus pares lo viera en tal actitud, y lo llama Rabí, (Maestro).

Reconoce que ha venido de Dios porque nadie más podría hacer las señales que Jesús hizo.

Con todo, manifestó ignorar aquello que Jesús le decía sobre la necesidad de "nacer de nuevo".

Por momentos en este relato pareciera que son dos personas que hablan idiomas diferentes.

Jesús llega a decirle: *¿Eres maestro en Israel y no sabes estas cosas?*

Así como Nicodemo, aún hay muchos que desconocen este acto de Dios.

El nacer de nuevo a la vida en Cristo

Solo Cristo y ningún otro.

¡De tal manera!

"…Cristo no estimó el ser igual a Dios como cosa a que aferrarse, sino que se despojó a sí mismo, tomando forma de siervo, hecho semejante a los hombres, y estando en esa condición de hombre, se humilló a sí mismo, haciéndose obediente hasta la muerte, y muerte de cruz. Por lo cual Dios también le exaltó hasta lo sumo, y le dio un nombre que es sobre todo nombre, para que en el nombre de Jesús se doble toda rodilla de los que están en los cielos, y en la tierra, y debajo de la tierra; y toda lengua confiese que Jesucristo es el Señor, para gloria de Dios Padre" (Filipenses. 2: 6b/11).

Necesariamente hagamos un alto acá.

Disponga de un tiempo a solas con el Señor.

Dios nos da a conocer en palabras de Pablo
aquel texto insignia de nuestra fe
"De tal manera amó Dios al mundo
que ha dado a su hijo unigénito"

Podemos concluir con certeza que este texto redactado por Pablo, por la inspiración del Espíritu Santo, es la descripción ampliada de lo *"dicho por Jesús a Nicodemo"* redactado por el apóstol Juan.

La disposición que tuvo el Padre de darnos al Hijo

La disposición del Hijo de venir a buscarnos

El agrado de Dios por el cumplimiento de su propio plan

trae como consecuencia "la verdad absoluta"

Dios exaltó a Jesús hasta lo sumo
Le dio un nombre que es sobre todo nombre
para que en el nombre de Jesús se doble toda rodilla
y toda lengua confiese que Jesucristo es el Señor
para gloria de Dios Padre

Aplicación contextual personalizada.

Oíd pues vosotros

Mateo 13: 1/ 9, "Jesús dice una verdad espiritual a mucha gente que se juntó para oírlo, en la playa del Mar de Galilea".

Mateo 13: 18/23, "Jesús dispone un momento a solas con sus discípulos para que comprendan con toda claridad que sucede cuando el evangelio del reino es predicado".

Mateo 13: 24/ 30," Jesús dice a la gente que se juntó para oírlo en la playa del Mar de Galilea, **que su palabra es buena semilla sembrada,** y que el enemigo también siembra en el mundo una **mala semilla que produce fruto malo**",

Mateo 13: 36/ 43, "Jesús explica a sus discípulos a quienes representa cada figura expuesta en la parábola. Cuando es que se hará la "siega" en manos de quienes Dios ha dispuesto que se haga la siega.

Bajo estas verdades se desarrolla el evangelio
Las verdades del evangelio son contextuales

La verdad produce un nuevo nacimiento
El nuevo nacimiento es un acto de Dios
Dios da vida eterna aplicando gracia y justificando al impío

"De modo que, si alguno está en Cristo, nueva criatura es; las cosas viejas pasaron; he aquí todas son hechas nuevas. Y todo esto proviene *de Dios, quien nos reconcilió consigo mismo por Cristo." (2 Corintios 5: 17/18ª).*

"Pero cuando se manifestó la bondad de Dios nuestro Salvador, y su amor para con los hombres, nos salvó, no por obras de justicia que nosotros hubiéramos hecho, sino por su misericordia, por el lavamiento de la regeneración (el verbo y la sangre) y por la renovación en el Espíritu Santo el cual derramó en nosotros abundantemente por Jesucristo nuestro Salvador" (Tito. 3: 4/6)

"Bendito el Dios y Padre de nuestro Señor Jesucristo, que según su grande misericordia nos hizo renacer para una esperanza viva, por la resurrección de Jesucristo de los muertos" (1 Pedro 1: 3).

Aplicación final.

El propósito de lo desarrollado en este módulo es afirmar conceptos acerca de la predicación equilibrada del evangelio.

Es muy probable que nos sea necesario leerlo más de una vez, es probable que Dios le dé más claridad sobre estas verdades y muchas más, las cuales conforman el evangelio.

Porque estas verdades no pueden faltar en los púlpitos
No desmaye en confrontar la mentira o el error con
la verdad que está en Cristo
en amor y paciencia, porque el evangelio es la respuesta

EL MINISTRO DEL CORAZÓN DE DIOS
"Idolatría en el nombre de Jesús"
¡Yo!–¡Yo cristiano!–¡Yo siervo!

Cuando hablamos de "idolatría", rápidamente vienen a nuestra memoria muchos pasajes bíblicos de conocimiento general sobre este tema, pasajes y textos bíblicos de uso frecuente advirtiéndonos sobre este pecado.

Quizás recordemos sermones al respecto, que hemos oído de nuestros pastores, o hemos oído en algún evento cristiano, o inclusive, sermones que hayamos predicado nosotros mismos en el desarrollo de nuestro ministerio.

"No te harás imagen, ni ninguna semejanza de lo que está arriba en el cielo, ni abajo en la tierra, ni en las aguas debajo de la tierra. No te inclinarás a ellas, ni las honrarás; porque yo soy Jehová tu Dios, fuerte y celoso…" (Éxodo. 20: 4).

"Los ídolos de las naciones son plata y oro, obra de manos de hombres.

Tienen boca y no hablan; tienen ojos y no ven; tienen orejas y no oyen; tampoco hay aliento en sus bocas" (Salmos. 135: 15/16)

¿De qué sirve la escultura que esculpió el que la hizo? ¿La estatua de fundición que enseña mentira? … (Habacuc. 2: 18).

No obstante, quiero invitarlo a meditar en un párrafo del libro del profeta Jonás.

"Cuando mi alma desfallecía en mí, me acordé de Jehová. Y mi oración llegó hasta ti en tu santo templo.

Los que siguen <vanidades ilusorias>, Su misericordia abandonan". (Jonás. 2: 7/8).

El permanece fiel, siempre.

- *Cuando mi alma desfallece, tenemos cierta tendencia a acordarnos de Él.*
- *Él recibe nuestra oración en su santo templo.*

"*Si fuéremos infieles, Él permanece fiel, pues no puede negarse a sí mismo*" *(2 Timoteo 2: 13).*

"*Los que siguen vanidades ilusorias, abandonan su misericordia*". *(Jonás 2: 8).*

¿Qué es una verdad ilusoria?

Vanidad: Orgullo. Persona que confía en sus propios méritos.

Ilusión: Tener la esperanza de obtener algo por medio de mis propios méritos

Los que siguen vanidades ilusorias, su misericordia abandonan.

*Mas yo con voz de alabanza te ofreceré sacrificios. (Jonás 2: 8/ 9_*

- *El profeta Jonás hablando con Dios en oración, dice:*
- *Padre yo no soy como otros que sigue en pos de su vanidad.*
- *Padre yo estoy en esta situación por mi propia vanidad.*
- *Mas yo, ahora voy a hacer delante de ti lo que debo hacer.*

Confianza de conseguir algo por medio de méritos propios

Idolatría es todo aquello a lo que damos lugar, por encima de Dios

Primeras aplicaciones.

- *Confiar en nuestras fuerzas, es idolatría.*
- *Creer que hacemos méritos suficientes para obtener algo, es idolatría.*
- *Confiar en nuestros conocimientos, es idolatría.*
- *Confiar en nuestras propias fuerzas, es idolatría.*

Podríamos agregar cientos de ejemplos, y todos ellos seguramente, son bien conocidos por cada uno de nosotros.

Podemos usar todos esos ejemplos y notaremos que lo que a Dios ofende es solamente la acción de *"no ponerlo a él en primer lugar"*

EL "yo"

<De la Nueva versión internacional>

Así que les digo: vivan por el Espíritu y no sigan los deseos de la carne; porque esta desea lo que es contrario al Espíritu y a si vez en Espíritu desea lo que es contrario a ella. Los dos se oponen entre sí, de modo que ustedes no pueden hacer lo que quieren. Pero si los guía el Espíritu, no están bajo la ley.

Las obras de la carne se conocen bien: inmoralidad sexual, impureza y libertinaje; idolatría y hechicería; odio, discordia, celos, arrebatos de ira, rivalidades, desacuerdos, sectarismos y envidia; borracheras, orgías y otras cosas parecidas.

Les advierto ahora, como antes lo hice, que los que practican tales cosas no heredarán el reino de Dios. (Gálatas 5: 16/21),

Expresa claramente que aquellos que practican tales cosas *(obras de la carne)* no heredarán el reino de Dios.

***Nos describe a nosotros peleando contra Dios
pero Él, no desconociéndonos, nos envió
el Espíritu Santo con nosotros
para que no hagamos lo que nos parece.***

Pablo profundiza aún más, y concluye que: *Andemos en el Espíritu (Santo) y no haciendo caso a aquello que deseamos (la carne). (Gálatas 5: 25).*

Precisamente para que no hagamos lo que quisiéramos.

¿Y ahora que mi "yo" es cristiano?

En mi espíritu está el Espíritu Santo oponiéndose a mi *"yo antiguo"*, batallando por el **trono de** *mi alma.*

Cada vez que mi "yo" se sale con la suya, *es contado como idolatría.*

Sin embargo, según lo expresado en las Santas Escrituras, es que el "yo" no está destinado a morir sino a ser renovado en el poder del Espíritu.

"Con Cristo estoy juntamente crucificado, y ya no vivo yo, más Cristo vive en mí, y lo que ahora vivo en la carne, lo vivo en la fe del Hijo de Dios, el cual se entregó a sí mismo por mí". (Gálatas 2: 20).

"Haced morir, pues, lo terrenal en vosotros" (Colosenses 3: 5).

"Despojados del viejo hombre con sus hechos, y revestidos del nuevo, el cual es conforme a la imagen del que lo creó se va renovando hasta el conocimiento pleno" (Colosenses 3: 9/10).

<u>El obrar sutil del "yo"</u>

Y los israelitas dijeron a Gedeón: Sé nuestro señor, tu, tu hijo, y tu nieto; pues que nos has librado de la mano de Madián.

Mas Gedeón respondió: No seré señor sobre vosotros, ni mi hijo os señoreará: Jehová señoreará sobre vosotros.

Y les dijo Gedeón: Quiero haceros una petición; que cada uno me dé los zarcillos de su botín (pues traían zarcillos de oro, porque eran ismaelitas).

Ellos respondieron: De buena gana te lo daremos. Y tendiendo un manto, echó allí cada uno los zarcillos de su botín.

Y fue el peso de los zarcillos de oro que él pidió, mil setecientos siclos de oro (unos 2.000kg), sin las planchas, y joyeles, y vestidos de púrpura que traían los reyes de Madián, y sin los collares que traían sus camellos al cuello.

Y Gedeón hizo de ellos un efod, el cual hizo guardar en su ciudad de Ofra; y todo Israel se prostituyó tras de ese efod en aquel lugar; y fue tropezadero a Gedeón y a su casa. (Jueces 8: 22/27.)

¿Qué fue lo que Gedeón y/o el pueblo permitieron que se manifestara?

(Sugerimos realizar un trabajo práctico con los estudiantes, pidiéndoles que contesten por escrito una respuesta a esta pregunta).

<El maestro no deberá solicitar a nadie la hoja con la respuesta>.

¡Estamos frente a un pasaje con un mensaje tremendo!

¡Un mensaje con mucho lenguaje simbólico!

El pueblo es sometido, humillado y desbastado.

Veamos el contexto de esto. Cuando Jehová Dios llama a Gedeón, Israel había sido entregado en manos de Madián a causa de hacer lo malo ante los ojos de Jehová. *(Jueces. 6:1).*

Y la mano de Madián prevaleció contra Israel, y los hijos de Israel, por causa de los madianitas, se hicieron cuevas en los montes en los montes y cavernas, y lugares fortificados.

Pues sucedía que cuando Israel había sembrado, subían los madianitas y amalecitas y los hijos de oriente contra ellos; subían y los atacaban.

Y acampando contra ellos destruían los frutos de la tierra, hasta llegar a Gaza; y no dejaban qué comer en Israel, ni ovejas, ni bueyes ni asnos.

Porque subían ellos y sus ganados, y venían con sus tiendas en grande multitud como langostas; ellos y sus camellos eran innumerables; así venían a la tierra para devastarla.

De este modo empobrecía Israel en gran manera por causa de Madián; y los hijos de Israel clamaron a Jehová. (Jueces. 6: 2/6).

Nos cuenta cuán tremendo era el padecimiento de Israel a causa de su maldad ante los ojos de Jehová, y como las madianitas "devastaban" los frutos de la tierra, como una plaga de langostas.

El ángel de Jehová fue a Ofra, la ciudad de Gedeón, y se sentó bajo una encina. Y viendo como Gedeón actuaba, le dijo: *¡Jehová está contigo, varón esforzado y valiente!*

Después de un precioso diálogo con el ángel de Jehová, este le dijo: *"Ve con esta tu fuerza y salvarás a Israel de la mano de los madianitas".*

- *Vs 11.* Gedeón estaba sacudiendo el trigo en el lagar, para esconderlo de los madianitas.
- *Vs 12.* Jehová está contigo varón esforzado y valiente.
- *Vs 13.* Si Jehová está con nosotros: ¿Por qué nos ha sobrevenido todo esto?
- *Vs 14.* Y mirándole Jehová, le dijo: Ve con esta tu fuerza, y salvarás a Israel.
- *Vs 15.* ¿Con qué salvaré yo a Israel?

Gedeón dispuso su corazón para adorar a Dios*, Jueces 6:19/23)* y fruto de todo esto, Gedeón edificó un altar a Jehová en su ciudad Ofra, el cual se llama "Salom" Jehová es paz.

Jueces. 8: 22

Y los israelitas dijeron a Gedeón: Sé nuestro señor, tu, tu hijo, y tu nieto; pues que nos has librado de la mano de Madián.

Al concretarse la victoria sobre Madián, prometida por Jehová, el pueblo, cometiendo un nuevo error dijeron: **Queremos que tú, Gedeón, tus hijos y tus nietos señoreen sobre nosotros**

Gedeón: Su virtud / Su error

Mas Gedeón respondió: No seré señor sobre vosotros, ni mi hijo os señoreará: "Jehová señoreará sobre vosotros" (Jueces. 8: 23).

"Jehová señoreará sobre vosotros"

Todo venía muy bien, El propósito de Jehová de liberar a Israel del oprobio usando al buen Gedeón, se había cumplido.

- *Gedeón dijo que no señorearía sobre Israel*
- *Gedeón dijo que tampoco sus hijos ni sus nietos señorearían sobre Israel.*
- *Gedeón dijo que solo Jehová señorearía sobre Israel*

Y de pronto Gedeón también dijo

Y les dijo Gedeón: Quiero haceros una petición: Que cada uno me dé los zarcillos de su botín. (Jueces 8: 24).

Quiero hacerles una petición.

Pareciera algo imperceptible.

¡Es un lenguaje extraño! Una terminología infrecuente entre un siervo de Dios y el pueblo.

Comparativamente veamos cómo se dirigía Moisés al pueblo cuando Jehová Dios le mandaba que dijese algo:

- *Jehová habló a Moisés, diciendo: ¡Di a los hijos de Israel que tomen para mí ofrenda! (Éxodo 25: 1ª).*
- *Harán también un arca de madera de acacia, cuya longitud… su anchura… Su altura … Y la cubrirás de oro puro… y harás sobre ella … etc. (Éxodo 25: 10/11).*
- *Harás además un candelero de oro puro; labrado a martillo… (Éxodo 25: 31)*
- *Harás el tabernáculo de diez cortinas de lino torcido, azul, púrpura y carmesí… (Éxodo. 26: 1).*

¡No encontramos en estos textos ninguna petición!

El lenguaje de Dios con Moisés es "imperativo".

¡Y Moisés habló a Israel en nombre de Dios tal cual como Dios lo dijo!

Y Gedeón hizo de ellos (de los zarcillos), **un efod el cual hizo guardar en su ciudad, Ofra; y todo Israel se prostituyó tras ese efod en aquel lugar; y fue tropezadero a Gedeón y a su casa. (Jueces 8: 27).**

No fue así, la manera en que Gedeón se refirió al pueblo. De todos modos, esto es lo menos grave de todo este error: **"Dios nunca le pidió a Gedeón, que se hiciera en efod"**

¡Eso es más grave!

Quizás usted piense: ¡Pero un efod es algo bueno! ¡Es la vestidura de los sacerdotes, es algo bueno!

<u>Reflexiones para aplicar.</u>

- *Los errores de los siervos de Dios siempre traen consecuencias en el pueblo (congregación)*
- *Las cosas de Dios que son sagradas, también pueden ser objeto de idolatría.*

Tanto en aquellos tiempos donde estaba impuesto el sacerdocio aarónico, como hoy tras que Cristo rompió en su muerte el velo del templo que da entrada al lugar Santísimo, libre entrada a la presencia de Dios, imponiendo el sacerdocio melquisedeciano (El ministerio)

¡Solo debemos hacer lo que se nos manda a hacer!

Así también vosotros, cuando hayáis hecho todo lo que se os ha sido ordenado, decid: "Siervos inútiles somos, pues lo que debíamos hacer, hicimos". (Lucas 17: 10).

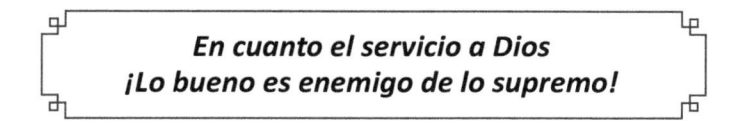

> **En cuanto el servicio a Dios**
> **¡Lo bueno es enemigo de lo supremo!**

¡Si Dios no lo ordena, es idolatría!

La voluntad de Dios no es lo mismo que "mi idea"

Mi efod, mi ciudad.

Las acciones de Gedeón, fuera de la voluntad de Dios, produjeron que el pueblo se "prostituyera" tras un ídolo.

Tal como lo dijera el profeta Isaías, refiriéndose a Jerusalén: *¿Cómo te has convertido en ramera, oh ciudad fiel?*

Consecuencias de la idolatría.

AXIOMA
Gedeón se hizo para sí, un efod
con el oro que pidió indebidamente
y lo llevó a su ciudad, Ofra

Fue de tropiezo para sí mismo
Fue de tropiezo para su casa
Fue de tropiezo para todo Israel

Realice el siguiente trabajo práctico íntimo, entre usted y Dios, anotando sucesos personales que puedan tener relación con lo expuesto.

Deje que Dios le haga las advertencias que él considere necesarias para su vida, su casa y su ministerio.

Cómo prevenir el error de Gedeón.

El efod de estos días.

Y harás vestiduras sagradas a Aarón tu hermano, para honra y hermosura.

Y tú hablarás a todos los sabios de corazón, a quienes he llenado de espíritu de sabiduría, para que hagan las vestiduras de Aarón, para consagrarlo para que sea mi sacerdote. (Éxodo. 28: 2/3).

El Efod de Dios: Paso por paso

- *Paso 1. "Dios habla a Moisés de hacer vestiduras a Aarón su hermano*
- *Paso 2. Y tú Moisés, hablarás a todos los sabios, a quienes yo he llenado de espíritu de sabiduría.*
- *Paso 3. A esos elegí yo para que le hagan vestiduras a Aarón tu hermano (Moisés debe delegar, algo que no estaba acostumbrado a hacer)*
- *Paso 4. Para que yo lo consagré para ser mi sacerdote*

Todo lo contrario, a como lo hizo Gedeón.

Aplicaciones escriturales y ministeriales.

¡Guardaos de la idolatría!

- *Cuando Dios nos llama al ministerio lo hace en el poder de su autoridad, para satisfacer Su voluntad,* **la cual es buena, agradable y perfecta. (Romanos. 12: 2).**

- *Cuando Dios nos llama al ministerio, nos viste de honra y hermosura. <**Adorad a Jehová en la hermosura de la santidad**> (Salmos.96: 9ª).*
- *Cuando Dios nos llama al ministerio, nos confiere el andar el camino sabiamente. <**De tus mandamientos he adquirido inteligencia; por tanto, no he aborrecido todo camino de mentira**> (Salmos 119: 104).*

Pero la sabiduría que es de lo alto es primeramente pura, después pacífica, amable, benigna, llena de misericordia y de buenos frutos, sin incertidumbre ni hipocresía. (Santiago. 3:17).

<u>Respecto a la oración.</u>

Hablar con Dios – La oración eficaz – Mi oración eficaz

¡Guardaos de la idolatría!

¡Ah, pero cuando yo oro! No sé si a usted le ha pasado. ¿Hay oraciones que suenan molestas?

Así como con un efod, puede llegar a usarse como un ídolo, pues, así también las cosas santas intangibles. *¡La oración en sí misma no hace ningún milagro!*

<u>¡Los milagros ocurren cuando Dios la oye, entonces mueve su mano portentosa y las oraciones de los santos son contestadas!</u>

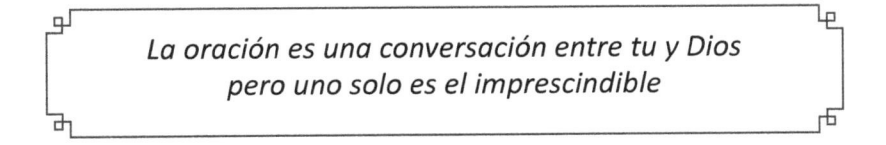

La oración es una conversación entre tu y Dios pero uno solo es el imprescindible

A unos que confiaban en sí mismos como justos, y menospreciaban a los otros, dijo también esta parábola:

Todos conocemos la parábola del fariseo y el publicano. (Lucas 18: 9/14)

Pero vea este detalle.

- *El fariseo, puesto de pie, oraba consigo mismo.*
- *El publicano, lejos, mirada perdida, golpeándose el pecho dijo: Dios, sé propicio a mí, pecador.*
- *El fariseo solo hablaba con su YO. No estaba siendo oído.*
- *El publicano, hablaba con Dios, como Dios espera que le hablemos.*

Porque cualquiera que se enaltece.

¡Cualquiera que crea que él es el imprescindible!

Está cometiendo un acto de idolatría

"Y será humillado"

(Mateo 23: 12)

Y cuando ores, no seas como los hipócritas; porque ellos aman orar en pie en las sinagogas y en las esquinas de las calles, para ser vistos por los hombres. (Mateo. 6:5)

Y orando; no uséis vanas repeticiones, como los gentiles, que piensan que por su palabrería serán oídos. (Mateo. 6:7/8)

No os hagáis semejantes a ellos…

Respecto del ayuno.

El ayuno de estos días.

El ayuno – afligir mi yo – mi ayuno
¡Guardaos de la idolatría!

Es difícil tratar de explicar algo tan contradictorio de quien menos uno lo espera.

Cuando el siervo no tiene claro este concepto de idolatría, lleva a toda la congregación a una gran confusión, haciendo de esta actividad espiritual, todo lo contrario, a lo que Jesús manda.

Cuando ayunéis, no seas austeros, como los hipócritas; porque ellos demudan sus rostros para mostrar a los hombres que ayunan; de cierto os digo que ya tienen su recompensa. (Mateo 6: 16)

Pero tú, cuando ayunes, unge tu cabeza y lava tu rostro, para no mostrar a los hombres que ayunas, sino a tu Padre que está en secreto; y tu Padre que ve en lo secreto te recompensará en público. (Mateo. 6: 17).

En estos tiempos actuales, los ayunos congregacionales se publican, se anuncian, se notifican en redes sociales, y se convocan desde programas radiales.

Todo lo contrario, a lo mandado por el mismo Señor Jesús.

¡De labios del propio Señor Jesús vemos que se nos pide máxima reserva al ayunar!

¿Para qué?
¡Para no ser como los hipócritas que mudan su rostro para que otros noten que ayunamos!

¿Por qué?
Porque hipocresía es fingir, simular, enaltecer mi yo hipocresía es idolatría

¿Como?
No siendo "austeros" (Siendo reservados)

El propósito de ayunar es afligir la carne, no exaltarla.

Voluntariamente *"me niego a mí mismo"* para poner mi "yo" bajo la autoridad del Espíritu.

Cuando nos disponemos a ayunar, en realidad nos disponemos a un tiempo profundo de oración, de búsqueda de su rostro, para obtener "victoria" por medio de la fe.

Mateo 17:14/21; nos trae claridad sobre este tema.

Lo narrado cuenta que un padre trajo a su hijo quien tenía un espíritu inmundo. Y viniendo a Jesús, le dice:

¡Señor ten misericordia de mi hijo!

Luego le cuenta que anteriormente lo había traído a los discípulos y estos no pudieron sanarle. Y el Señor hace una exclamación:

¡Oh generación incrédula y perversa!

¿Hasta cuándo he de estar con vosotros?
¿Hasta cuándo os he de soportar?

Llamativamente Jesús se refiere a algunos de manera muy poco frecuente. ¡Pareciera estar molesto!

Luego a solas con los discípulos lo explica claramente:

Viniendo entonces los discípulos a Jesús, aparte, dijeron:

¿Por qué nosotros no pudimos echarlo fuera?

Jesús les dijo:
¡Por vuestra poca fe!
Porque si tuvieras fe como un grano de mostaza, diréis a este monte:
¡Pásate de aquí a allá, y se pasará! Y nada os será imposible.
¡Pero este género no sale sino con oración y ayuno!
(Mateo 17: 19/21)

No se refiere al género de espíritu inmundo que señoreaba de muchacho; sino al género de espíritu que había en ellos, los discípulos.

¡Espíritu de incredulidad!

He leído algunos estudios respecto de este tema, y he notado que se pone énfasis en cosas como: El ayuno nos hace sensibles al llamado. El ayuno alimenta el anhelo por Jesús. Y muchas otras en un sentido similar. A tales cosas solo digo: ¡Amen!

No podemos perder de vista el propósito primero del ayuno:

> **Someter mi carne, mi yo, a mí mismo, al Espíritu Santo**
> **Y hacerlo hasta que Él me dé la victoria**
> **sobre mi propia incredulidad**
> **sobre mi propia hipocresía**

Cuando alguno es tentado, no diga que es tentado de parte de Dios, porque Dios no puede ser tentado por el mal, ni él tienta a nadie; sino que cada uno es tentado, cuando de su propia concupiscencia es atraído y seducido.

Entonces la concupiscencia, después que ha concebido, da a luz el pecado, siendo consumado, da a luz la muerte. (Santiago 1: 14/15)

El maravilloso lenguaje secuencial de Santiago.

- *Tentado*
- *Es tentado en mi propia concupiscencia (yo)*
- *Doy lugar para ser atraído y seducido*
- *Concebido (Embarazado de pecado)*
- *Da a luz el pecado. Nace aquello a lo que yo mismo di lugar.*
- *Consumado (practicado) este, da a luz la muerte*

Santiago describe "una secuencia" de acontecimientos que derivan en muerte.

Intentaremos usar también un *"lenguaje secuencial"* para expresar más claramente como el ayuno deriva en una victoria.

Esta victoria se concreta cuando nuestra fe, ya no está amarrada.

Secuencia de la victoria espiritual por medio de la oración y ayuno.

"Este género no sale sino es con oración y ayuno"

El Espíritu Santo me alerta de cierta incredulidad en mi
me propongo combatirla, porque a fe me llamó Dios
buscando a Dios en oración y ayuno
no austeramente, ni con hipocresía
hasta experimentar la victoria

El mismo Espíritu Santo que me avisa de mi falta de fe
me hace notar cuando mi fe se fortaleció otra vez

Parafraseando a Santiago:

Combato mi propia concupiscencia. Voy a Dios y me propongo buscarlo despojándome de mi carne tanto como pueda. Él se agrada de mi búsqueda y me da fe. Esa fe da a luz la victoria. Una vez consumada la victoria, da a luz **El Fruto del Espíritu Santo.**

Esta secuencia deriva en:

- *Anhelo por Dios.*
- *Sensibilidad al llamado*
- *Avivamiento personal*
- *Y muchas otras manifestaciones del Espíritu Santo.*

¡Guardaos de la idolatría!

¡El error de Gedeón fue hacer un ídolo de algo santo y bueno!

Teniendo nosotros un estricto cuidado personal de este tipo sutil de idolatría, como buenos siervos mantendremos a salvo de todas estas cosas a la grey que Dios nos confió, para apacentar.

Entonces amados, no ignoremos que:

Mi oración
Mi ministerio
Mi adoración
Mi predicación
Mi ofrenda
Mi tributo
Mi ayuno

En realidad, tienen muy poco de nuestro
Pueden transformarse en ídolos de nuestro "yo"

<u>¿Y qué opinión tiene el Señor Jesús de estas cosas?</u>

Había un hombre de los fariseos que se llamaba Nicodemo, un principal entre los judíos.

Este vino a Jesús de noche, le dijo: Rabí, sabemos que has venido de Dios como maestro; porque nadie puede hacer estas señales que tú haces, si no está Dios con él.

Respondió Jesús y le dijo: De cierto, de cierto te digo, que el que no naciere de nuevo, no puede ver el reino de Dios. (Juan. 3: 1/3)

Nicodemo
Directivo–Fariseo
Tengo una reputación que cuidar
Disculpe el horario
Se que Dios lo envió
Por todas estas señales que usted hace
Por eso vengo

Cuando pretendemos ir a Dios teniendo tantísimas cosas por delante de Él, la respuesta es siempre la misma. ***¡Os es necesario nacer de nuevo!***

¡Si Dios no está en el Trono del corazón, entonces será un ídolo!

Amado Consiervo

Sin importar su nombre,
Sin importar los años en el Señor,
Sin importar su ministerio,
Cada uno sabe si hay algo en su propia vida
ocupando un lugar más destacado que el propio Señor.
Solo vaya ante Él, con corazón dispuesto
A entregar "todo" lo que le demande.

Trabajo Práctico.

Pida a cada estudiante que ensaye escribiendo en sus propias palabras y formas, las últimas dos líneas una carta a hermanos amados.

Estas últimas dos líneas que escriba deberán contener un saludo y un consejo.

Podemos pedirle a cada uno que lea su escrito, o simplemente hacer una comparación con la manera en que el apóstol Juan concluye su primera carta

(1 Juan. 4:7)

CAPÍTULO CUATRO
Jehová Jireh

TEMAS DE ESTE CAPÍTULO

Las primicias
"Habitando la bendición"

Los diezmos
"La redención del dinero"

Las ofrendas
"Un acto de adoración"

Las siembras
"Siendo parte los unos de los otros"

La única manera de corregir lo adquirido por la predicación del error es por medio de la enseñanza y la predicación de la virtud

JEHOVA JIREH
"Las primicias"
Habitando la bendición

No pretendemos en absoluto compartir con ustedes un estudio sobre ***"la prosperidad"***.

Para eso ya existe en el entorno cristiano centenares de libros sobre el tema, asumo que existirá algún tipo de manuales donde se desarrollan pensamientos al respecto.

Además de infinidad de programas radiales, blogs, y todo tipo de redes sociales.

¡Sin embargo, en un mundo sin Dios hay muchas oportunidades de prosperar!

- *Siendo un poco inteligente, algunos pudieron.*
- *Siendo perseverante, algunos han tenido logros muy significativos.*
- *Siendo un poco astutos, algunos otros también lograron prosperar.*

Vivimos tiempos donde abordar ciertos temas, como este, genera en las iglesias una especie de rechazo; y digo con mucho pesar en mi corazón, que los comprendemos.

No obstante, "Corazón de Siervo", tiene entre sus objetivos, aportar claridad escritural sobre todos los temas que a través de los tiempos se han tornado controversiales.

Por esta razón, les pedimos a todos aquellos consiervos, líderes, hermanos maduros a quienes llegue este material escrito, o hayan participado de alguno de nuestros talleres ministeriales y/o conferencias ministeriales que; tomen el tiempo necesario para verificar, meditar y hacer propios los textos de las Sagradas Escrituras, que son las bases del presente.

Usted notará que cada reflexión de este estudio tiene la correspondiente apoyatura bíblica, y que nada de lo expresado surge de interpretación personal, sino que cada una de ellas, nació en el corazón de Dios para clarificar y bendecir a su pueblo.

La bendición.

Respecto de *"la prosperidad"*, Satanás ha logrado implementar en muchísimas congregaciones cristianas el concepto que: *"Si hago tal cosa entonces seré prosperado"*

El deseo del corazón de Dios
*La prosperidad es consecuencia de ser bendecido
y la bendición de Dios solo viene por la obediencia a su palabra*

La prosperidad es tan solo un aspecto de la bendición de parte de Dios; y que, como toda bendición, está íntimamente relacionada con la obediencia.

Vs.26- He aquí yo pongo delante de vosotros la bendición y la maldición;

Vs.27- La bendición. Si oyereis los mandamientos de Jehová vuestro Dios que yo os proscribo hoy

Vs.28- y la maldición, si no oyereis los mandamientos de Jehová vuestro Dios, y os apartareis del camino que yo os ordeno hoy, para ir en pos de dioses ajenos que no habéis conocido.

Vs.29- Y cuando Jehová tu Dios te haya introducido en la tierra a la cual vas para tomarla, pondrás la bendición en el monte Gerizím, y la maldición sobre el Monte Ebal

Vs.30- los cuales están al otro lado del Jordán, tras el camino del occidente en la tierra del cananeo, que habita en el Arabá frente a Gilgal, junto al encinar de More.

Vs.31- Porque vosotros pasáis el Jordán para ir a poseer la tierra que os da Jehová vuestro Dios; y la tomaréis y habitarás en ella.

Vs.32- Cuidareis, pues, de cumplir todos los estatutos y decretos que yo presento hoy delante de vosotros. (Deuteronomio. 11: 26/32)

Si bien es un texto bíblico bien conocido por todos, nos define claramente el contexto del tema que vamos a abordar.

¿Por qué es importante?

Precisamente, es importante para mantenernos a salvo de vanas palabrerías, de fábulas ilusorias. Usaremos cada texto bíblico muy bien resguardado por el contexto pertinente. Esto nos mantendrá alejados de errores.

Primer concepto contextual.

¡Dios no tiene grises!
¡Dios no tiene plan "B"!
¡Dios no tiene atajos ni nos brinda alternativas!

- *Cada día de nuestras vidas, al despertar, se abrirán delante de nuestra faz, dos caminos. Uno va rumbo a la bendición, el otro va rumbo a la maldición.*
- *La ruta del primero de los caminos se llama "**Obediencia**", La ruta del segundo de los caminos, se llama "**Mi voluntad**".*
- *Cuando su voluntad transita por el camino de la obediencia que Dios nos pide transitar, es entonces cuando la bendición de Dios se manifiesta sobre su vida. **A mayor obediencia, mayor***

***bendición.** Dios pone de manifiesto su bendición en cada área de su vida con el propósito de que usted reciba aquello que Dios le da a causa de la obediencia".*
- *El Jordán es un rio muy simbólico, porque al cruzarlo entramos a la tierra prometida, o sea que antes de cruzarlo, estamos en el camino hacia la tierra que Dios nos da.*
- *Antes de cruzar el Jordán, hay un monte llamado Ebal, y nos manda que en ese monte dejemos la maldición, **"de andar en base a mi Voluntad"***
- *Una vez habiendo cruzado, debemos poner **"la bendición que recibimos a causa de la obediencia"** en un monte llamado Gerizím.*

"La tierra que el Señor nos da es para que la habitemos"

Tanto el monte Gerizím como el monte Ebal, son figuras visuales de la bendición y de la maldición.

<u>Segundo concepto contextual.</u>

"La bendición hay que habitarla"

Acontecerá que, si oyeres atentamente la voz de Jehová tu Dios, para guardar y poner por obra todos sus mandamientos que yo os prescribo hoy, también Jehová tu Dios te exaltará sobre todas las naciones de la tierra.

Y vendrán sobre ti todas estas bendiciones, y te alcanzarán, si oyeres la voz de Jehová tu Dios.

Bendito serás tú en la ciudad, y bendito tú en el campo.

Bendito el fruto de tu vientre, el fruto de tu tierra, el fruto de tus bestias, la cría de tus vacas y los rebaños de tus ovejas.

Benditas serán tu canasta y tu artesa de amasar.

Bendito serás en tu entrar, y bendito en tu salir. (Deuteronomio 28: 1/6).

Este es otro texto que hemos escuchado predicar muchas veces, o leímos muchas veces.

Recuerdo cuando lo escuché predicar por mi pastor la primera vez y debo confesar que me sentí extremadamente cobijado por Dios, al oír su voz.

Podemos notar que la bendición de Dios es abarcativa a todas las áreas de nuestras vidas.

¿Que está diciendo Dios en estos textos?

Tercer concepto contextual.

El mundo tiene sus maneras
Ahí se aprecian mucho la inteligencia y a astucia

En el reino de Dios, Dios es el único Rey
nuestro Rey aprecia por sobre todas las cosas
"la obediencia a su palabra"

¡Si crees y obedeces a mi palabra todas estas cosas son tuyas!

Somos sus hijos, su especial tesoro, la niña de sus ojos, y por tal razón el deseo del Padre es bendecirnos.

Toda buena dádiva y todo don perfecto desciende de lo alto, del Padre de las luces, en el cual no hay mudanza, ni sombra de variación. (Santiago. 1: 17).

- *Si en Dios no hay sombra de variación, ¿por qué no todos sus hijos se ven prosperados conforme a su palabra?*
- *La respuesta es que la iglesia del Señor no ha aprendido, o no ha sido bien enseñada, acerca del correcto uso y administración del dinero; cuales son las promesas que Dios ha dado; y cuáles son las obligaciones que sus hijos debemos cumplir.*
- *Por tales razones, oramos a Dios para que esta "Capacitación Ministerial" traiga la claridad necesaria para que su vida, en*

esta área, cambie para siempre y usted, junto a muchos otros, proclame que es una persona próspera, porque la boca de Jehová lo ha hablado.
- Para esto debemos tener plena conciencia de las verdades espirituales expresadas en la Palabra de Dios. Y una vez incorporadas, creerlas con todo el corazón y ponerlas por obra.

Las Primicias.

La **"Fiestas de las Primicias" o "Fiesta de Pentecostés" lleva** su nombre por lo acontecido de parte de Dios con su pueblo.

Aún en Egipto, fue donde se celebró **"La Pascua"** por primera vez, y todo Israel, todavía en cautiverio participó del cordero, de su carne, de su sangre, y con esta pintaron el dintel de cada puerta de cada hogar hebreo y así el *"ángel de la muerte"* al ver la sangre del cordero no se detuviera en ese hogar y así los primogénitos de esas familias fueron puestos a salvaguarda.

Luego salieron de Egipto, vivieron la persecución de Faraón, vaso de deshonra, enloquecido de dolor por la muerte de su primer hijo.

Pero Dios tenía a su siervo Moisés, quien abriera las aguas del *"Mar Rojo"* y su pueblo cruzara en seco hasta el otro lado.

Desde la celebración de la Pascua hasta que el pueblo llegara al Monte Sinaí, pasaron *"cincuenta días"*, allí recibieron los mandamientos en piedra escrita por el dedo de Dios y luego celebraron la primer **"Fiesta de las Primicias"**, la cual entonces se refería a la primicia de la Palabra de Dios. Y luego de eso, muchos años después, ocurría lo siguiente:

Texto focal.

Cuando hayas entrado a la tierra que Jehová tu Dios te da por herencia, y tomes posesión de ella y la habites, entonces tomarás de las primicias de todos los frutos que sacares de la tierra que Jehová tu Dios te da, y las pondrás en una canasta, e irás al lugar que Jehová tu Dios escogiere para hacer habitar allí su nombre.

Y te presentarás al sacerdote que hubiere en aquellos días, y le dirás: Declaro hoy a Jehová tu Dios que he entrado en la tierra que juró Jehová a nuestros padres que nos daría.

Y el sacerdote tomará la canasta de tu mano y la pondrá delante del altar de Jehová tu Dios. (Deuteronomio. 26: 1/4).

Note usted que el lenguaje que Dios usa para hablarnos respecto de este tema es en tono imperativo. Dios no nos sugiere, sino que manda a sus hijos a honrarlo con las primicias de todo aquello que Jehová nos da por herencia. *(vs. 1).*

Claramente dice el Señor, que debemos llevar esas primicias al sacerdote en el lugar donde cada uno se congrega. Todavía más específico es Dios diciendo, que el sacerdote deberá tomar las primicias de su propia mano, y llevarlas al altar.

Entonces tomemos este acto de obediencia como el primer paso hacia la prosperidad como consecuencia de la obediencia.

Obviamente que, en estos tiempos, nadie percibe su salario en frutos de la tierra o ganado, pero cada uno percibe la paga por sus labores con dinero.

La cantidad de minuciosos detalles solicitados por Dios para llevar a cabo este acto de obediencia es algo poderoso

Esto deja a las claras, mucho más aún, lo que hemos referido más arriba:

¡Dios quiere que su pueblo sea prosperado mediante la obediencia a Él!

Testimonio ministerial.

En el ejercicio del ministerio pastoral en la *"Iglesia Bautista Fuente de Vida",* en la ciudad de Garland, Texas.

En aquellos tiempos, en los primeros años del nuevo milenio, cobraron fuerza las continuas predicaciones de ciertas doctrinas respecto a la prosperidad económica que eran y siguen siendo *"un disparate"*.

Me refiero más específicamente a las enseñanzas de los pactos y de la gracia permisiva. Estas enseñanzas trajeron como resultado, aquello que nos fuera advertido por el apóstol Pedro, entre otros:

"Y muchos seguirán sus disoluciones, por causa de los cuales el camino de la verdad será blasfemado, y por avaricia harán mercadería de vosotros con palabras fingidas.

Sobre los tales ya de largo tiempo la condenación no se tarda, y su perdición no se duerme". (2 Pedro 2: 2/3).

Fue en ese tiempo donde Dios trajo luz a mi vida sobre estos temas, procuramos seguir fielmente lo narrado en su Palabra, y entonces así lo hicimos.

Responsabilidad ministerial.

"Previamente el pastor debe enseñar sobre estos temas a toda la congregación"

No solamente enseñar que tal práctica deriva de una doctrina de error

Antes bien enseñar a la iglesia la verdad de las Escrituras

Ley del Reino de Dios.

La luz en las tinieblas resplandece, y las tinieblas no prevalecieron contra ella. (Juan 1: 5)

Nosotros establecimos ministrar este estudio todos los años, en cercanías de la celebración de celebración en estas tierras de la "Acción de Gracias".

El Servicio de Primicias tenía lugar el primer domingo de cada año.

Cada familia, previamente compraba *"una canasta de mimbre"* **(Deuteronomio 26: 2)**, y la decoraban junto a sus hijos; cada canasta debía llevar el apellido de la familia de manera visible.

Se destinó un sector de antesala del Santuario, donde se colocaron unos estantes en los cuales las canastas de cada familia quedarían en exhibición hasta el día de Acción de Gracias, una vez terminado el servicio anual de Primicias

En el interior de la canasta, los padres y los hijos colocaban dentro, aquello que determinaban en su corazón *"su gratitud"* al Señor en concepto de primicias.

Dentro de la canasta, cada integrante de la familia colocaba en un sobre cerrado que nadie abriría, cartas escritas a mano de cada uno, las metas personales y familiares que presentaban a Dios para ese año.

Cada familia preparaba una declaración de fe conforme a lo expresado en los versículos 3 y 4 del pasaje citado. Pasaba toda la familia y el sacerdote del hogar leía a viva voz su declaración, delante de toda la congregación.

A modo de ejemplo les dejo una:

> ***Declaro hoy a Jehová mi Dios***
> ***que hemos entrado en la tierra***
> ***que Jehová juró a nuestros padres que nos daría***

Entonces el pastor la tomaba de sus manos, y las colocaba en el altar.

Esto si es testimonial, ya que el pastor era yo mismo. Debo confesar que mi corazón se salía de mi cuerpo, exultante de alegría, y Dios me permitió vivir esos momentos cada año, con una sensación de plenitud ministerial.

Con la certeza en mi corazón de haber hecho lo que Dios nos pide, y eso sin duda, *"es maravilloso"*.

Les confieso que estos han sido servicios poderosos, donde la presencia de Dios se manifestaba en manera muy particular. Dios usaba estos momentos para:

Forjar en obediencia los corazones.

- *Las familias aumentaban en su fe*
- *Afirmaban su carácter*
- *Los hijos participaban de la obediencia viendo a sus padres*

**¡Dios nos ha llamado para guiar a su pueblo a la obediencia!
¡Dios nos ha mostrado como hacerlo con ternura!**

Volviendo a su Palabra, vemos que Él habla claramente que la tierra ya nos la dio por herencia.

Ponga atención a lo que dice *"nos da"* y no, *"nos dará"*, en otras palabras, el Señor ya hizo lo prometido.

También aclara que sus hijos deberán traer *"las primicias"* recién cuando tomemos posesión de esta, habitándola.

He aquí una verdad absolutamente bíblica, del corazón del Padre para todos sus hijos; pero también puede ser que todavía no la estemos viviendo en su plenitud.

El derecho legal.

¡No nos quedemos en esta verdad!

La posesión de la tierra.

Amado, ¡*viva esta verdad*!, ¡*enseñe esta verdad*!

Conduzca al pueblo que Dios le ha confiado a vivir esta verdad

> *Por tal razón muchos hermanos siguen viviendo sus vidas con el "derecho legal" que Dios nos ha dado para poseer su promesa pero no habitan en ella*

Usted tiene un espíritu conquistador, conquiste, posea, habite lo que Dios le ha dado, y traiga a su Padre celestial las primicias de lo que ya le ha dado.

JEHOVA JIREH
"Los Diezmos"
La redención del dinero

<u>Primer concepto bíblico trascendental.</u>

El diezmo es anterior a la ley de Moisés.
El diezmo aplica bajo la Gracia de Melquisedec

Cuando volvía (Abram) de la derrota de Quedor-laomer y de los reyes que con él estaban, salió el rey de Sodoma a recibirlo al valle de Save, que es el Valle del Rey.

Entonces Melquisedec, rey de Salem y sacerdote del Dios Altísimo, sacó pan y vino;

y le bendijo, diciendo: Bendito sea Abram del Dios Altísimo, creador de los cielos y de la tierra; y bendito sea el Dios Altísimo que entregó a tus enemigos en tu mano. Y le dio Abram los diezmos de todo

Entonces el rey de Sodoma dijo a Abram: Dame las personas, y toma para ti los bienes.

Y respondió Abram al rey de Sodoma: He alzado mi mano a Jehová Dios Altísimo, creador de los cielos y de la tierra, que, desde un hilo hasta una correa de calzado, nada tomaré de todo lo que es tuyo, para que no digas: "Yo enriquecí a Abram"; excepto solamente lo que comieron los jóvenes, y la parte de los varones que fueron conmigo, Aner, Escol, y Mamre, los cuales tomarán su parte. (Genesis. 14: 17/24).

Entonces, sin estar todavía el sacerdocio aarónico sobre la tierra ocurre este encuentro entre Melquisedec rey y sacerdote del Dios Altísimo y Abram el elegido del Dios Altísimo.

¡Es maravilloso notar como se reconocen ambos!

Melquisedec sacó pan y vino y bendijo a Abram.

Melquisedec figura de Cristo y su sumo sacerdocio

Recibe de Abram, padre de Israel los diezmos de todo.

Destacamos la respuesta de Abram al rey de Sodoma al proponer este una repartición del botín. Una vez entregados los diezmos de todo a Melquisedec, responde a rey de Salem:

Nada tomaré de lo que es tuyo para que no digas

"Yo enriquecí a Abram"

He aquí, de labios de Abram, el contexto escritural de lo que estamos aprendiendo:

Nosotros, el pueblo de Dios, debemos dejar muy claro frente a un mundo incrédulo, a modo de testimonio:

Que nadie piense que nuestra prosperidad depende de hombre alguno, ni siquiera uno mismo.

No obstante, todos estos tesoros escriturales, los cuales traen claridad al tema, voy a citar a: W. A. Criswell, lo expresado en su libro **"EL PASTOR y su ministerio" (páginas 151/152)**

Estamos bajo la gracia, no bajo la ley. Entonces resulta la deducción inevitable, el diezmar es de la ley, no de la gracia, por lo tanto, nosotros no tenemos la obligación o la compulsión de diezmar.

Olvidando que Abraham y Jacob diezmaron bajo la gracia cientos de años antes de que existiera la Ley mosaica.

Estas antinomias son imperdonables y groseramente inconsistentes.

Sigue diciendo el Pastor Criswell más adelante:

El predicador del verdadero evangelio se enfrenta hoy a una antinomia nueva.

Está acosado por los que presumen de intérpretes de la Biblia que:

"Presentan su antinomia en una forma diluida"

Ellos leen el Antiguo Testamento y encuentran allí mucho acerca del sábado, así que como cristianos enseguida están de acuerdo con que debemos tener un día de siete especialmente dedicado a la adoración. ¡Espléndido!

- **Guardemos el día del Señor y conservémoslo santo.**

Ellos leen Génesis y encuentran en él, mucho acerca del matrimonio, y con ansias proclaman: La monogamia debemos mantenerla como desde el principio. ¡Maravilloso!

- **Vivamos de acuerdo con la ética de la primera ley moral.**

Entonces leen el antiguo pacto y, aunque encuentran mucho acerca del diezmo, se levanta el terrible grito:

¡No volvamos a la ley!

¡Diezmar es regresar al Sinaí, a la esclavitud, a la salvación por obras!

Donde se hace referencia a la mayordomía del dinero, ellos lo ven como antinomia, pero en cualquier otro asunto, se sienten satisfechos en predicar acerca del código moral.

Que acerca de la gracia del Señor Jesús y la doctrina de las antinomias. (¿abrogación de la ley?)

La antinomia no tiene lugar en código alguno de conducta y mucho menos en las enseñanzas de Jesús.

La culminación bíblica de todo lo desarrollado por Criswell, la encontramos primeramente en lo dicho por el propio Jesús:

No penséis que he venido para abrogar la ley o los profetas; no he venido para abrogar; sino para cumplir. Porque de cierto os digo que hasta que pasen el cielo y la tierra, ni una jota ni una tilde pasará de la ley, hasta que todo se haya cumplido. (Mateo 5: 17/18)

Y las posteriores advertencias del propio Jesús a aquellos que enseñan otra cosa.

Si los tales, los que tuercen la verdad, por malicia o por incompetencia, pretenden aferrarse a la Ley mosaica exclusivamente para los aspectos de la moralidad, déjenme decirles que en todo el Sermón del Monte el propio Jesús, sentado, abriendo su boca, enseñó con un lenguaje el cual, hasta ese día, en ese monte, nunca se había escuchado en Israel:

¡Oísteis que fue dicho a los antiguos, pero yo os digo!

No abrogando "nada" de la Ley de Moisés, sino por el contrario, añadiendo moralidad a los preceptos morales de los antiguos.

Respecto a quienes son los verdaderamente *"bienaventurados"*, refiriéndose a un nuevo concepto de la *"ira"*, del *"adulterio"*, del *"divorcio"*, de los *"juramentos"*, del *"amor hacia los enemigos"*, de la *"limosna"*; añadiendo moralidad sin abrogar nada.

Y si los tales, prefieren pretender ser ejemplo de lo *"espiritual"* el propio Señor también se refiere a estas cosas:

- *A la oración sin hipocresía.*
- *Al ayuno sin hipocresía.*

- *A no hacerse tesoros en la tierra, donde la polilla y el orín corrompen, y donde ladrones minan y hurtan.*

Y muchas cosas más, todas ellas espirituales y morales.

En estos tiempos se abren muy livianamente, juicios sobre *"la espiritualidad"*, arrogándose algunos *"ser ellos mismo los espirituales casi con exclusividad"*, basados solamente en exteriorizaciones, o maneras de expresarse, prácticas torcidas tan sólo para este fin.

Me refiero al único y penoso fin de mostrarse como *"los verdaderos espirituales"*.

El que tiene mis mandamientos, y los guarda, ése es el que me ama; y el que me ama, será amado por mi Padre, y yo le amaré, y me manifestaré a él.

Le dijo Judas (no el iscariote): Señor, ¿Cómo te manifestarás a nosotros y no al mundo?

Respondió Jesús y le dijo: El que me ama, mi palabra guardará; y mi Padre le amará, y vendremos a él, y haremos morada con él" (Juan 14: 21/23).

Estos versículos dan por tierra a muchísimos conceptos de fe adquiridos del error.

Bendita pregunta la de Judas: **Señor, ¿Cómo te manifestarás a nosotros y no al mundo?**

Los mandamientos son espirituales
Nuestro amor a Dios se muestra cumpliendo los mandamientos
Entonces el Padre nos amará
El Espíritu del Dios Trino hará morada en los tales

"Esta es la manifestación inequívoca de su habitación"

Textos focales. *(Deuteronomio 14: 22; 23; 27; 29)*

"Indefectiblemente diezmarás todo el producto del grano que rindiere tu campo cada año.

Y comerás delante de Jehová tu Dios en el lugar que él escogiere para poner allí su nombre, el diezmo de tu grano, de tu vino y de tu aceite, y las primicias de tus manadas y de tus ganados, para que aprendas a temer a Jehová tu Dios todos los días.

… Y no desampararás al levita que habitare en tus poblaciones; porque no tiene parte ni heredad contigo.

… Y vendrá el levita, que no tiene parte ni heredad contigo, y el extranjero, el huérfano y la viuda que hubiere en tus poblaciones, y comerán y serán saciados; para que Jehová tu Dios te bendiga en toda obra que tus manos hicieran".

En esta ocasión, otra vez Dios usa un tono imperativo. *(Indefectiblemente diezmarás)*.

Nuevamente no nos sugiere hacer algo, sino que nos manda; y ante todo mandamiento de Dios, las personas tenemos siempre solo dos opciones:

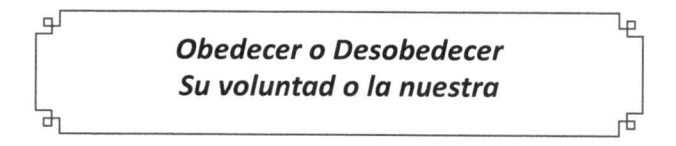

> **Obedecer o Desobedecer**
> **Su voluntad o la nuestra**

Si bien muchas congregaciones hacemos obedientemente estas cosas que Dios nos ha mandado hacer, y lo hacemos con fidelidad; muchos hacemos cosas sin el cabal entendimiento, simplemente porque todos las hacen.

No solamente en estos temas que estamos tratando, sino en cada una de las prácticas espirituales las que demandan obediencia,

Pablo, Pedro, Juan, Santiago, Judas, entro otros, comparten en sus cartas en concepto de *"madurez"* e *"inmadurez"*, advierten sobre ser sobrios, prudentes, idóneos, piadosos, de buena conducta, guardando la pureza, reverentes, entre muchas más.

Uno de mis maestros, cuando me costaba entender algo, me decía:

> **Hágale preguntas al texto y el propio texto de responderá**
> **Dios está muy interesado en que usted lo entienda**

Y a lo largo de mi vida en Cristo, he puesto esa enseñanza en práctica continuamente.

La iglesia de Cristo debe saber

¿Qué debo hacer Señor? **Obedecer los mandamientos**

¿Por qué Señor? **Porque la obediencia trae bendición**

¿Para qué Señor? **Para que te vaya bien**

Deuteronomio 6: 3 – 12: 25 – 22: 7 – Isaías.3: 10 – Jeremías. 42: 6 – Salmos 128: 2 – Efesios 6: 2/4

¿Cómo hacerlo Señor?
Cumpliendo cada acción espiritual que Dios nos demanda

El *"cómo desea"* es muy importante para Dios.
Tan importante es, que cambia los *"como desea"* en cada mandamiento.

Usted habrá notado que para Dios es muy importante *"el cómo"* hacemos cada cosa.

En la enseñanza acerca de *"las primicias"* no solo nos dice que hacer, porque hacerlo, y para qué hacerlo, sino que pone extraordinario énfasis en los detalles.

Darás de tu mano la canasta al sacerdote
Y el sacerdote la pondrá en el altar

El sacerdote es el representante de Dios
Usted es hijo, pueblo adquirido
El altar es donde Dios eligió manifestarse
¿Cómo quiere Dios que ocurran estas cosas?

"De su mano a la de Dios"

Así queda claro que no hay mérito de nadie, sino de Dios, que anhela bendecir y prosperar a los suyos

El pueblo de Dios se comporta de maneras muy extrañas a la hora de diezmar.

Algunos creen que diezmar es *"solamente"* darle al Señor una décima parte de sus ingresos, como si se tratara de un simple cálculo matemático o una transacción bancaria.

Olvidan lo que se nos dice por medio del profeta

Mia es la plata y mío es el oro. Dice Jehová de los Ejércitos
(Hageo 2: 8)

Debemos darnos cuenta de que Dios ***"no necesita"*** de nuestro dinero para llevar adelante su obra. *"Esto que se dice es una literal calumnia "cristiana")*

Él nos manda diezmar para que aprendamos a vivir en el temor de su Nombre, como lo dice el texto insignia; específicamente en el versículo veintitrés dice:

"...para que aprendas a temer a Jehová tu Dios, todos los días"

Todo acto de obediencia trae consigo una bendición; ..." **para que Jehová tu Dios te bendiga en toda obra que tus manos hicieren"** **(Deuteronomio 14: 29b).**

Si bien son mandamientos distintos, hay una estrecha relación entre la primicia y el diezmo. Cuando recibimos nuestro salario, lo primero es apartar para Dios lo que es de Dios.

Hágalo visualmente.

Tome diez billetes de igual valor y sepárelos sobre una mesa. Hagamos de cuenta que ese es su salario.

Aquí puede reconocer que la más común de las excusas que solemos usar para "no diezmar" es una mentira:

- Como verá, no puede decir: *"no me alcanza para diezmar"*. Todo su salario está representado frente a usted, y hasta ahora, lo tiene todo allí completo.

Teniendo ante sus ojos "todo su salario" es hora de que Dios nos muestre cómo funciona nuestro corazón:

Debemos evitar razonar de la siguiente manera: *"Saco 1$ para pagar impuestos", "Saco 2$ para pagar la renta", "saco 3$ para pagar la cuota del automóvil"*, y ahora veo que, si me alcanza, *"entonces saco 1$ para cumplir con el diezmo".*

A estas actitudes me refería al decir que muchos creen que diezmar es dar a Dios una décima parte de su salario, sin tener en cuenta lo que le importa al Señor es con qué actitud lo hace.

> **Dios solamente está interesado en ocupar
> el primer lugar de su corazón.
> El trono de su corazón.**

Entonces no sólo debemos ocuparnos de diezmar sino también de hacerlo de manera correcta, con el corazón correcto.

- *La manera correcta sería ver cuál de los diez billetes es el que está en mejor estado y separarlo del resto como **"primera cosa"**.*

- *Orar junto a toda la familia, dando gracias a Dios por su salario percibido, por su salud, que le permite trabajar.*
- *Frente a sus hijos para que desde temprana edad aprendan la obediencia a Dios, viendo como lo hacen sus padres.*

La situación de la iglesia del Señor, en estos tiempos es que hacemos muchas cosas sin saber para qué, y sin saber cuál es la manera correcta de hacerlo.

Hemos escuchado muchísimas veces frases tales como: Con nueve pesos en las manos de Dios, se hace más que con diez pesos en las manos del diablo. En la matemática de Dios, nueve es más que diez. Y otras más.

¿Cómo es esto posible?

> El diezmo no se trata de matemáticas, se trata de una acción espiritual que denota obediencia y entonces Dios nos bendice

Dominios de los reinos.

Ninguno puede servir a dos señores; porque aborrecerá al uno y amará al otro, o estimará al uno y menospreciará al otro. No podéis servir a Dios y a las riquezas" <gr Mamon> (Mateo. 6: 24).

Entienda bien que no está diciendo que poseer riquezas es malo; sino amar la riqueza por encima de Dios, eso es lo malo.

Estimar el poder del dinero
por encima del Poder de Dios
destruye al hombre

En algún momento de su vida ambos serán puestos delante de su faz, para que escoja.

Mamon: ¿Un concepto idiomático o un ente espiritual?

Mamon: Del arameo "Aman" que traducido es: *"sustentar"*.

Hay diversidad de opiniones teológicas sobre si Mamon es un concepto idiomático que describe el amor por las riquezas o el sustento; como así también, otros afirman que es un demonio con autoridad de principado.

Y le atribuyen a tal entidad espiritual el ser el iniciador del consumismo, la globalización, los sistemas crediticios, etc.

No es nuestra intención determinar en este estudio si es lo uno o lo otro, pero si determinar que Mamon es algo o alguien que se opone a Dios y esto lo deja claro el Señor Jesús diciendo:

"No se puede servir a Dios y a Mamon"

En otras palabras, Jesús nos dice:

En nuestro corazón hay un solo Trono

> **Cada uno determinará a quién le dará ese lugar.**

Sea concepto idiomático o entidad espiritual, Mamon actúa sobre nuestras vidas pretendiendo tenerla hipotecada de manera continua.

El sistema económico del mundo nos permite tener ciertos *"bienes necesarios y pagarlos poco a poco por años"*.

Estaría bien obtener ese bien que nos es necesario pagando por él, poco a poco haciéndolo sin dejar de considerar que un compromiso de esa naturaleza nos quita *"paz y tiempo"*.

¡Intentará mantener hipotecado su tiempo!
¡Intentará mantener hipotecada su paz!
¡Intentará mantener hipotecado su servicio a Dios!

Mamon tiene cautivos con sus estrategias a hombres y mujeres temerosos de Dios los cuales fueron llamados para servirle.

- *No podemos ignorar que nuestro sustento proviene de Dios.*
- *No podemos ignorar que la prosperidad de Dios da fruto con su obediencia.*

Para entender el mandamiento del diezmo en toda su dimensión espiritual, le voy a guiar en la siguiente línea de razonamiento

Para que usted y yo seamos salvos fue necesario a los ojos de Dios que ocurra un sacrificio perfecto.

"Sepa pues ciertísimamente toda la casa de Israel, que a este Jesús a quien vosotros crucificasteis, Dios le ha hecho Señor y Cristo". (Hechos. 2:36).

- *Para que gocemos de toda la bendición de Dios, tuvimos que ser "redimidos" (recomprados) por el precio de la sangre de Jesucristo (1 Pedro. 2: 9); diciéndolo de otra manera:*
- *Para que seamos herederos de las bendiciones del Reino de los Cielos; primero nos tuvo que sacar del reino de las tinieblas y "trasladarnos" al Reino de su Luz admirable: "el cual nos ha librado de la potestad de las tinieblas, y trasladado al reino de su amado Hijo, en quien tenemos redención por su sangre, el perdón de pecados" (Colosenses. 1: 13/14).*
- *Jesús ora al Padre, diciendo: No te pido que los quites del mundo, sino que los guardes del mal. No son del mundo, como tampoco yo soy del mundo" (Juan. 17: 15/16).*
- *Todos tenemos claridad en nuestro corazón respecto del principio espiritual de la salvación mediante la redención. Ahora intentaremos aplicar esa misma verdad espiritual a sus finanzas, su trabajo y su prosperidad.*
- *El dinero que percibimos cada uno como recompensa por nuestras labores, proviene del mundo. O sea que podemos afirmar que ese dinero está bajo la autoridad de Mamon.*

- Si no diezmamos o lo hacemos incorrectamente, ese dinero y todo lo que con él podamos comprar, estará siempre bajo la autoridad de Mamon.
- Esta es la razón por la que muchos aun habiendo aceptado a Jesús el Cristo como Señor y Salvador de sus almas, viven en el área económica bajo una total derrota.
- Analice contextualmente en (Romanos 4: 2/5).

Verdades contextuales.

Entonces Melquisedec, rey de Salem y sacerdote del Dios Altísimo, sacó pan y vino; y le bendijo, diciendo: "Bendito sea Abram del Dios Altísimo, le dio Abram los diezmos de todo" (Génesis 12: 18/19).

Entonces el rey de Sodoma dijo a Abram: Dame las personas, y toma para ti los bienes.

Y respondió Abram al rey de Sodoma: He alzado mi mano a Jehová Dios Altísimo, creador de los cielos y de la tierra, que, desde un hilo hasta una correa de calzado, nada tomaré de todo lo que es tuyo, para que no digas: "Yo enriquecí a Abram". (Génesis 12: 21/23).

La redención del dinero.

Con gozo dando gracias al Padre que nos hizo aptos para participar de la herencia de los santos en luz; el cual nos ha librado de la potestad de las tinieblas, y trasladado al reino de su amado Hijo, en quien tenemos redención por su sangre, el perdón de pecados. (Colosenses 1: 12/14).

Esta verdad espiritual, dada por el Espíritu Santo a Pablo *"es una ley del reino"* y ha sido escrita para las generaciones que siguen, entre la cual estamos nosotros.

La traslación de un reino a otro es un acto de Dios
Es un principio espiritual que actúa como ley del Reino

- *Primero nos sacó de bajo la potestad de las tinieblas.*
- *Luego nos trasladó al reino de su amado Hijo.*

- *En quien tenemos redención por su sangre.*
- *Para que, por medio de esto, seamos partícipes de la herencia de los santos en luz.*

¿Cómo hizo esto?

Anulando el acta de los decretos que había contra nosotros, que nos era contraria, quitándola de en medio y clavándola en la cruz y despojando a los principados y a las potestades, los exhibió públicamente, triunfando sobre ellos en la cruz. (Colosenses. 2: 14/15)

*Dios nos da el mandamiento del diezmo
para que el dinero que recibimos sea redimido por medio del diezmo.*

Por nuestra obediencia el dinero sea quitado de la autoridad de Mamon

---
**El fruto de nuestro trabajo es puesto bajo la autoridad de Dios
es "trasladado" de reino mediante el sacrificio del diezmo**

"Axioma"
*Por la sangre de Cristo somos redimidos para salvación
Por la obediencia en los diezmos,
el fruto del trabajo es redimido para prosperidad*

Al leer detenidamente la palabra de Dios, notaremos claramente que siempre se ingresa a una bendición por medio de un sacrificio de obediencia

Primicias y diezmos se relacionan con la tribu de Leví

Es muy importante que el pueblo de Dios tenga entendimiento sobre estas cosas. El mismo determinó que todo lo inherente al templo, a la adoración, la palabra y los sacrificios.

Al establecerse Israel en la tierra que Jehová Dios había prometido a los padres, fue distribuida estratégicamente según su perfecta voluntad a todas las tribus de Israel, con la sola excepción de la tribu de Leví.

Pero a la tribu de Leví no dio heredad; "Los sacrificios de Jehová Dios de Israel son su heredad, como él les había dicho (Josué. 13: 14).

Más a la tribu de Leví no dio Moisés heredad; Jehová Dios de Israel es la heredad de ellos, como él les había dicho (Josué. 13: 33).

"La heredad de los siervos es Dios mismo"

<u>Cuarenta y ocho ciudades a los levitas.</u>

Los jefes de los padres de los levitas vinieron al sacerdote Eleazar, a Josué hijo de Nun y a los cabezas de los padres de las tribus de los hijos de Israel, y les hablaron en Silo en la tierra de Canaán, diciendo: Jehová mandó por medio de Moisés que nos fuesen dadas ciudades donde habitar, con sus ejidos para nuestros ganados. Entonces los hijos de Israel dieron de su propia herencia a los levitas, conforme al mandato de Jehová. (Josué 21: 1/3).

Y todas las ciudades de los levitas en medio de la posesión de los hijos de Israel, fueron cuarenta y ocho ciudades con sus ejidos. Y estas ciudades estaban apartadas la una de la otra, cada cual con sus ejidos alrededor de ella; así fue con todas estas ciudades. (Josué 21: 41/42).

Al realizarse la distribución de la tierra, a cada tribu se le asignaron, porciones de tierra que se pueden conocer tan solo viendo un mapa de tal distribución. Viendo ese mismo mapa podremos notar que no hay una tierra asignada para la tribua tribu de Levi.

Esto implica la clara voluntad de Dios a modo de mandamiento, que los levitas no deben vivir del fruto de la tierra.

Dios ha determinado que su pueblo trabaje y reciba el fruto de la tierra que Jehová nuestro Dios nos da; y que sus ministros vivan de la santificación de esos frutos porque el trabajo de los levitas es lo pertinente a la ministración de las cosas de Dios.

El destino de los diezmos.

Cuando Dios nos dice: *…" porque el obrero es digno de su alimento" (Mt. 10:10b) … "Digno es el obrero de su salario" (1 Timoteo. 5: 18b)*, nos está refiriendo claramente al uso de las primicias y diezmos.

Nos es menester aclarar que la palabra de Dios dice claramente:

- *Que los levitas deben ser "provistos" de sus necesidades por medio de un salario digno.*
- *Pero "**no dice**" que la "totalidad" de lo recaudado por estos conceptos deben ser entregados a los levitas.*

Es más, la palabra de Dios dice exactamente lo contrario:

Así que, teniendo sustento y abrigo, estemos contentos con esto. Porque los que quieren enriquecerse caen en tentación y lazo, y en muchas codicias necias y dañosas, que hunden a los hombres en destrucción y perdición; porque raíz de todos los males es el amor al dinero, el cual codiciando algunos, se extraviaron de la fe, y fueron traspasados de muchos dolores.

Mas tú, oh hombre de Dios, huye de estas cosas, y sigue la justicia, la piedad, la fe, el amor, la paciencia, la mansedumbre. Pelea la buena batalla de la fe, echa mano de la vida eterna, a la cual, asimismo, fuiste llamado, habiendo hecho la buena profesión delante de muchos testigos. Te mando delante de Dios, que da vida a todas las cosas, y de Jesucristo, que dio testimonio de la buena profesión delante de Poncio Pilato, que guardes el mandamiento sin mácula ni represión, hasta la aparición de nuestro Señor Jesucristo. (1 Timoteo. 6: 8/ 14).

Después de describir Pablo, detalladamente acerca de los *"que quieren enriquecerse"* y explicar las consecuencias de ello.

Seguidamente nos aclara en qué contexto dice estas cosas"

"Mas tú, oh hombre de Dios, huye de estas cosas, y sigue la piedad"

Deliberadamente aclaro esto, ya que he escuchado la argumentación de que ese texto, está fuera de contexto.

Vs 8/10: *Pablo exhorta a todos los ministros*

Vs 11/14: *Pablo aconseja a Timoteo en cuanto a cómo comportarse.*

Vs 17/19: *Pablo le dice a Timoteo como debe enseñar estas verdades a los adinerados que se suman a la iglesia.*

Y no hay otro contexto para poner por obra esta palabra

JEHOVA JIREH
"Las Ofrendas"
Un acto de adoración

La verdad prevalece.

Una vez que hube puesto mi fe en Jesucristo para salvación de mi alma, recuerdo haberme hecho una pregunta que quizás muchos se hayan hecho:

¿Y ahora qué es lo que sigue?

¡Ese es un momento crítico de la nueva vida en Cristo Jesús!

Porque henos aquí, recién nacidos a un nuevo mundo espiritual del cual no tenemos nada de información.

- *¡No sabemos qué cosas poner en nuestra agenda!*
- *¡No sabemos qué pasos son los primeros que hay que dar!*
- *¡Muchos hermanos y hermanas, a los cuales recién conocemos, nos dan demasiada información que no comprendemos!*
- *¡Todo es distinto! ¡Todo es nuevo!*

Recuerdo que todos me felicitaban y me daban una alegre bienvenida, y me decían que ahora soy salvo, y que Cristo ahora vive en mi corazón, y que tenía que compartir todo esto con mi familia, y muy dentro mío, me hacía la misma pregunta:

¿Y ahora qué es lo que sigue?

Y así, comenzó mi peregrinar, con muchas más preguntas que respuestas.

Comencé a asistir frecuentemente, con bastante fidelidad siendo un nuevo creyente, y mis primeras impresiones eran estas:

- *La predicación del Pastor me gustaba mucho, me hacía bien, ¡experimentaba paz!*
- *Tenía la convicción que Dios me hablaba por medio del Pastor.*
- *Las alabanzas me gustaban, pero si eran muchas, ya no me gustaban tanto.*
- *A la hora de las ofrendas, ya me sentía molesto y desconfiado*

Poco a poco me di cuenta de que las cosas que Dios esperaba de mí no tenían nada que ver con la realidad de mi vida.

En ese punto me di cuenta de que mi vida era un desastre. Y específicamente me refiero a mi antigua escala de valores; a las prioridades de los valores por los cuales se desarrollaba mi antigua vida.

Y un buen día me encontré a mí mismo frente a un versículo que dice:

Acercándose uno de los escribas, que los había oído disputar, y sabía que les había respondido bien, le preguntó: ¿Cuál es el primer mandamiento de todos?

Jesús le respondió: El primer mandamiento de todos es: Oye, Israel; el Señor nuestro Dios, el Señor uno es.

Y amarás al Señor tu Dios con todo tu corazón, y con toda tu alma, y con toda tu mente y con todas tus fuerzas. Este es el principal mandamiento (Marcos 12: 28/ 30).

En ese punto de mi vida en Cristo, ya había aprendido que cuando la Biblia dice: "Oye Israel", es lo mismo que dijera: "Oye Daniel".

Ese fue el primer contacto con mi nueva realidad

Tenía que cambiar los órdenes de mi amor, y ese primer lugar estaba ocupado por mi hija Daniela, quien, hasta entonces, era mi única hija.

En ese momento supe que era lo que seguía para mi

Lo que quiero contarles es que al estar yo, por primera vez en mi vida frente a un mandamiento de Dios, supe que debía obedecerlo para mi propio bien y que ese era el primer paso para agradar a Dios.

Y luego, Dios amorosamente, me fue mostrando que aquellos que en mi escala de valores estaba en cuarto lugar, ahora debendebe ir en noveno lugar. *(Se trata solamente de un ejemplo).*

Vivir por los mandamientos.

Corría el año 1993 y acababa de graduarme como "Martillero y Corredor PúblicoPublico".

Para explicarles de qué se trata esa carrera, podría decir que es la suma de un "Auctioneer" y un "Licenciado en Real Estate".

En Argentina esta es una carrera de nivel terciario de índole *"judicial"* y por tal razón los exámenes finales deben ser dados en dependencias del *"Poder Judicial de la Nación Argentina"*.

El examen final se debe llevar a cabo en el *"Palacio de Justicia"* y el examen es a solas, frente a *"Jueces de la Nación Argentina"*.

Aún recuerdo el rechinar de la pesada puerta que abrí para entrar el recinto para inmediatamente ver a cinco Jueces sentados uno a continuación del otro.

De pronto uno de ellos, preguntó: ¿Nombre y apellido?

¡Todo fue muy intimidante!

Pero como buenos nuevos cristianos, mi esposa Patricia y yo, habíamos orado mucho y creí que teníamos cubierto en oración cuanta cosa pudiera suceder y que el Señor me ayudaría a responder cuanta cosa me preguntasen.

Pero nunca hubiera pensado que el propio Señor iba a escoger ese día, de tanta tensión para mí, para ponerme a prueba acerca del cumplimiento de uno de sus mandamientos.

Una vez pasado con éxito las preguntas de los Jueces me dijeron:

Muy bien, solo falta el juramento por el desempeño de sus funciones.

En esa mesa hay una Biblia y puede hacer el juramento por Dios y por la Patria, o tan solo por la Patria, si así lo prefiere.

Y vino a mí el recuerdo del Señor diciéndome:

No juraréis en ninguna manera, ni por el cielo, porque es el trono de Dios; ni por la tierra porque es el estrado de sus pies; ni por Jerusalén, porque es la ciudad del gran Rey. Ni por tu cabeza juraras, porque no puedes hacer banco o negro un solo cabello. Pero sea tu hablar: Si, sí; no, no; porque lo que es más de esto, de mal procede.

Después de unos instantes de lucha interior, me pare y les dije:

Sres. Magistrados, no puedo realizar este juramento

Los cinco levantaron su vista hacia mí y preguntaron: ¿Por qué no?

> ***Les dije que no podía a causa de mi fe en Jesucristo***

Ellos me dijeron: Señor Azpiolea, es una formalidad de rigor.

Entonces abrí mi maletín, tomé mi Biblia y leí lo que Jesús nos pide al respecto en el   pasaje de *Mateo 5: 33/37.*

Y acote: ¡Por esto no puedo!

No vaya a creer que les comparto esta historia testimonial dejando que se vea como un acto de mi valentía, todo lo contrario, les aseguro que me temblaban las piernas

Uno de los magistrados se puso de pie, y sonriendo dijo:

"Vea que notable, le hacemos jurar a la gente sobre la tapa de la Biblia y resulta que dentro de ella dice que Dios no está de acuerdo"

> El espíritu del mundo es hostil, ¡muy hostil!
> Es ante esa hostilidad donde debemos manifestar los valores de Cristo
> Tan solo porque en Señor espera que honremos su palabra

Principios y valores.

Ya entrando en la temática que estamos desarrollando, respecto a cómo conducirnos en los temas de la palabra de Dios en los que se involucra el dinero como acto de *"dar a Dios"*.

He conversado este tema en particular con muchos consiervos amigos, amados y considerados; y la mayoría me dice que les cuesta enseñar estos temas a sus congregaciones,

Es como un tema ¡Tabú!

Mi Pastor Don Juan Calcagni, conversando de estos temas me confesó que años atrás también los pastores evitaban enseñar a sus congregaciones de estas cosas, porque tomaban precauciones respecto a lo que sus congregaciones pudieran pensar.

El Pastor nos pide dinero

Entonces cada Pastor tenía un grupo de otros pastores amigos y confiables y se invitaban, alternando entre ellos para predicar a sus congregaciones respecto a las maneras bíblicas de dar.

De esta manera, a la congregación les enseñaba acerca de estos temas, otro Pastor

Los tiempos cambiaron mucho desde entonces.

Hoy otros siervos predican a otras ovejas por medio de radio, televisión, redes sociales, podcasts, etc.

Deberíamos dilucidar si la acción de: *Ir por todo el mundo predicando el evangelio, incluye la congregación que está siendo instruida por su Pastor.*

Cada Pastor es responsable de su congregación. **Porque ellos velan por vuestras almas, como quienes han de dar cuenta. (Hebreos 13: 17).**

La grey que Dios me dio conoce mi corazón

Sí yo nos les enseño estas "verdades mandamentarias" del evangelio

Alguien más lo hará, y probablemente usando doctrinas de error

Muy cierto es que Judas nos exhorta a: **"contendamos ardientemente por la fe que una vez ha sido dada a los santos"** resulta tristísimo tener que hacerlo para salvaguardar a congregaciones enteras, que están siendo víctimas de doctrinas y prácticas engañosas.

¡El Señor tenga misericordia!

El error de los pactos.

Se escuchan cada vez más, predicaciones donde se invitan a las personas a realizar *"pactos con Dios"*. Ya sea por error o por peores razones, las cuales no nos corresponde juzgar, pero al mismo tiempo tenemos una importantísima responsabilidad ante Dios y ante las congregaciones:

*Nuestro deber es enseñar correctamente
para que el pueblo sepa cómo cuidarse de no caer en el engaño*

"Las Ofrendas"

Hay gente que cree que le es posible ir a Dios y proponerle un pacto. La palabra de Dios enseña que:

Todos los pactos entre Dios y los hombres
Ya fueron realizados por Dios

¿No sabéis vosotros que Jehová Dios de Israel dio el reino a David sobre Israel para siempre, a él y a sus hijos, bajo pacto de sal? (2 Crónicas 13: 5)

Los pactos realizados por Dios para con los hombres tienen la característica de ser:

Pactos de fidelidad
Pactos de cumplimiento certero
Pactos de carácter y cumplimiento eternos

Por estas razones es que no podemos proponer a Dios ningún tipo de *"pacto"* ya que los seres humanos no contamos con esos condimentos que hacen que los pactos de Dios tengan el sello de Dios, su firma inconfundible.

¡Note usted que los *"Pactos de Dios"* son para siempre!

¡Note también que, los *"Dones de Dios"* son irrevocables!

El sello del Dios vivo es su carácter eterno
el cual, le imprime a todas las cosas

Bajo pacto de sal.

Dios hizo con los hombres *"Pacto de Sal"*, *"Eterno"*. Y espera a cambio nuestra lealtad como única contraparte.

Dios hizo con David *"Pacto de Sal"*, *Eterno*. Y espera a cambio su lealtad,

Saúl había perseguido a David para matarlo, a causa de los celos. Saúl,el ungido de Dios, es desechado a causa de su corazón malo. *Y David el ungido de Dios bajo Pacto de Sal*

En un lugar llamado **Zif** *(1 Samuel 26),* David burlo la guardia de Saúl a cargo de Abner y puso la propia espada de Saúl en su garganta, y dijo:

1 Samuel 26: 22b *(David se dirige a la guardia del rey)*
He aquí la lanza del rey; pase acá uno de los criados, y tómela.

1 Samuel. 26:23 *(David se dirige al rey, cara a cara)*
Y Jehová pague a cada uno su justicia y su lealtad; pues Jehová te había entregado hoy en mi mano, más yo no quise extender mi mano contra el ungido de Jehová.

1 Samuel 26:24 *(David aplicando el principio eterno de la elección de Dios sobre Saúl)*
Y he aquí, cómo tu vida ha sido estimada preciosa hoy a mis ojos, así sea mi vida a los ojos de Jehová, y me libre de toda aflicción.

Un pacto de sal requiere lealtad
Lealtad que Saúl había perdido, pero David guardaba

La lealtad no se genera a causa de un sentimiento, los cuales son a veces pasajeros, otras veces cambiantes.

> *La lealtad es el fruto de una relación de amor y respeto*
> *Es una relación cimentada en valores "inconmovibles"*
> *Es la manifestación del carácter de Dios, preservador y eterno*

Hoy en día un pacto de sal sigue siendo usual en Oriente Medio; no tan frecuentemente como antaño.

En un trato comercial se presentan las partes que intervienen y cada uno lleva una bolsa pequeña con sal. Si se llega a un acuerdo entre las partes, se ponen juntas en un recipiente la sal aportada por cada uno, y se unen hasta que es imposible identificar qué parte es de cada uno.

Para ambos los que hicieron ese *"Pacto de Sal"* tiene el sentido de *"acuerdo eterno"*, a tal punto que se instruye a los hijos de cada uno para que también formen parte para su cumplimiento en caso de que alguno de los que lo realizaron, fallezca.

Y sazonarás con sal toda ofrenda que presentes, y no harás que falte jamás de tu ofrenda la sal del pacto de tu Dios; en toda ofrenda tuya ofrecerás sal. (Levítico 2: 13)

Todas las ofrendas elevadas de las cosas santas, que los hijos de Israel ofrecieren a Jehová, las he dado para ti y para tus hijos y para tus hijas contigo, por estatuto perpetuo; pacto de sal (brit melaj) perpetuo es delante de Jehová para ti y tu descendencia contigo. (Números. 18: 19).

Cada uno puede pensar que estas cosas son una especie de rituales o costumbres en las épocas en que fueron escritos los rollos del *Antiguo Pacto*, pero no es así.

Por el contrario, es el mismo Jesús que deliberadamente introduce este concepto eterno en las buenas nuevas de salvación.

Vosotros sois la sal de la tierra; pero si la sal se desvaneciere, ¿Con qué será salada?

No sirve más para nada, sino para ser echada fuera y hollada por los hombres. (Mateo. 5: 13).

No hay cristianismo si no hay lealtad

Vamos a compartir juntos un pasaje bíblico que todos hemos leído, más de una vez.

Vamos a compartir juntos un pasaje bíblico que todos hemos oído predicar, más de una vez.

Quizás vamos a compartir juntos un pasaje bíblico que tal vez, algunos de nosotros hemos predicado alguna vez.

Hoy vamos a incorporar a nuestra fe, esto que Jesús enseñó

Cualquiera que haga tropezar (por deslealtad) a uno de estos pequeñitos que creen en mí, mejor le fuera si se le atase una piedra de molino al cuello, y se le arrojase al mar.

Si una mano te fuere ocasión de caer, córtala; mejor es entrar en la vida manco, que teniendo las dos manos ir al infierno, al fuego que no puede ser apagado.

Donde el gusano de ellos no muere, y el fuego nunca se apaga.

Y si tu pie te fuere ocasión de caer, córtalo; mejor es entrar a la vida cojo, que teniendo los dos pies ser echado en el infierno, al fuego que no puede ser apagado.

Donde el gusano de ellos no muere, y el fuego nunca se apaga

Y si tu ojo te fuere ocasión de caer, sácalo; mejor es entrar en el reino de Dios son un ojo, que teniendo dos ojos ser echado al infierno.

Donde el gusano de ellos no muere, y el fuego nunca se apaga.

Porque todos serán salados con fuego, y todo sacrificio será salado con sal.

Buena es la sal; más si la sal se hace insípida, ¿Con qué la sazonaréis?

Tened sal en vosotros mismos, y tened paz los unos con los otros. (Marcos 9:42/50).

"Las Ofrendas"

Tened sal en vosotros mismos

Y tened paz los unos con los otros
Aplicación contextual
(Eclesiastés 3: 11)

Este es un texto con una contundencia abrumadora.

Porque todos serán salados con fuego.

Esto hace referencia a que aquellos elegidos por Dios para ser partícipess de su gracia para salvación, están *"salados con fuego"*, bajo el pacto hecho por Dios para con los hombres.

El justo por la fe vivirá. (Habacuc 2: 4).

Por gracia sois salvo por medio de la fe, y esto no de vosotros. (Efesios 2: 8).

Esta expresión del Señor Jesucristo hace referencia a la salvación provista por Dios, la cual es de carácter eterno e inconmovible.

Y todo sacrificio será salado con sal.

El Señor hace referencia aquí, acerca del concepto de nuestros actos de obediencia *(sacrificios)*.

Es en oposición a la Palabra de Dios, guiar al pueblo de Dios a la realización algún tipo de sacrificio a modo de "pacto" iniciado por parte de los hombres.

En otras palabras, Jesús nos dice:

> *"Tu obediencia es la contraparte de mi pacto de sal".*

Si la sal se hace insípida, ¿con que la sazonaréis?

Aquí el Señor nos invita a efectuar una mirada introspectiva. Una pregunta dirigida a lo más íntimo de tu ser.

Si toda nuestra relación con Dios no tiene su sello eterno. ¿Qué sentido tendría?

Tened sal en vosotros mismos, y tened paz los unos con los otros.

Aquí nos deja una verdad del reino de Dios, santa, eterna e inconmovible.

Todo acto realizado por nosotros posteriormente a nuestra salvación; es fruto de la salvación.

Es el fruto eterno, señal de su habitación en cada uno de nosotros por su Espíritu que nos fue dado

Trayendo otra vez a la escena el texto de Eclesiastés:

Todo lo hizo hermoso en su tiempo; y ha puesto eternidad en el corazón de ellos, sin que alcance el hombre a entender la obra que ha hecho Dios desde principio hasta el fin. (Eclesiastés 3: 11).

La salvación es eterna

El fruto de la salvación es eterno

Dios ha puesto eternidad en ti

Todo lo que hagas para Dios es eterno

"Las Ofrendas"

Aplicación contextual
Relacione: (Santiago 2: 18 y Efesios 2: 10)

Porque somos hechura suya, creados en Cristo Jesús para buenas obras, las cuales Dios preparó de antemano para que anduviésemos en ellas. (Efesios 2: 10)

Andad sabiamente para con los de afuera, redimiendo el tiempo.

Sea vuestra palabra siempre con gracia, sazonada con sal, para que sepáis cómo debéis responder a cada uno" (Colosenses 4: 5/6).

La eternidad de los pactos hechos por Dios,
es ilustrada con la sal que lo preserva
símbolo de fidelidad y santidad.

Texto focal.

TEXTO FOCAL

Di a los hijos de Israel que tomen para mí ofrenda; de todo varón que la diere de su voluntad, de corazón, tomareis ofrenda.

Esta es la ofrenda que tomareis…

Y harán un santuario para mí, y habitaré en medio de ellos (Éxodo 25: 1/9).

Volviendo al desarrollo de las ofrendas, podemos concluir que la ofrenda es un instrumento dado por Dios a su pueblo, para que le muestre su amor.

La ofrenda es aquello que usted da por gratitud
La ofrenda es un acto sublime de adoración.

Podemos afirmar por las Escrituras
que ofrendar es un acto de adoración

En esta ocasión podemos ver que el destino de la ofrenda ya no tiene que ver con los siervos del Señor sino con su casa.

El Señor recibe su ofrenda y esta debe ser utilizada para los fines preestablecidos en su palabra.

> *"La construcción del templo, el mantenimiento y embellecimiento de este".*

La palabra de Dios nos enseña que cada acto de dar tiene características diferentes

La palabra de Dios también nos enseña que cada acto de dar tiene fines y propósitos muy específicos y la iglesia no debería desoír tales cosas.

Por todo esto, este es un *"Estudio Integral"* del tema ya que tiene la amplitud necesaria para instruir a los que ofrendamos en adoración a Dios, y también tiene la amplitud necesaria para instruir a todos los integrantes del *"Ministerio de Finanzas"* para dar a esos fondos los destinos preestablecidos por el propio Señor.

Primeras aplicaciones.

Diferenciaciones en el servicio.

> *Diezmar es un acto de obediencia*
> *Ofrendar es un acto de adoración*

¿Cómo implementar todas estas cosas que nos dice el Señor, de manera eficaz en los servicios de nuestra iglesia?

No obstante, sabemos por la experiencia de haber aplicado estos principios espirituales escriturales que hay que tomar el tiempo para:

> *Aprender – Creer–Aplicar*

"Las Ofrendas"

En mis días como Pastor en la Iglesia Bautista *"Fuente de Vida"*, encontramos una manera de implementar los detalles que hemos aprendido, de la siguiente manera.

Dios nos mostró que una vez más, todas estas cosas debían ser incorporadas en las familias.

Desde siempre hemos creído que si bien tenemos *Escuela Dominical* para niños por edades; el verdadero ámbito de aprendizaje debía ser el *"seno familiar"*.

Digo estas cosas no con el propósito de que sean tomadas como ejemplo, al contrario, les cuento que una vez aprendido este tema escrituralmente buscamos en Dios una manera de implementarlas.

Y lo hicimos bajo las siguientes pautas:

- *No consideramos correcto dar lugar durante el Servicio, en forma conjunta un acto de obediencia y otro de adoración.*
- *Decidimos que más temprano en el Servicio se dé lugar a que la congregación adore por medio de su ofrenda.*
- *Instruimos a cada familia, a cada hermano al respecto, para que conozca que ofrendar es un acto de adoración. Y sin anuncio mediante, los encargados de ese servicio a Dios, recorrían las bancas con el cesto para las ofrendas del corazón.*
- *En otro momento antes de la predicación se dé lugar a que la congregación obedezca al Señor mediante la entrega de los diezmos pasando al altar, cada familia completa y de a una.*
- *Aconsejamos a padres y madres que pongan sus diezmos dentro de los sobres en sus hogares.*
- *Que previamente y de manera natural, expliquen a sus hijos acerca de lo que están haciendo y participarlos en la elección del dinero para tal fin.*
- *Que oren por ese acto de obediencia y por ese otro acto de adoración, familiarmente, participando a los hijos de la acción de gracias*

Que nuestros hijos vean que lo primero que hacen sus padres con su salario es apartar para Dios lo que es de Dios; es parte de instruir al niño en sus caminos, y los veremos ya grandes, sin apartarse de Dios.

Dios bendice a su pueblo de una manera muy especial

JEHOVA JIREH
"Las Siembras"
Siendo parte

La *"I.B. Cristo Poderoso"* en la ciudad de Quilmes, Buenos Aires, Argentina, fue fundada en la década de los ochenta, por el Pastor Raúl Ameri, y la idónea colaboración de su esposa Ester García de Ameri; allí crecieron sus dos hijos, German Israel y Gastón, y también nuestros cuatro hijos, Daniela, Jeremías, Elisabet y Melany.

Esa ha sido la iglesia que me albergó a mí y a mi familia, desde la conversión a Jesús, hasta mi partida al campo misionero.

Ahí recibí mis primeros cuidados pastorales, aprendí mis primeras verdades bíblicas, luego fui elegido por la iglesia para desempeñarme como diácono, juntamente con mi amado hermano Juan Ríos y toda su familia.

Ejerciendo el pastorado de manera interina todavía, tras la salida del Pastor Ameri y su familia, al campo misionero en España, retomamos un compromiso anterior con el *"Ministerio misionero Juventud con una Misión"* (**J.U.C.U.M.**), específicamente con una base misionera radicada en Puerto Montt, Chile, a cargo de Hugo Ávila y su esposa Kelly, por ese entonces aún no habían llegado ninguno de sus hijos.

Menciono esto, precisamente para confesar un error en el que incurrimos, yo y por lógica consecuencia toda la congregación

Decíamos equivocadamente que *"sosteníamos"* a esta familia de misioneros.

Arrogándonos nosotros, una tarea exclusiva de Dios
Él es quien sostiene a sus hijos.

La manera correcta de decirlo y bien fundamentada bíblicamente es: **"Sembramos en ese ministerio".**

En su libro **"EL PASTOR y su ministerio",** W. A. Criswell nos regala una herramienta ministerial absolutamente necesaria.

Este libro de Dr. Criswell fue uno de los regalos que me hizo mi Pastor Don Juan Calcagni al momento de efectuar mi ordenación al ministerio pastoral en 1999.

Muchísimas cosas enseñadas por el Dr. Criswell las he adoptado en mi ministerio.

Este siervo de Dios me ha enriquecido grandemente, mejorándome, como persona, primeramente, y como pastor luego.

Dice Criswell:

"El pastor que no ha podido instruirse en el conocimiento de las lenguas bíblicas originales, como mínimo debe tener varias traducciones para lograr entender cuál es el concepto de esa escritura, y no cometer el error de usar mal una palabra que puede desvirtuar la verdad"

Aceptado el consejo de Dr. Criswell, he implementado eficazmente el mismo, y obtuve varias biblias con traducciones más contemporáneas, y otras con traducción interlineal del griego al español y del hebreo al español, y esto me ha ayudado mucho, aportando a mi vida una mayor claridad personal lo cual derivó en una más eficiente predicación del evangelio.

¿Qué es sembrar?

Lo primero que quiero decir es que *"la siembra"*, aprendida escrituralmente y enseñada en el temor de Dios es una herramienta poderosa en Dios.

Evidentemente no todos tenemos los mismos talentos ni la manifestación de los mismos dones, pero Dios nos da la posibilidad de *"asociarnos"* unos con otros a través de la siembra.

¿Asociarnos? Si, ¡asociarnos!

Texto focal. <*Salmos 119: 63*>

Siguiendo el consejo muy apreciado del Dr. Criswell notamos cuán revelador resulta ver las distintas traducciones de lo dicho en este *Salmo*.

RVR1960. Compañero soy yo de todos los que te temen, y guardan sus mandamientos.

RVR1977. Yo me asocio con los que te temen, y guardan tus mandamientos.

De las AMÉRICAS. *Me he aliado con los que te temen, y han guardado tus palabras.*

SEPTUAGINTA español. *Participe soy de los que te temen, y han guardado tus palabras.*

NTV. *Soy amigo de los que te temen, y han guardado tus palabras.*

Evidentemente son diferentes maneras de expresar un mismo concepto.

Conocer claramente ese concepto de Dios, nos dará la posibilidad de tener un entendimiento cabal de lo que Dios quiere que sepamos al respecto y actuar en consecuencia.

En la esfera espiritual nos asociamos constantemente a otras personas o cosas, mediante nuestros propios hechos.

Y el que siega recibe salario, y recoge el fruto para vida eterna, para que el que siembra goce juntamente con el que siega" (Juan. 4: 36).

Yo planté, Apolos regó, pero el crecimiento lo ha dado Dios. (1 Corintios 3: 6)

Así que, ni el que planta es algo, ni el que riega, sino Dios que da el crecimiento. (1 Corintios 3: 7).

> **Y el que planta y el que riega son una misma cosa. (1 Corintios 3: 8).**

Porque nosotros somos colaboradores de Dios, y vosotros sois labranza de Dios, edificio de Dios. (1 Corintios 3: 9).

Entonces, pidamos a Dios sabiduría para comprender esto y actuar en consecuencia en plena certidumbre que:

"Cuando sembramos, nos estamos asociando espiritualmente, o haciéndonos compañeros, o aliados, o partícipes o amigos, según la traducción que más le agrade, con un ministerio que nos es de bendición o en el cual reconocemos la obra y el servicio a Dios"

Antes, por el contrario, como vieron que me había sido encomendado el evangelio de la incircuncisión, como a Pedro el de la circuncisión (pues el que actuó en Pedro para el apostolado de la circuncisión, actuó también en mí para con los gentiles), y reconociendo la gracia que me había sido dada, Jacobo, Cefas y Juan, que eran considerados como columnas, nos dieron la diestra en señal de compañerismo, para que nosotros fuésemos a los gentiles, y ellos a la circuncisión. (Gálatas 2: 7/9).

- Pues el que actuó en Pedro para el apostolado de la circuncisión, actuó también en Pablo, para con los gentiles.

- *Reconociendo la gracia que me había sido dada, Jacobo, Cefas y Juan, que eran considerados columnas, nos dieron la diestra en señal de compañerismo.*

El santo ejercicio de reconocer la gracia en otros.

El cumplimiento de este texto en el liderazgo de estos tiempos es una asignatura pendiente y se nos pedirá cuentas de ello

Reconocer la *"Gracia de Dios"* en un ministerio y no ofrecer mi diestra en señal de compañerismo es un comportamiento que se opone a todos los principios enseñados por el Señor Jesucristo.

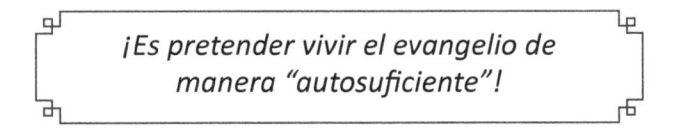

> ¡Es pretender vivir el evangelio de manera "autosuficiente"!

Pero todas estas cosas las hace uno y el mismo Espíritu, repartiendo a cada uno en particular como él quiere.

Porque, así como el cuerpo es uno, y tiene muchos miembros, pero todos los miembros del cuerpo, siendo muchos, son un solo cuerpo, así también Cristo. (1 Corintios 12: 11/12).

Es un hecho que "la siembra" ha sido objeto de abusos congregacionales que eso no sea de impedimento para aplicar en santidad la palabra de Dios

Reconociendo buenos ministros.

¿Qué hacemos al sembrar en un ministerio y sus ministros?

- *Reconocemos la obra llevada a cabo por medio de los frutos.*
- *Reconocemos el servicio y el esfuerzo de los ministros.*
- *Proveemos a los santos por medio de la "siembra".*
- *Dios nos hace partícipes de los frutos.*

Frutos de la siembra *(Testimonio ministerial)*

Recuerdo que cada año íbamos a ver los frutos de nuestra siembra en Puerto Montt.

Pero la labor de Hugo Ávila y su equipo, ahora contando *"con otro ministerio asociado"* por medio de la siembra, se expandió notablemente.

Un año fui en familia, para entonces ya Dios nos había regalado a Jeremías, nuestro único hijo varón, entonces éramos cuatro.

Fuimos con Hugo Ávila y Kelly, su esposa, a conocer una iglesia que había plantado en un lugar muy alejado de toda ciudad, llamado, Puerto Lápiz.

La nueva iglesia se componía de once hermanos. Una preciosa familia con un padre, una madre y nueve hijos. Hugo los visitaba regularmente.

La iglesia se proveyó de habitaciones, bastante básicas, para albergar a Hugo y a todos los hermanos y sus familias que llevaba para visitarlos y especialmente para que aprendan de la comunión de los santos.

El baño quedaba fuera de la casa, como a cien metros, razón por la cual los hermanos nos recomendaban pasar al baño antes de irnos a dormir.

¿Dormir?

Tuvieron todos ellos menos yo, su primera vigilia. Claro, no fue una vigilia por razones santas; sino que en ese tiempo yo sufría de apnea, lo que se manifestaba con fuertes ronquidos, así que solo yo dormí aquella noche. Ellos con mucho amor lo tomaron a risa.

Al año siguiente, y también, fruto de esa bendita siembra, Hugo me llevó a un lugar de los que debe haber muy pocos en el mundo.

Hugo Ávila, su equipo y sus asociados, la I.B. Cristo Poderoso habíamos evangelizado el ciento por ciento de una Isla en el Archipiélago de Chiloé, llamada "Voigue".

"Las Siembras"

"Lea otra vez"

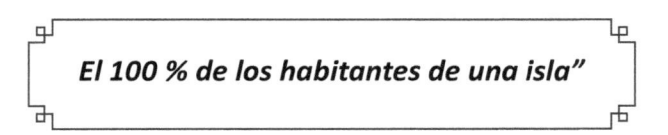

El 100 % de los habitantes de una isla"

Viajamos nueve horas en una barca con un pequeño motor por el Pacifico Sur, hasta llegar a destino.

Tuve muy presente el casi naufragio en el Mar de Galilea donde los discípulos del Señor exclamaron: ***¡Sálvanos que perecemos!***

Llegamos a la isla y caminamos bastante por la playa, arena y muchas piedras volcánicas, lo que, para un hombre de ciudad como yo, resultó bastante difícil.

Tuvimos el servicio el día del Señor. Los que asistimos a ese Servicio al Señor fuimos: el encargado de obra, nativo de Voigue, Hugo, yo y los otros veintiún habitantes de la isla.

Todos nuestros hermanos, porque el Señor, se glorificó en esa siembra, Hugo se esforzó y mucho, y la iglesia de la cual fui pastor, fue obediente.

Nuestros nuevos hermanos de la Isla Voigue se sostenían mediante el cultivo de la papa. Cada determinado tiempo llegaba un buque factoría a retirar la cosecha.

Como nota graciosa: Al regresar los hermanos de la isla nos regalaron una bolsa con cien libras de papa a cada uno.

Y la vuelta era obviamente caminando por esa playa de arena y roca volcánica hasta llegar donde nos recogió la lancha. Fue realmente un viaje maravilloso y agotador.

Reconociendo las diferencias.

Por sus frutos los conoceréis.

Nada nos habla más claramente que la palabra del Dios vivo, manifestada por el fruto del Espíritu Santo.

El árbol bueno no puede dar fruto malo,
y el árbol malo no puede dar fruto bueno.

Lamentablemente todavía hay hermanos que confunden fruto con número de asistencia, o confunden fruto con el automóvil que manejamos.

Recuerdo haber leído del Dr. Criswell, aunque no recuerdo en cual, de sus libros, por esa razón no lo cito.

En referencia al texto de *(Efesios. 5: 1/2)* que dice:

Sed, pues, imitadores de Dios como hijos amados y andad en amor como también Cristo nos amó, y se entregó a sí mismo por nosotros, ofrenda y sacrificio a Dios en olor fragante

Y ciertamente, nos preguntamos: *¿Cómo puedo imitar a Dios?*

Criswell me enseñó, que la palabra griega usada en ese texto se traduce como *"hacer mímica de Dios"*.

Lo cual agiganta la pregunta:

¿Cómo puedo imitar a Dios o como puedo hacer mímica de Dios?

Y doy gracias a Dios por su siervo quien tuvo claridad sobre el contexto el cual está en el versículo anterior el cual está separado por un título, dice: **Andad como hijos de luz.**

Antes sed benignos unos con otros, misericordiosos, perdonándoos unos a otros, como Dios también os perdonó a vosotros en Cristo. (Efesios 4: 32).

Estas manifestaciones del carácter de Dios es lo que hay que imitar, para que las mismas características que se manifiestan en Dios, también se manifiesten en nosotros.

- *Siendo bueno con otros*
- *Misericordiosos con los demás*
- *Perdonadores de todos*

Y estas cosas, mis hermanos consiervos, no se pueden imitar si su corazón no le pertenece a Cristo enteramente rendido.

De esta forma, usted será copartícipe de cada fruto que dicho ministerio obtenga para el Reino de los Cielos; y en cada lugar del mundo donde el ministerio ponga sus pies para bendecir, ahí mismo estará usted también.

Por lo tanto, si no fue llamado a ser un segador de la mies que es mucha

Sea entonces un ferviente sembrador

En estos últimos tiempos hemos visto cómo se usa, hasta el hartazgo, este hermoso plan de Dios, desvirtuándolo, con fines que sólo Dios tiene autoridad de evaluar cuando los tiempos se cumplan.

He notado que se predica *"la siembra"* sin sustento bíblico, o lo que es aún peor, pretendiendo hacer decir a la palabra de Dios, lo opuesto a aquello que realmente dice.

Esto da como resultado que algunas congregaciones se vean abusadas y otras se cierren a una bendición, evitando ser abusadas.

También he notado que se habla de *"la siembra"* oponiéndose, sin sustento escritural a causa del abuso de otros.

En lo particular, he decidido ponerme activa y radicalmente a la predicación de toda doctrina de error, sea por falta de escrúpulos o por falta de entendimiento; de todas estas cosas y por las razones que fueran, *"habremos de dar cuentas"*.

En la Epístola de Judas encontramos una "severa advertencia".

Judas, siervo de Jesucristo, y hermano de Jacobo, a los llamados, santificados por Dios Padre y guardados en Jesucristo: Misericordia, y paz y amor os sean multiplicados. (Judas 1: 1/2).

La advertencia de *(Judas 1: 4)*

- *Algunos hombres han entrado encubiertamente.*
- *Hombres impíos que convierten la gracia de Dios en libertinaje.*
- *Hombres que niegan a Dios, el único soberano, y a nuestro Señor Jesucristo*

El concepto de la doble responsabilidad.

El Señor Jesús nos enseña muy claramente que hay mucha responsabilidad en el que predica, pero también hay mucha responsabilidad en el que oye.

Nadie que enciende una luz la cubre con una vasija, ni la pone debajo de la cama, sino que la pone en un candelero para que los que entran vean la luz.

Porque no hay nada oculto que no haya de ser manifestado; ni escondido, que no haya de ser conocido, y de salir a la luz.

Mirad, pues, lo que oís; porque a todo el que tiene, se le dará; y a todo el que no tiene, aún lo que piensa tener se le quitará. (Lucas 8: 16/18).

No hace mucho escuche al Pastor Sujel Michelen, contar una historia real en una iglesia con características de una predicación *"de doctrinas extrañas"*, en este sentido al menos.

Cierta hermana fue alertada por el Espíritu Santo del engaño que se escuchaba frecuentemente desde ese púlpito.

La hermana comenzó a tomar nota de cada versículo que el Pastor usaba en cada una de sus predicaciones.

Una vez en su casa, se tomó el trabajo responsable de leer el capítulo entero donde estaba el versículo usado por el Pastor, procurando entender el contexto bíblico en el que fuera escrito; y así descubrió ella sola el error de su Pastor.

Antes de conocer este precioso testimonio contado por el Pastor Michelen, he puesto mucho énfasis en toda ocasión de enseñar sobre esta responsabilidad de oír.

Siempre pido a mis hermanos, cotejen bíblicamente en sus casas, lo que les predico

Judas pasa de dar una advertencia a dar una sentencia.

¡Ay de aquellos! Porque han seguido el camino de Caín, y se lanzaron por lucro en el error de Balaam, y perecieron en la contradicción de Coré. (Judas 1: 11).

Es sin duda alguna la voluntad de Dios, como dijimos anteriormente que sus siervos reciban una justa recompensa, pero claramente lo expresado por Judas es una sentencia: ¡Ay de aquellos! Quienes al igual que Balaam profeticen por dinero.

Considere releer en el capítulo dos el tema "Ingredientes y proporciones".

Consecuencias del error de Balaam

Estos son manchas en vuestros ágapes, que comiendo impúdicamente con vosotros se apacientan a sí mismos, nubes sin agua, llevadas de acá para allá por los vientos, árboles otoñales, sin fruto, dos veces muertos y desarraigados;

Fieras ondas del mar, que espuman su propia vergüenza; estrellas errantes, para los cuales está reservada eternamente la oscuridad de las tinieblas". (Judas 1: 12/13).

- *Apacentados por sí mismos*
- *Nubes sin agua*
- *Llevadas por los vientos*
- *Árboles otoñales sin frutos*
- *Dos veces muertos*
- *Desarraigados*
- *Ondas del mar que espuman su vergüenza*
- *Estrellas errantes*
- *Se les ha reservado la oscuridad de las tinieblas.*

> **La única manera de corregir lo adquirido por medio de la predicación del error**
>
> **es por medio de la enseñanza y la predicación de la virtud**

Es potestad solamente de Dios, tratar con aquellos que por la razón que sea, han dejado de predicar la *Palabra de Verdad*.

Y los que vivimos bajo el celo de su Palabra no debemos dejar anunciar al pueblo de Dios las muchas bendiciones que Él mismo preparó para los que obedecen sus mandamientos.

Por lo tanto, mi amado siervo de Dios, mi hermano en la tarea encomendada, seamos bendecidos con *"Espíritu de Valentía"*, para enseñar las verdades del *"Reino de los Cielos"*

Cuatro actos santos y netamente escriturales.

> *Primiciar es habitar la promesa*
>
> *Diezmar es aprender el temor de Dios*
>
> *Ofrendar es un acto de adoración*
>
> *Sembrar es reconocer la gracia y dar la diestra de compañerismo*

"... y eso según lo que a cada uno concedió el Señor. Yo planté, Apolos regó; pero el crecimiento lo ha dado Dios.

Así que ni el que planta es algo, ni el que riega, sino Dios, que da el crecimiento.

Y el que planta y el que riega son una misma cosa; aunque cada uno recibirá su recompensa conforme a su labor

.... Pero cada uno mire cómo sobreedifica. Porque nadie puede poner otro fundamento que el que está puesto, el cual es Jesucristo". (1 Corintios. 3: 5/9).

Me ha tocado ser Pastor en todas iglesias ordenadas económicamente, añadiendo de mi parte, si hubiera sido necesario para lograr ese orden.

Cuando hemos diagramado *el "presupuesto"* para el siguiente año, siempre se ha dejado estipulado el monto de las ofrendas para los siervos invitados para tal o cual ocasión. Eran tres o cuatro servicios cada año.

No obstante, en cada uno de esos servicios donde el predicador era un siervo invitado, yo mismo me he encargado de abrir un tiempo de siembra sobre ese ministerio; y dar la oportunidad a todos los hermanos de *"ser parte"* en ese ministerio.

Y hacerlo por la razón correcta:

- *No se trata de que el siervo invitado se vaya más o menos "bendecido"*
- *Se trata de abrir puertas de bendición para su congregación.*
- *Se trata de abrir un espacio a ser parte activa en el plan de Dios*

Y varios hermanos y hermanas han sido bendecidos por hacerlo y comenzar a ser parte de los frutos del ministerio en el que hubieren sembrado.

Más aún, algunos han tomado delante de Dios, compromisos de realizar siembras sostenidas en el tiempo. Yo solo digo: ¡Gloria al Señor! Por eso.

La palabra de Dios nos dice que todo aquel que siembra tiene derecho a recoger.

El que siembra escasamente segará escasamente; y el que siembra generosamente, generosamente segará. (2 Corintios. 9: 6).

Y debe hacerlo con paz en su corazón.

Y el fruto de justicia se siembra en paz para aquellos que hacen la paz. (Santiago 3: 18)

"… y da semilla al que siembra y pan al que come, así será mi palabra que sale de mi boca; no volverá a mí vacíami vacía" (Isaías. 55: 10b/11ª).

¡Que precioso el Señor, que nos permite asociarnos a ministerios de muchísima bendición, que llevan el Evangelio de Dios y la Sana Doctrina hasta lo último de la tierra!

¡Poderoso!

Y el que da semilla al que siembra, y pan al que come, proveerá y multiplicará vuestra sementera (lugar donde se guardan las semillas), y aumentará los frutos de vuestra justicia, para que estéis enriquecidos en todo para liberalidad, la cual produce por medio de nosotros acción de gracias a Dios.

Porque la ministración de este servicio no solamente suple lo que a los santos falta, sino que también abunda en muchas acciones de gracias…" (2 Corintios. 9: 10/12).

Realmente debemos meditar con suma profundidad esto que el apóstol Pablo nos dice, inspirado por el Espíritu Santo.

SECUENCIA DE LA BENDICIÓN

- *El pueblo santo de Dios reconoce que está habitando la tierra donde Dios nos ha llevado y honra al Señor con la obediencia de sus primicias*
- *El salario de los santos es quitado de bajo la autoridad de Mamon, siendo "redimido y trasladado" al reino de Dios por medio de la obediencia en los diezmos de todo.*
- *Su salario y todo lo que con el pueda comprar es puesto bajo la autoridad del reino de Dios por la obediencia a su Palabra.*
- *Con ese dinero, ahora santificado, puedo traer voluntariamente ofrenda a mi Dios, que sea agradable a su corazón.*
- *En recompensa a mi obediencia y adoración el Dios de toda gracia me da la oportunidad de ser parte con otros ministerios por medio de la siembra,*
- *Y por todo esto ser parte juntamente con ellos en predicar el evangelio del reino de Dios a toda criatura y hasta lo último de la tierra.*

**¡Amen!*

CAPÍTULO CINCO
Identidad ministerial

TEMAS DE ESTE CAPÍTULO

La Piedad
"Llave ministerial paulina"

Espejos o espejismos
"Imitadores de Cristo"

La palabra del corazón de Dios
"Jesús y el fariseísmo"

Por la locura de la predicación
"Buenos días, Atenas"

IDENTIDAD MINISTERIAL
"La Piedad"
La llave del ministerio de Pablo

Unas pocas horas antes de *"consumarlo todo"* el Señor y Salvador Jesucristo es llevado ante Pilato enviado por Caifás.

Ocurrió un hecho que trasciende la historia. Pilato pronunció a los religiosos de entonces y a todos los presentes en ese patio, una pregunta cuyo peso específico es *"eterno"*.

Dios puso en labios de Pilato una pregunta la cual debía ser escuchada por todo lo por Él creado. Y la respuesta a tal pregunta ha quedado para siempre en la memoria del Padre.

Dice la Escritura que, saliendo Pilato a ellos, les dijo:

¿Qué acusación traéis contra este hombre?

¡Qué tremenda pregunta!

Hombres cegados en su entendimiento, muertos en su espíritu, presos de su arrogancia, se animaron a balbucear una respuesta sin sentido.

Entonces Pilato decide interrogar él mismo a Jesús, desoyendo la incoherente respuesta de la religión.

¿Eres tú Rey de los judíos?

Jesús respondió:
¡Mi reino no es de este mundo!
Tú dices que yo soy rey
Yo para esto he nacido, y para esto he venido al mundo
para dar testimonio a la verdad
todo aquel que es de la verdad oye mi voz

Pilato en representación de un mundo sin fe, pregunta:
¿Qué es la verdad?
¡Trágico!

Encontraremos este relato completo en el Evangelio de *Juan 18: 28/40*.

Lo cierto, lo triste, lo dramático es que los hombres creen que, estudiando a Jesús, pueden llegar a conocer a Jesús.

Incluso líderes religiosos de todos los tiempos cayeron y seguirán cayendo en este mismo error.

> *Jesucristo no es un objeto para estudiar*
> *Él es el Hijo enviado para amar y ser amado*

Escudriñar no es sinónimo de estudiar.

Estudiar: Significado RAE. Aplicar la inteligencia para aprender algo. Observar algo para comprenderlo.

Escudriñar: Significado RAE. Examinar algo con extrema atención, tratando de averiguar los detalles más íntimos y menos manifiestos, juntamente con sus circunstancias.

La palabra de Dios ha sido dirigida al espíritu del hombre
penetra, separa, parte el espíritu del alma que es donde habita la razón
Por medio del proceso de la santificación el Espíritu conquista la razón.

También el Padre que me envió ha dado testimonio de mí.

Nunca habéis oído su voz, ni habéis visto su aspecto, ni tenéis su palabra morando en vosotros, porque a quien él envió, vosotros no creéis.

Escudriñad las Escrituras, porque a vosotros os parece que en ellas tenéis vida eterna; y ellas son las que dan testimonio de mí; y no queréis venir a mi para que tengáis vida. (Juan 5: 37/40).

A continuación, procuraré darles una versión parafraseada de este versículo trascendental.

Trata de encontrar los detalles más íntimos en las Escrituras, para que aquellos detalles que se notan menos, te sean revelados a ti y así vengas a mi para que tengas vida.
(Juan 5: 39/40)
<parafraseado>

Estas palabras de Jesús dichas a los religiosos de entonces, los pone otra vez cara a cara con el Cristo de Dios.

Y el Señor Jesús les responde exactamente lo mismo que a Pilato:

Yo para esto he nacido
Y para esto he venido al mundo
Para dar testimonio a la verdad
Todo aquel que es de la verdad oye mi voz

Para que el Dios de nuestro Señor Jesucristo, el Padre de gloria, os dé espíritu de sabiduría y de revelación en el conocimiento de él, alumbrando los ojos de vuestro entendimiento, para que sepáis cuál es la esperanza a la que él os ha llamado... (Efesios 1: 17/18ª).

El mundo de hoy se pregunta lo mismo que Pilato
Muchos líderes religiosos de hoy van tras el mismo error de los líderes de entonces
Unos y otros se preguntan:
¿Qué es la verdad?

Todas las cosas me fueron reveladas por mi Padre; y nadie conoce al Hijo sino el Padre, ni quién es el Padre sino el Hijo, y aquel a quien el Hijo lo quiera revelar. (Lucas. 10: 22)

Primeras conclusiones.

- *El Hijo se revela a quien quiera revelarse*
- *Cristo se revela por Su palabra*
- *Toda la escritura da testimonio de Él.*
- **A quien quiera** *significa: En quien vea la actitud que él mismo espera en el momento que se acercarse a él,* **según nos escogió en él, desde antes de la fundación del mundo. (Efesios 1: 4).**

No os hagáis tesoros en la tierra, donde la polilla y el orín corrompen, y donde ladrones minan y hurtan; sino haceos, tesoros en el cielo, donde ni la polilla ni el orín corrompen, y donde ladrones no minan y hurtan,

"Porque donde esté tu tesoro, allí estará también vuestro corazón" (Mateo. 5: 19/21)

Tesoros = Prioridades

Creí apropiado redactar esta introducción, ya que hoy estaremos compartiendo acerca de **"La Piedad",** a la cual el mismo Pablo la presenta como *"misterio grande".*

- *Toda palabra salida de la boca de Dios es pura, es santa, es amorosa, es correctiva, es salutífera, es verdad, es para todos, edifica, redarguye, acaricia, alienta, alerta.*
- *Es para el nuevo creyente y para el creyente y para los que ya tenemos tiempo en el evangelio, en ocasiones el mismo versículo habla a ambos y de cosas diferentes.*

Si hoy disponemos nuestro corazón una vez más la palabra de Dios será viva y eficaz, para nuestras vidas y *"para nuestra misión dada por Dios".*

LA PIEDAD.

¡Llave ministerial paulina!

Esto te escribo, aunque tengo la esperanza de ir pronto a verte, para que, si tardo, sepas cómo debes conducirte en la casa de Dios, que es la iglesia del Dios viviente, columna y baluarte de la verdad.

E indiscutiblemente, grande es el misterio de la piedad:

> *Dios fue manifestado en carne*
> *Justificado por el espíritu*
> *Visto de los ángeles*
> *Predicado a los gentiles*
> *Creído en el mundo*
> *Recibido en gloria*
> *(1 Timoteo. 3: 14-4: 2ª).*

Aplicación contextual: (Juan 3:16)

El Espíritu dice claramente que en los postreros tiempos algunos apostatarán de la fe, escuchando a espíritus engañadores y a doctrinas de demonios; por la hipocresía de mentirosos que, teniendo cauterizada la conciencia …

Si esto enseñas a los hermanos, serás buen ministro de Jesucristo, nutrido con las palabras de la fe y de la buena doctrina que has seguido.

Desecha las fábulas profanas y de viejas, ejercítate para la piedad; … pues tiene promesa de esta vida presente, y de la venidera.

Palabra fiel es esta, y digna de ser recibida por todos.

Que por esto mismo trabajamos y sufrimos oprobios, porque esperamos en el Dios viviente, que es el Salvador de todos los hombres… (1 Timoteo 4: 6/10)

Son minuciosamente cuidadosos los aportes que brinda Pablo a Timoteo, tanto personales como ministeriales, en este pasaje. Al cual se refiere como "un misterio"

Por esta razón debemos compartir lo escrito por Pablo a Tito.

Pablo, siervo de Dios y apóstol de Jesucristo, conforme a la fe de los escogidos de Dios y el conocimiento de la verdad que es según la piedad, en la esperanza de la vida eterna, la cual Dios, que no miente, prometió desde antes del principio de los siglos, y a su debido tiempo manifestó su palabra por medio de la predicación que me fue encomendada por mandato de Dios nuestro Salvador. (Tito 1: 1/3).

Primeras conclusiones en su contexto.

Al referirse Pablo a Timoteo acerca de la Piedad, no se refiere a actos piadosos que podemos realizar los hombres.

Aunque es un deber cristiano que todos nosotros tengamos acciones piadosas como el caso del buen samaritano, como nos enseña el Señor.

- *Dios dio a su iglesia el deber de ser guardadores de la verdad.*
- *La palabra baluarte refiere a la imagen visual de un fuerte de los tiempos de la conquista, Amurallado. Un lugar donde se guardan cosas muy valiosas.*
- *Pablo pidió a Timoteo, que guardase celosamente la verdad más preciada que es "La Piedad manifestada por Dios". Descripta en el versículo dieciséis y expresada como un misterio.*
- *Al referirse Pablo a Tito, nos dice que tal "misterio" Ha sido revelado a Pablo a causa de la verdad que es según la piedad*
- *Y luego nos pone en el único rumbo correcto donde Dios eligió manifestarlo.*

"La verdad que es según la piedad se manifiesta por su palabra"

Dios fue manifestado en carne.

Además de todas las escrituras antiguas, durante el Antiguo Pacto.

Además de todas las menciones que los evangelistas se ocuparon en dejarnos de manifiesto, a lo largo de su narración de las buenas noticias del reino de Dios, tenemos también la hermosa verdad revelada por voluntad de Dios a Pablo, en la epístola escrita a los filipenses 2: 5/11, acerca del *"sentir"* que hubo también en Cristo Jesús, Señor nuestro.

El precioso balance de las Escrituras.

- *Los profetas, dando testimonio de él, antes de los tiempos.*
- *Los salmistas, adorando y glorificando al que aún no había de venir.*
- *Isaías, 700 años antes, particularmente, dando a conocer cómo sería su carácter.*
- *María disponiendo a Dios su cuerpo diciendo: ¡He aquí tu sierva!*
- *Mateo y Lucas, dejándonos el testimonio escritural del que había venido en el nombre de Dios y del linaje escogido: 1:22/23; 2:13/16; 2: 23; 4: 13/ 16; 12:15/ 21; 21:2/ 5; 27:6/ 10.*
- *Pablo nos agrega, además, el testimonio de todo aquello tuvo en su sentir; que desestimó todo aquello en lo que bien podría haberse aferrado en su Deidad, que se despojó a sí mismo porque siendo Dios, se hizo hombre, obediente hasta la muerte, y muerte de Cruz.*

Y Dios eligió cuidadosamente las maneras en que las daría a conocer

Alguna vez se preguntó: ¿Cómo cupo toda la plenitud de la Deidad en el útero de María?

¿Como cupo toda la plenitud de Dios en el cuerpecito de un bebe?

¿O en el cuerpo de un hombre?

¿Acaso piensas que no puedo ahora orar a mi Padre, y que él no me daría más de doce legiones de ángeles? (Mateo 26: 53).

Estas cosas, e infinitas más, son el comienzo del *"misterio"* llamado *"La Piedad"*

Justificado en el Espíritu.

Nos es menester adentrarnos en el significado de la palabra *"justificado"*

Según la Academia justificar significa: *"Exponer razones o presentar documentos para demostrar que algo es admisible".*

En esta segunda cualidad de *"La Piedad"* la acción de justificar viene siendo, atestiguar, comprobar que Jesucristo es ***"El Mesías"*** esperado por Israel.

Y todo se llevó a cabo, aunque Israel no le conoció. Precisamente Israel fue escogido por Dios para dar testimonio de Cristo.

A lo suyo vino, y los suyos no le recibieron (Juan. 1: 11)

Es los expuesto por el propio Pablo en la epístola a los colosenses, diciendo:

Mirad que nadie os engañe por medio de filosofías y huecas sutilezas, según las tradiciones de los hombres, conforme a los rudimentos del mundo, y no según Cristo.

Porque en él, habita corporalmente toda la plenitud de la Deidad, y vosotros estáis completos en él, que es la cabeza de todo principado y potestad....

Y a vosotros, estando muertos en pecados y en la incircuncisión de vuestra carne, os dio vida juntamente con él, perdonándoos todos los pecados, anulando el acta de los decretos que había contra nosotros, que nos era contraria, quitándola de en medio y clavándola en la cruz, y despojando a los principados y potestades, los exhibió públicamente, triunfando sobre ellos en la cruz. (Colosenses 2: 8 / 15).

Ese es el preciso momento donde la Justificación según *"La Piedad"* queda consumada, dado que solo el Mesías es el único con autoridad para anular esa *"acta de los decretos"*, que es nada menos, que un documento legal, y lo quitó de en medio y clavándola en la cruz, y despojando a los principados y potestades, declarando así, sobre todos ellos, que nuestra deuda hubo sido cancelada por él, y exhibido su triunfo, públicamente, en la cruz.

Tetelestai

Visto de los ángeles.

A través de toda la Escritura, los ángeles han oficiado de testigos irrefutables de los acontecimientos de Jesús.

- *En el anuncio de su nacimiento: Lucas 1: 16/ 36*
- *En su concepción: Mateo 1: 18 / 25*
- *En presencia de sus discípulos: Juan 1:45/51*
- *En el desierto tentado por Satanás: Mateo 4: 1/ 10*
- *En el anuncio de su muerte: Marcos 8: 34/ 38*
- *En su venida: Mateo. 24: 29/ 31*
- *En Getsemaní: Lucas. 22: 43*
- *En su arresto: Mateo. 26: 47/ 53*
- *En su resurrección: Mateo. 28: 1/ 7; Lucas 24: 1/ 9; Juan 20: 11/ 18*
- *En su ascensión: Hechos. 1: 6/11*

Predicado a los gentiles.

"La Piedad" es la manifestación de Cristo.

Con la ayuda del Señor, podemos ver con claridad, todo lo que el Padre puso a disposición para que esto acontezca. Para que su plan sea manifiesto a los hombres; y para que notemos que toda la creación fue involucrada para llevarlo a cabo.

En lo más íntimo de su voluntad, siempre estuvimos contados los gentiles. Y esto Dios lo dejó saber desde el principio por Moisés, luego por los profetas y salmistas, y por último, por los apóstoles y la iglesia, de los cuales Pablo, fue designado por Dios para desarrollar este ministerio.

Por Moisés:

Y en tu simiente serán bendecidas todas las naciones de la tierra, porque tú has obedecido mi voz. (Génesis 22: 8).

Por David:

Todas las naciones que tú has hecho vendrán y adorarán delante de ti. (Salmos 86: 9).

Se acordarán, y se volverán a Jehová todos los confines de la tierra.

Y todas las familias de las naciones, adorarán delante de ti. (Salmos 22: 27).

Por los profetas:

He aquí, llamarás a una nación que no conocías, y una nación que no te conocía, correrá a ti a causa del Señor tu Dios, el Santo de Israel; porque Él te ha glorificado (Isaías 55: 5).

El pueblo que andaba en tinieblas vio gran luz; los que moraban en tierra de sombra de muerte, luz resplandeció sobre ellos (Isaías 9: 2).

He aquí mi siervo, yo le sostendré; mi escogido, en quien mi alma tiene contentamiento; he puesto sobre él mi Espíritu; él traerá justicia a las naciones (Isaías 42: 1).

Y le fue dado dominio, gloria y reino, para que todos los pueblos, naciones y lenguas le sirvieran; su dominio es dominio eterno, que nunca pasará, y su reino uno que no será destruido (Daniel 7: 14).

En aquel tiempo responderé, dice Jehová, yo responderé a los cielos, y ellos responderán a la tierra.

Y la tierra responderá al trigo, al vino y al aceite, y ellos responderán a Jezreel.

Y la sembraré para mí en la tierra, y tendré misericordia de Lo-ruhama; y diré a Lo-ammi: Tú eres pueblo mío, y él dirá: Dios mío" (Oseas 2: 21/23).

Porque desde donde el sol nace hasta donde se pone, es grande mi nombre entre las naciones; y en todo lugar se ofrece a mi nombre incienso y ofrenda limpia, porque grande es mi nombre entre las naciones, dice Jehová de los ejércitos". (Malaquías 1: 11).

<u>Por los apóstoles.</u>

Y los fieles de la circuncisión que habían venido con Pedro se quedaron atónitos de que también sobre los gentiles se derramase el don del Espíritu Santo (Hechos. 10: 45)

Oyeron los apóstoles y los hermanos que estaban en Judea, que también los gentiles habían recibido la palabra de Dios" (Hechos 11: 1).

A los cuales también ha llamado, esto es, a nosotros, no solo de los judíos sino también de los gentiles (Romanos. 9: 24).

Que los gentiles son coherederos y miembros del mismo cuerpo, y copartícipes de la promesa en Cristo Jesús por medio del evangelio (Efesios. 3: 6).

Para que en Cristo Jesús la bendición de Abraham alcanzase a los gentiles, a fin de que por la fe recibiésemos la promesa del Espíritu. (Gálatas. 3: 14).

Y para que los gentiles glorifiquen a Dios por su misericordia, como está escrito:

Por tanto, yo te confesaré entre los gentiles, y cantaré tu nombre (Romanos. 15:9)

Creído en el mundo.

Hay un párrafo de la palabra de Dios, narrado únicamente por el apóstol Juan en los evangelios. Jesús expresando por qué habríamos de creer, con todo nuestro corazón; por medio de la fe, la cual también proviene de Él. Las preguntas de Tomas, primero y luego de Felipe, provocan que el Señor nos brinde una explicación más profunda. Él es el creído de las naciones del mundo.

No se turbe vuestro corazón; creéis en Dios, creed también en mí. En la casa de mi Padre muchas moradas hay; si así no fuera, yo se los hubiera dicho; voy, pues, a preparar un lugar para vosotros.

Y si me fuere y os preparare lugar; vendré otra vez, y os tomaré a mí mismo, para que donde yo estoy, vosotros también estéis. Y sabéis a dónde voy, y sabéis el camino.

Le dijo Tomas: Señor; no sabemos dónde vas; cómo, pues, ¿podremos saber el camino?

Jesús le dijo: Yo soy el camino, y la verdad, y la vida; nadie viene al Padre, sino por mí. Si me conocieseis, también a mi Padre conoceríais; y desde ahora le conocéis, y le habéis visto.

Felipe le dijo: Señor, muéstranos al Padre, y nos basta. Jesús le dijo: Tanto tiempo hace que estoy con vosotros, y no me has conocido, Felipe?

El que me ha visto a mí, ha visto al Padre; cómo, pues, dices tú: ¿Muéstranos al Padre?

¿No crees que yo soy en el Padre, y el Padre en mí?

Las palabras que yo os hablo, no las hablo por mi propia cuenta, sino que el Padre que mora en mí, él hace las obras.

Creedme que yo soy en el Padre, y el Padre en mí; de otra manera, creedme por las mismas obras

De cierto, de cierto os digo: El que en mí cree, las obras que yo hago, él las hará también; y aún mayores hará, porque yo voy al Padre.

Y todo lo que pidiereis al Padre en mi nombre, lo haré, para que el Padre sea glorificado en el Hijo.

Si algo pidiereis en mi nombre, yo lo haré. (Juan. 14: 1/ 14).

La pregunta de Judas. *(no el iscariote)*

También el Padre que me envió ha dado testimonio de mí.

Nunca habéis oído su voz, ni habéis visto su aspecto, ni tenéis su palabra morando en vosotros, porque a quien él envió, vosotros no creéis.

Escudriñad las Escrituras, porque a vosotros os parece que en ellas tenéis vida eterna; y ellas son las que dan testimonio de mí; y no queréis venir a mi para que tengáis vida. (Juan 5: 37/40).

El Padre ha dado testimonio del Hijo en todo tiempo
El Hijo se ha revelado a cada uno en el tiempo de Dios

Muchísimos hermanos y hermanas nuestros han padecido por haber creído estas palabras de labios del Señor Jesús.

Muchos han dado su vida por no negar esta verdad.

El Señor Jesús, y su obra redentora, las tareas de los apóstoles, la firmeza de los mártires, y las persecuciones y muertes sucedidas a lo largo de la historia, mis hermanos:

¡Ha sido gratis, pero jamás barata!

Recibido arriba en gloria.

El Lugar Santísimo ahora está abierto para todos, y todos, por medio de la sangre expiatoria del Cordero, ahora pueden entrar en el más alto y santo de todos los lugares, ese reino en el que se encuentra la vida eterna.

Veíamos recién, que Jesús enseñó: *¡Yo soy el camino!*

Lo dicho en el evangelio de *Mateo 27: 51*, se refiere al camino mencionado, el cual, él fue el primero en transitar.

En mi primer tratado, oh, Teófilo, hablé acerca de todas las cosas que Jesús comenzó a hacer y a enseñar, hasta el día en que fue recibido arriba... (Hechos 1: 1/ 2a).

Viéndolo ellos, fue alzado, y le recibió una nube que le ocultó de sus ojos. Y estando ellos con los ojos puestos en el cielo, entre tanto que él se iba, he aquí se pusieron junto a ellos dos varones con vestiduras blancas, los cuales también les dijeron: Varones galileos, ¿por qué estáis mirando el cielo? Este mismo Jesús, que ha sido tomado de vosotros al cielo, así vendrá como le habéis visto ir al cielo. (Hechos 1: 9/ 11).

Y el Señor; después que les habló, fue recibido arriba en el cielo, y se sentó a la diestra de Dios. (Marcos. 16: 19).

Y a todo lo creado que está en el cielo, y sobre la tierra, y debajo de la tierra, y en el mar, y a todas las cosas que en ellos hay, oí decir:

Al que está sentado en el trono, y al Cordero, sea la alabanza, la honra, la gloria y el poder, por los siglos de los siglos. (Apocalipsis. 5: 13).

¡Amen!

Definiciones de Pablo respecto a "la Piedad"

- *Misterio* (1 Timoteo. 3: 14)

- ***Conocimiento*** *(Tito. 1: 1/2)*
- ***Doctrina*** *(1 Timoteo 6: 3/5)*

Pablo está definiendo un ministerio; ¡el propio!

Este es el corazón de las cartas pastorales escritas a Timoteo y Tito

Aplicación final.

Extraído del Sermón: "El corazón del Evangelio" C. H. Spurgeon:

(Domingo 18 de julio de 1886 – Tabernáculo Metropolitano, Newington).

Dice la historia que en los tiempos de Nerón Cesar, hubo en Roma una terrible hambruna.

Muchas personas morían cada día, muchos padres enterraban a sus hijos cada día, y muchos hijos enterraban a sus padres cada día. Y la hambruna seguía.

Nerón Cesar anunció al pueblo que había logrado un acuerdo con Alejandría, y que varios cargamentos de trigo llegarían lo antes posible por barco.

Muchísima gente decidió ir a esperar a las costas del mar, a la espera de tan preciados cargamentos prometidos.

Días y días esperando hasta que, al fin, a lo lejos lograron ver en el horizonte algunos barcos, a la entrada del puerto de Roma.

Al entrar las naves al puerto, más gente hambrienta se agolpaba, en busca de granos de trigo.

Cuando los trabajadores del puerto abrieron el primer barco de carga, sorprendidos, vieron que el cargamento era de arena.

¡Dijeron a la gente, vuelvan a casa, es tan solo arena!

La gente, no creyendo el relato de los trabajadores sino el de Nerón Cesar, pasaron por encima de la escasa seguridad del puerto, muchos lograron subir al barco, y escarbaron con sus manos débiles y enfermas en busca de trigo. ¡Era tan solo arena!

¡Arena fue lo que realmente Nerón Cesar había comprado a Egipto!

Arena para el Circo Romano. ¡Arena para que hubiera espectáculo de gladiadores en el Coliseo de Roma! Arena para que la mayoría de los habitantes de Roma, dieran lugar al cruel entretenimiento, por sobre la cruel realidad.

La crueldad manifiesta de un hombre sin escrúpulos, sin buena conciencia, y sin la mínima manifestación de la misericordia humana.

La historia dice que un hombre, indignado por los hechos de Nerón Cesar, el cual era propietario de un barco, dio aviso al capitán que no aceptara ningún tipo de carga extraña.

Indicando: "**Solamente trae trigo**".

¡Trigo es lo que Roma necesita!

La parábola de Spurgeon:

No tengo ninguna aspiración de ser un hombre famoso. Si el mundo me recordare alguna vez, que sea por ser un predicador del evangelio de la gracia de Dios.

En virtud de estos tiempos, donde se levantan en los púlpitos voces extrañas, que anuncian un mensaje donde la cruz de mi Señor Jesucristo no está presente, ni exhorta al pecador, sino que se les endulzan sus oídos con cosas vanas.

He pedido a Dios me conceda el privilegio de ser uno de tantos siervos vigilantes de la verdad de Dios.

Porque un predicador que presenta a Jesucristo crucificado, y yerra en algunas otras pequeñas cosas, igualmente estará predicando el evangelio de la gracia; pero el que omite la reconciliación de Dios con el pecador, por medio de la cruz, estará predicando al pueblo un evangelio ineficaz, estará quemando en el altar de Dios, cierto fuego extraño.

¡El evangelio sin la cruz del Señor Jesucristo, es tan solo arena!

La redención es el corazón del Evangelio y la esencia de la redención es el sacrificio sustitutivo de Jesucristo.

"Es el alma y la sustancia del evangelio"

El único camino para reconciliarse con Dios fue de un altísimo costo para Él, pero sin costo alguno para ti.

Oro cada día a mi Señor pidiendo, que mi barco solo sea usado para llevar abundante trigo a sus elegidos

Nota destacada.

*Porque un **predicador** que presenta a Jesucristo crucificado, y yerra en algunas otras pequeñas cosas, igualmente estará predicando el evangelio de la gracia; pero el que omite la reconciliación de Dios con el pecador, por medio de la cruz, estará predicando al pueblo un evangelio ineficaz, estará quemando en el altar de Dios, cierto fuego extraño.*

- *Algunos de los que aquí estamos ya tenemos compromisos con el pulpito.*
- *Algunos otros, están siendo capacitados por Dios para asumir prontamente, compromisos con el pulpito.*
- *Algunos de nosotros que aquí estamos, tenemos o tendremos un llamamiento, el cual debe o deberá ser contestado.*

Que no falte de nuestras predicaciones La Cruz de Jesucristo

Esto te escribo, aunque tengo la esperanza de ir pronto a verte, para que, si tardo, sepas cómo debes conducirte en la casa de Dios, que es la iglesia del Dios viviente, columna y baluarte de la verdad.

E indiscutiblemente, grande es el misterio de la piedad:

> *Dios fue manifestado en carne*
> *justificado por el Espíritu*
> *visto de los ángeles*
> *predicado a los gentiles*
> *visto en el mundo*
> *recibido en gloria*

Pero el Espíritu dice claramente que en los postreros tiempos algunos apostatarán de la fe, escuchando a espíritus engañadores y a doctrinas de demonios; por la hipocresía de mentirosos que, teniendo cauterizada la conciencia … (1 Timoteo. 3: 14–4: 2ª)

Si esto enseñas a los hermanos, serás buen ministro de Jesucristo, nutrido con las palabras de la fe y de la buena doctrina que has seguido.

Desecha las fábulas profanas y de viejas, ejercítate para la piedad; … pues tiene promesa de esta vida presente, y de la venidera.

Palabra fiel es esta, y digna de ser recibida por todos.

Que por esto mismo trabajamos y sufrimos oprobios, porque esperamos en el Dios viviente, que es el Salvador de todos los hombres… (1 Timoteo 4: 6/10).

Que no falte en los púlpitos de Dios la predicación de **"La Piedad"**

Oraciones Ministeriales.

- *Oramos a Dios, para que nos dé la gracia de discernir estos tiempos.*
- *Oramos a Dios, para que nos manifieste el ministerio de la piedad.*

Identidad ministerial

- *Oramos a Dios, para que convoque a sus ministros a servirle en el ministerio de la piedad; el ministerio de Pablo.*
- *Oramos a Dios, para que seamos todos unánimes, en un mismo sentir; sirviendo al Señor como un solo cuerpo pastoral.*
- *Oramos a Dios, para que estemos todos pendientes del otro, apoyándonos, orando unos por otros, viviendo el ministerio y por el ministerio dado a cada uno, por Dios.*
- *Oramos a Dios, para que cuando Jesucristo vuelva, nos encuentre haciendo esta tarea.*

¡Amen!

IDENTIDAD MINISTERIAL
¿Espejos o espejismos?
Imitadores de Cristo

Después de haber sido desahuciado por la ciencia en junio de 2021, a Dios le ha placido tener, una vez más, misericordia conmigo glorificando su Nombre ante muchísimos testigos.

Testigo y parte, mi esposa, testigos y parte, mis hijos, testigos amados hermanos, testigos consiervos, testigos médicos, testigos enfermeras, testigos congregaciones que han orado a Dios para que lo haga. ¡Y Él lo hizo!

Cuando se regresa de ese tipo de vivencias extremas, es un tanto complicado decir en palabras como uno mismo se siente. *¡Pero es diferente!*

Es como amanecer una mañana en nuestra casa y ver que cada cosa sigue en su lugar, pero al correr la cortina de la ventana, el paisaje que se ve es distinto, bellísimo, y extraordinariamente desafiante.

Dios habla conmigo de la misma manera de siempre, a mi corazón de hijo, a mi corazón de siervo, a mi corazón de ministro de Su reino. Pero de cosas distintas, **"es como que no cesa de hacerme notar cierto apuro en sus demandas, es la certeza que el tiempo que resta es poco"**.

*"Corazón de Siervo" pretende
hacer notar aquello,
que el Señor me hizo notar*

El da, juntamente con esto que he tratado de contarles, ***el don de discernir el tiempo.***

Servirle *"contra reloj"* es algo que nunca debimos dejar de hacer.

El modelo de nuestra predicación debe ser el de Cristo. El de los apóstoles. ***¡Demandando una decisión al que oye!***

Para entender esto, nuestro refugio es la palabra de Dios.

La predicación del evangelio entendiendo los tiempos

Al principiar Jesús su ministerio, tal como lo narra Marcos, se ocupó en sus primeras palabras en público de que quienes lo oyeran, comprendieran que el tiempo de la espera del Mesías prometido *"había llegado a su fin"*.

No se refirió a los mensajes de los profetas como desactualizados, todo lo contrario; Jesús convalidó a las profecías dando crédito de sus siervos.

¡El tiempo de las profecías se ha cumplido!

"El Mesías ha llegado"

Texto focal. *(Marcos. 1:14/15).*

Después que Juan fue encarcelado, Jesús vino a Galilea predicando el evangelio del reino de Dios, diciendo:

> *El tiempo se ha cumplido*
> *El reino de Dios se ha acercado*
> *Arrepentíos*
> *Creed en el evangelio*

Aquí tenemos cuatro títulos de una predicación en serie, la cual no puede faltar en ningún púlpito.

Es necesario a cualquiera de nosotros preparar esa serie con total devoción y solamente esperar a que Él nos diga cuándo es el momento para compartirla.

Mi primer pastor Raúl Ameri tenía un comentario el cual refería cada vez que escuchaba algo hecho o dicho para el Señor, y esto le era de bendición.

Exclamaba: *¡Con la simpleza de lo excelente!*

Y realmente de eso se trata la predicación.

El Señor Jesús, habiendo sido visitado por Nicodemo, un principal entre los judíos, después de hablarle de que le era necesario nacer del agua y del Espíritu para ver el reino de Dios, le dice el plan de salvación diseñado por el Padre quien nos amó de tal manera.

Porque de tal manera amó Dios al mundo, que ha dado a su hijo unigénito, para que todo aquel que cree, no se pierda, más tenga vida eterna. Porque no envió Dios a su Hijo al mundo para condenar al mundo, sino para que el mundo sea salvo por él. El que en él cree, no es condenado; pero el que no cree ya ha sido condenado, porque no ha creído en el unigénito Hijo de Dios. (Juan. 3: 16/18).

Seguramente podemos afirmar que hemos predicado u oído predicar este pasaje muchas veces. Podemos afirmar que lo hemos leído otras tantas veces.

Ahora, lea otra vez el versículo dieciocho, siendo usted uno de los protagonistas, en este relato que Juan hace de esa noche, entre Jesús el Señor, y Nicodemo.

No importa si es el que predica o el que escucha.

¡Pero sea uno u otro, tiene la certeza que casi no queda tiempo!

Buscad a Jehová mientras puede ser hallado, llamadle en tanto que este cercano. Deje el impío su camino, y el hombre inicuo sus pensamientos, y vuélvase a Jehová, el cual tendrá de él, misericordia, y al Dios nuestro, el cual será amplio en perdonar. (Isaías. 55: 6/7).

Así será mi palabra que sale de mi boca; no volverá a mí vacía, sino que hará lo que yo quiero, y será prosperada en aquello para que la envié. (Isaías. 55: 11).

El versículo dieciocho de Juan capítulo tres, nos pone en contexto de lo que Dios pretende de la predicación de sus siervos.

El mensaje del evangelio es que Cristo no fue enviado por el Padre para condenar al mundo.

"El evangelio es exactamente lo contrario"

Es Cristo que fue enviado en rescate por muchos.

El Libro de la Vida ya ha sido escrito completamente
El contenido del Libro de la Vida no está disponible a hombre alguno
Igualmente, se nos demanda predicar el evangelio esperando
una respuesta

El tiempo restante es poco, y el mañana, no tiene dueño, y Dios espera una respuesta la cual debe ser demandada por los que predicamos Su mensaje.

Isaías 55: 6/7 nos agrega contexto. Que para esa decisión que Dios espera que sus ministros demanden y anuncien que hay una fecha de vencimiento.

Buscad mientras pueda ser hallado, llamadle en tanto esté cercano, dice claramente que esa decisión debe tomarse ya mismo.

Isaías 55: 11 añade más contexto, pero ahora incluye una sentencia:

Mi palabra que sale de mi boca no volverá a mí vacía, sino que hará lo que yo quiero".

En pocas palabras humanas, lo que Dios dice es que:

Su palabra vuelve a Él con la salvación o la sentencia del que oye
¿Qué fuimos llamados a ser?
¡Pablo afirma que fuimos llamados a ser imitadores de Cristo!

El tiempo se ha cumplido.

Cabe decir que el *"tiempo de Dios"* nunca es temprano, ni nunca es tarde.

"Es cuando el Cristo se manifiesta"

Dice Pablo: ***Pero cuando agradó a Dios, que me apartó desde el vientre de mi madre, y me llamó por su gracia, revelar a su Hijo en mí, para que yo predicase el evangelio a los gentiles. (Gálatas 1: 15/16).***

Llamados a ser emisarios de su palabra
Para que el Padre se agrade en revelar al Hijo por su predicación

Porque para vosotros es la promesa, y para vuestros hijos y para todos los que están lejos; para cuantos el Señor nuestro Dios llamare. (Hechos 2: 39)

Dios revelándose a los hombres
es el mensaje más poderoso y trascendente
jamás dado al mundo

Tal poder se manifiesta en quien esté haciendo la obra de Dios.

- *No le pertenece a hombre alguno*
- *Es el poder del Espíritu Santo, no nuestro*
- *Simplemente Dios lo usa a usted para anunciar.*
- *Simplemente la verdad sigue a los que creen.*

Ese poder **"convence al mundo de pecado, por cuanto no creen en El, de justicia, por cuanto va al Padre y no lo veremos, y de juicio por cuanto el príncipe de este mundo ha sido ya juzgado" (Juan. 16: 8/11). <parafraseado>**

Jesús volverá como ladrón en la noche.

El tiempo se acaba

El reino de Dios se ha acercado.

El reino de los cielos llega cuando Jesús llega. Cada vez que Él hablaba a las multitudes el reino de los Cielos se acercaba.

- *¡Cada vez que hablamos en su nombre, el reino se acerca a alguien!*
- *¡Cada vez que el templo se abre, se adora y se predica, el reino se acerca a alguien!*
- *¡Cada vez que salimos a evangelizar en Su nombre, el reino se acerca a alguien!*

Porque no quiero, hermanos, que ignoréis este misterio, para que no seáis arrogantes en cuanto a vosotros mismos: que ha acontecido a Israel endurecimiento en parte, hasta que haya entrado la plenitud (el número) de los gentiles. (Romanos. 11: 25).

Este misterio, como lo llama Pablo, es que en alguna ocasión, alguien le presentará el *evangelio de la gracia* a la persona designada por Dios para recibir la *gracia redentora*, y el número se completará; y repentinamente se oirá el sonar de las trompetas de Dios. La planitud de los gentiles se habrá completado según el beneplácito de su voluntad.

Sonarán las trompetas, el Señor mismo descenderá del cielo, y con voz de mando, mandará a los muertos en Cristo que resuciten, y luego de eso nosotros, los que hayamos quedado, seremos arrebatados juntamente con ellos en las nubes para recibir al Señor en el aire y así estaremos siempre con Él. (1 Tesalonicenses. 4: 16/17) <parafraseado>

Arrepentíos y creed en el evangelio

Esto es, lo que aquellos que aún no creen, intentan dilatar. **¡Postergar la respuesta!**

Imagine que el presidente de su país lo llamara a su teléfono personal: ¿A alguien se le ocurre ponerlo en espera? ¿Alguno osará decir le devuelvo la llamada porque ahora no puedo?

Eso es precisamente lo que hace la gente ante la predicación del Evangelio de la Gracia.

La predicación del evangelio contiene demandas

- *Volver a la predicación primera*
- *Volver a la predicación de Cristo*
- *Volver a la predicación de los apóstoles*
- *Volver a Pedro*
- *Volver a Pablo*

¡Estamos viviendo el tiempo del final de la predicación del evangelio diluido!

Estamos viviendo en el tiempo de los últimos días

¡Estamos a las puertas de que Cristo vuelva a buscarnos!

Estamos en los tiempos de los que hablo David sobre la voz de Jehová

Salmos 29
<NVI>

Corazón de Siervo

¡Selah!
Tributen al Señor, seres celestiales
Tributen al Señor
la gloria y el poder
Tributen al Señor
la gloria que merece su nombre
adoren al Señor en la hermosura de su santidad

La voz del Señor está sobre las aguas
resuena el trueno del Dios de la gloria
El Señor está sobre las aguas impetuosas
La voz del Señor resuena potente
La voz del Señor resuena majestuosa
La voz del Señor desgaja los cedros
desgaja los cedros del Líbano
hace que el Líbano salte como becerro
y que el sirión salte cual toro salvaje
La voz del Señor destruye con rayos de fuego
La voz del Señor sacude el desierto
el Señor sacude el desierto de Cades
La voz del Señor retuerce los robles
y deja desnudos los bosques
En su Templo todos gritan ¡Gloria!
El Señor tiene su trono sobre el diluvio
El Señor reina por siempre
El Señor fortalece a su pueblo
El Señor bendice a su pueblo con la paz

<u>**Imitadores de Pablo.**</u>

Pero cuando agradó a Dios, que me apartó desde el vientre de mi madre, y me llamó por su gracia, revelar a su Hijo en mí, para que yo predicase el evangelio a los gentiles, no consulté enseguida con carne y sangre, ni subí a Jerusalén a los que eran apóstoles antes que yo; sino que fui a Arabia, y volví de nuevo a Damasco.

Después, pasados tres años, subí a Jerusalén para ver a Pedro y permanecí con él quince días. (Gálatas. 1: 15/18).

Este relato del apóstol Pablo, es realmente revelador.

Podemos reconocer que Saulo de Tarso en su niñez, fue exquisitamente preparado en la enseñanza de las Escrituras, en su adolescencia continuó ese nivel de educación a los pies de Gamaliel, sin duda uno de los maestros en Israel más reconocidos en aquellos tiempos.

La resultante de esa educación dio como resultado un hombre tremendamente conocedor de la ley, los salmos y los profetas, y sin embargo nos dice en este pasaje precioso que recién reconoció al Señor Jesús, cuando al Padre le agradó revelar a su Hijo en él.

Al igual que Nicodemo, conocedor de las Escrituras, esperando al Mesías prometido, pero aun teniendo al mismo Jesús frente a si mismos, no lo conocieron.

En Pablo tuvo sin duda alguna el cumplimiento de lo dicho por el Señor Jesús:

Os expulsarán de las sinagogas; y aun viene la hora cuando cualquiera que os mate, pensará que rinde servicio a Dios. Y harán esto porque no conocen al Padre ni a mí. (Juan 16: 2/3).

Seamos imitadores de Pablo en estas cosas también.

Entendiendo que independientemente de cuanto sepamos de las Escrituras, dependemos de la gracia que el Padre en el momento que se agrade en revelarnos a su Hijo amado.

Imitadores en esta característica de Pablo, que al momento de que Cristo le hubiera sido revelado, no tuvo ninguna otra prioridad en su vida, sino que fue en busca de una intimidad única con su Señor y Dios Jesucristo.

Imitadores de Pedro.

Sepa, pues, ciertísimamente toda la casa de Israel, que este Jesús a quien vosotros crucificasteis, Dios lo ha hecho Señor y Cristo.

Al oír esto se compungieron de corazón, y dijeron a Pedro y a los otros apóstoles: Varones hermanos, ¿qué haremos?

Pedro les dijo: Arrepentíos, y bautícese cada uno para perdón de pecados; y recibiréis el don del Espíritu Santo.

Porque para vosotros es la promesa, y para vuestros hijos, y para todos los que están lejos; para cuantos el Señor nuestro Dios llamare. (Hechos. 2: 36/39).

La primera predicación pública de Pedro se dio en un contexto totalmente inesperado.

Si bien estaba Pedro y los demás apóstoles, junto a las mujeres y otros más, esperando la promesa del Espíritu Santo, no tenían ni idea de cómo ocurriría tal evento.

Dios decidió que sea en el día de la *(Fiesta de Pentecostés),* que tiene un simbolismo enorme de *"provisión",* y había en Jerusalén *una multitud de personas.*

Una predicación que confrontó a la gente.

Una predicación que demandaba una respuesta.

> *Ustedes son los culpables de la crucifixión de Jesús*
> *Él es el Cordero de Dios que quita el pecado del mundo*
> *Y ustedes lo mataron*

Inmediatamente, ante tal confrontación con la verdad, reaccionaron diciendo:

¿Espejos o espejismos?

¿Qué haremos?

Seamos imitadores de Pedro también en su predicación.

Note, pues, que Pedro que había recién vuelto del proceso ministerial, y que recién había sido lleno de poder por el Espíritu Santo les predica el **"verdadero evangelio"**.

*El verdadero evangelio primero confronta
para que los que lo reciban se pregunten:
¿Qué haremos?*

*Y entonces, Pedro les dijo que en Cristo hay esperanza
reconociendo y arrepintiéndose de su pecado*

Reflexión final
*Así como Cristo cuida de su iglesia
Así también, las iglesias deben cuidar de sus púlpitos*
W. A. CRISWELL

IDENTIDAD MINISTERIAL
"La Palabra del corazón de Dios"
Jesús enfrenta al fariseísmo

¡Tenemos también la palabra profética más segura!
¡Es la antorcha que alumbra los lugares oscuros!
¡Ninguna Escritura es de interpretación privada!
¡La Palabra no fue traída por voluntad humana!
¡Los santos hablaron inspirados por el Espíritu Santo!
(2 Pedro. 1: 19/ 21)

En los años 1994/95/96 el Señor me regaló la cercanía y amistad de un pastor de los más prominentes en aquellos tiempos en Argentina.

Fundador del ministerio **"Mensaje de Salvación"** *de sangre judía, convertido a Cristo hasta los tuétanos, varón de desafíos de fe, esposo y padre amoroso, Pastor de una iglesia influyente, amadísimo por su grey, muy buen amigo de sus amigos, quien ahora, contempla el rostro de Jesús, con alegría.*

Pastor Jorge Gomelsky.

En ese entonces yo tenía una oficina de venta de "Bienes Raíces", algo similar a lo que en USA se conoce como "Real Estate".

El pastor Gomelsky pasaba casi todos los días a visitarme, y mientras compartíamos un café, a veces dos, y yo resulté muy bendecido con las conversaciones más exquisitas que el Señor me regaló.

En ocasión del fallecimiento de mi padre, muchísima gente fue a darle el último adiós, como se acostumbra a decir, y en un momento de la noche veo allí sentados en una banca al pastor Jorge y a su esposa Margarita, y obviamente fui a saludarlo y a agradecerles que estén conmigo en ese día tan triste.

El siervo de Dios me dijo: "Hace 3 horas que estamos, no quisimos molestarte". Digo esto para que conozcan, al menos un poco, su corazón.

¡Muy conocedor de la palabra de Dios, conocedor de sus raíces, predicador impactante!

Muchas cosas que me dijo las he atesorado hasta hoy. En cierta oportunidad me dijo:

"La Palabra es hermana de la Palabra"

Y acotó: He oído a varios predicadores citar a Mateo 23: 23 refiriéndose a la hipocresía en los diezmos, solamente.

Diezmáis la menta y el eneldo y el comino, y dejáis lo más importante de la ley: La justicia, la misericordia, y la fe. Esto era necesario hacer sin dejar de hacer aquello

Y me enseñó el siervo de Dios aquella tarde algo que nunca olvidé

El Señor Jesús aquí declara una ley del Reino
¡Se debe hacer lo escrito acá, sin olvidar lo que está escrito allá!

Debemos predicar la Palabra, siendo nosotros,
lo más imperceptibles que podamos
¡Todo servicio cuyo centro no es Cristo, es hipocresía!

En estos términos hablaba conmigo cada tarde, en ese tono, con esa autoridad.

El Pastor Jorge Gomelsky fue un hombre de una fe "avasallante". Una fe edificada sobre fundamentos sólidos.

Dios usó a su siervo para dejar grabadas estas verdades en mi corazón. Jorge Gomelsky fue uno de mis formadores en el Señor.

Algunas cosas muy características del Pastor Gomelsky, siempre las repito en mis predicaciones al compartir ciertas verdades fundamentales del evangelio, diciendo:

¡Esto es ley, es promesa, es herencia!

Gracias Padre por haberme rodeado siempre, de siervos de tal calibre.

Siervos que han dejado huella

Primer texto focal.

Llegando sus discípulos al otro lado, se habían olvidado de traer pan.

Y Jesús les dijo: Mirad, guardaos de la levadura de los fariseos y de los saduceos.

Ellos pensaban dentro de sí, diciendo: Esto dice porque no trajimos pan.

Y entendiéndolo Jesús, les dijo:

¿Por qué pensáis dentro de vosotros, hombres de poca fe, que no tenéis pan? ¿No entendéis aún, ni os acordáis de los cinco panes entre cinco mil hombres, y cuántas cestas recogisteis? ¿Ni de los siete panes entre cuatro mil hombres, y cuántas canastas recogisteis?

¿Cómo es que no entendéis que no fue por el pan que os dije que os guardaseis de la levadura de los fariseos y de los saduceos?

Entonces entendieron que no les había dicho que se guardasen de la levadura del pan, sino de la doctrina de los fariseos y de los saduceos"
(Mateo. 16: 5/ 12)

La predicación de la caminata.

Quizás al oír Jesús del olvido del pan, relaciono el pan con la levadura.

Lo cierto es que, en medio de una caminata, sus discípulos amados venían hablando entre ellos, quizás culpándose unos a otros por el olvido del pan, y de pronto, les da a conocer este principio del Reino Eterno: **"Cuídense de las doctrinas de error"**

¡Tenemos la tendencia de creer que a mí no me va a pasar!

Al escuchar ese pensamiento en muchos hermanos, me pregunto: ¿Por qué no?

¿Acaso no nos advierte Pablo de tales cosas?

¡El que crea estar firme, mire que no caiga! (1 Corintios 10: 12).

¿Cómo no incluir este concepto divino al compartir entre consiervos?

¡Guardaos! Dice el Señor.

¡Cuidémonos unos a otros de estas cosas!

Lucas añade:

Porque nada hay encubierto que no haya de descubrirse; ni oculto, que no haya de saberse.

Por tanto, todo lo que habéis dicho en tinieblas, a la luz se oirá; y lo que habéis hablado al oído en los aposentos, se proclamará en las azoteas. (Lucas. 12: 2/3).

Por esto el apóstol Pablo advierte a los corintios acerca de:

Un poco de levadura leuda toda la masa

Por esto es la advertencia: *¡Guardaos de la levadura de los fariseos y saduceos!*

Si tuviera que describir cómo sucede esto, de lo cual Jesús nos advierte, diría:

Es una escalera hacia abajo, con peldaños no muy altos. Al bajar el primero, y mirar a nuestro alrededor, el paisaje se ve prácticamente igual.

Luego, en el segundo peldaño, también se ve muy parecido al anterior, hasta que se llega a determinado peldaño en el cual no se distingue ni su propia imagen en el espejo.

¡El que crea estar firme, mire que no caiga!
(1 Corintios 10: 12)

Texto focal principal.

Mateo 23: 1/ 39 <Por partes>

Entonces habló Jesús a la gente y a sus discípulos, diciendo:

En la cátedra de Moisés se sientan los escribas y los fariseos. Así que, todo lo que os digan que guardéis, guardadlo y hacedlo; mas no hagáis conforme a sus obras, porque dicen, y no hacen.

Porque atan cargas pesadas y difíciles de llevar, y las ponen sobre los hombros de los hombres; pero ellos ni con un dedo quieren moverlas.

Antes, hacen todas sus obras para ser vistos por los hombres. Pues ensanchan sus filacterias (pequeñas envolturas de cuero, cosidas a los flecos de sus vestiduras, donde se enrollan pasajes de las Escrituras, a modo de amuleto), *y extienden los flecos de sus mantos, y aman los primeros asientos en las cenas, y las primeras sillas en las sinagogas, y las salutaciones en las plazas, y que los hombres los llamen: Rabí, Rabí.*

Pero vosotros no queréis que os llamen Rabí; porque uno es vuestro Maestro, el Cristo, y todos vosotros sois hermanos.

Y no llaméis padre vuestro a nadie en la tierra; porque uno es vuestro Padre, el que está en los cielos. Ni seáis llamados maestros, porque uno es vuestro Maestro, el Cristo.

El que es el mayor de vosotros, sea vuestro siervo.

Porque el que se enaltece será humillado, y el que se humilla será enaltecido. (Mateo 23. 1: 12).

Según la bibliografía de las *"Tradiciones de Israel"*, e inclusive tradiciones religiosas de Israel, indican que *"La Cátedra de Moisés"* era un lugar físico real. Posteriormente, hallazgos arqueológicos así lo confirmaron.

Coincidentemente con lo expresado en la bibliografía de la tradición oral judía, indica que en el lugar había un solo asiento, *"destinado a Moisés"* en el cual estaría sentado, pero se vería como parado.

Figuradamente "se sientan" en aquel asiento pretendiendo ser, aquello que no son

Sigue diciendo: **¡Hagan todo lo que les dicen!** Dando a entender que sus palabras son *"Acordes a las Escrituras"* pero no así sus corazones.

¡Hagamos un alto!

El Señor está diciendo una de las cosas que más me asustan en el ejercicio del evangelio, del ministerio, y de la predicación.

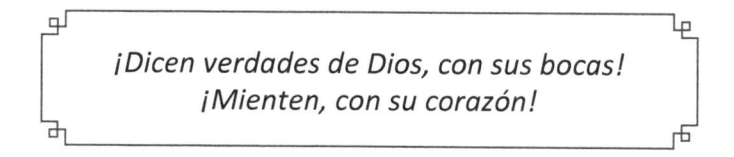

> *¡Dicen verdades de Dios, con sus bocas!*
> *¡Mienten, con su corazón!*

Pero no seamos ingenuos entendiendo que esto es *"solamente"* una actitud de aquellos tiempos, usada frecuentemente por un grupo religioso histórico de aquellos tiempos.

¿Alguno puede suponer que la advertencia de Jesús acerca de guardarse de la levadura de los fariseos fue solamente para sus discípulos originales?

Y manifiestas son las obras de la carne, que son: Adulterio, fornicación, inmundicia, lascivia, idolatría, hechicerías, enemistades, pleitos, celos, iras contiendas, disensiones, herejías, envidias, homicidios, borracheras, orgías, y cosas semejantes a estas. (Gálatas. 5: 19/21ª).

Incluyamos en esta reflexión a una de las *"cosas semejantes a estas"* ya que el Señor Jesús nombra, en el texto focal, ocho veces la palabra *"hipocresía"* cinco veces, la palabra *"ciegos"*.

Otra vez digo: ¡No seamos ingenuos!

No aplicar estas verdades de entonces en estos tiempos actuales, sería una insensatez ingenua.

Tales cosas siguen pasando en este siglo XXI

Verdades para notar y reflexionar sobre los fariseos.

- *¿Por qué hay tantos relatos donde contesta sus preguntas?*
- *¿Cómo hubiera sido la iglesia sin Pablo?*
- *¿Cómo hubiera sido la iglesia con cientos como Pablo?*
- *¿Dónde hubieran puesto el cuerpo del Señor sin José de Arimatea?*
- *¿Como se hubieran librado de la cárcel Pedro y Juan sin Gamaliel?*
- *¿Como hubiéramos aprendido del **"nuevo nacimiento"** sin Nicodemo?*
- *¿Cómo sabríamos que Dios se agrada más de una mujer pecadora, que de un religioso llamado Simón?*

Jesús no dice: ¡Guardaos de los fariseos!
Jesús SI dice: ¡Guardaos de la levadura de ellos!

¡Si la advertencia del Señor Jesús es acerca de la *"levadura"*, debemos comprender que este problema es tan actual y real, como el sol que asomó una vez más, esta mañana!

Levaduras del Siglo XXI

Actividad policial cristiana.

Solamente voy a enunciar situaciones que nos pueden servir de ejemplo. Y pidamos al Espíritu Santo que siempre nos examina, que lo haga una vez más, en este sentido.

"Aconteció que al pasar él, por los sembrados un día de reposo, sus discípulos, andando, comenzaron a arrancar espigas.

Entonces los fariseos le: ¿Por qué hacen en el día de reposo lo que no es lícito? (Marcos 2: 23/24).

¡Ahaja los agarramos cometiendo un acto delictivo! **A mí me suena familiar.**

Actividad policial tributaria.

Cuando llegaron a Capernaúm, vinieron a Pedro los que cobraban las dos dracmas, y le dijeron: ¿Vuestro Maestro no paga las dos dracmas? (Mateo 17: 24).

¡Ahaja los agarramos incumpliendo los mandamientos!

Cabe aclarar que este texto no se trata de los impuestos que cobraba Roma. Esto se refiere al mandamiento ordenado por Moisés:

Medio siclo = Dos dracmas

Medio siclo por cabeza, según el siclo del santuario; a todos los que pasaron por el censo, de edad de veinte años arriba, que fueron seiscientos tres mil quinientos cincuenta. (Éxodo 38: 26).

Valga la aclaración ya que escuché predicar este pasaje varias veces, refiriéndose a los impuestos aplicados por Roma, y no al mandamiento para el mantenimiento del Santuario dado por Moisés.

Actividad de control de la espiritualidad.

El fariseo, puesto en pie, oraba consigo mismo de esta manera: Dios, te doy gracias porque no soy como otros hombres, ladrones, injustos, adúlteros, ni aun como este publicano; ayuno dos veces a la semana, doy mis diezmos de todo lo que gano. (Lucas. 18: 11/12).

Note un detalle en el relato de este pasaje:

Y el fariseo puesto en pie, *"oraba consigo mismo"*.

Esto puede significar varias cosas:

1) Oraba introspectivamente.
2) Oraba siendo su propio ego, el receptor de su oración.
3) Oraba sin ninguna chance de ser escuchado.

Solo faltó que orase diciendo:
¡Bienaventurado eres Señor, por tenerme como siervo!

Actividad de control de la moralidad.

Entonces una mujer pecadora, al saber que Jesús estaba a la mesa en casa del fariseo, trajo un frasco de alabastro con perfume; y estando detrás de él, a sus pies, llorando, comenzó a regar con lágrimas sus pies y los enjugaba con sus cabellos; y besaba sus pies, y los ungía con el perfume.

Cuando vio esto el fariseo que le había convidado dijo para sí: Este, si fuera profeta, conocería quién, y qué clase de mujer es la que le toca, que es pecadora. (Lucas 7: 37/ 39).

Todos nosotros damos por sentado que, nos sería imposible haber estado frente a Jesús y no haberlo reconocido

Volviendo a mis recuerdos junto al Pastor Jorge Gomelsky, me comentaba cierta vez que, estando él en Jerusalén vio con sus ojos lo siguiente:

*Un judío ortodoxo caminaba unos metros delante de él, por una vereda. Al llegar a una avenida estaba rojo el semáforo peatonal, y estaban ambos a la par. El Pastor vio asombrado que el hombre judío saco de su ropa una **"filacteria"** y se puso a leer en voz alta mientras esperaba el permiso para cruzar la calle.*

Viendo esto el Pastor Jorge miró más detenidamente y vio que aún en la actualidad los tales no tienen las Escrituras separadas en capítulos y versículos.

¿Se imagina un debate sobre el Antiguo Testamento con uno de estos varones?

Tomemos dimensión de los que narra Lucas en su evangelio

*Le dieron enrollado todo el libro del profeta Isaías, sin separaciones de capítulos ni versículos, y él tomó la parte que le era menester leer, para significar que su presencia en la sinagoga de ellos era **"el cumplimiento de la Escritura delante de sus ojos"** (Lucas 4: 16/ 21).*

¡La levadura de este siglo son las Doctrinas extrañas!

¡La levadura de este siglo son nuestras hipocresías!

"La Palabra del corazón de Dios"

¡La levadura de este siglo son nuestras oraciones con nosotros mismos!

¡La levadura de este siglo es no reconocer a Jesús, en otros!

¡La levadura de este siglo es la predicación del evangelio del miedo!

¡La levadura de este siglo es el legalismo que somete al pueblo!

¡La levadura de este siglo es creer que hoy soy salvo y mañana tal vez!

¡La levadura de este siglo es no saber que el mayor es el que sirve!

Texto focal principal.

Mateo 23: 13/ 36)

Mas, ¡Ay de vosotros, escribas y fariseos, hipócritas! "porque cerráis el reino de los cielos" delante de los hombres; pues ni entráis vosotros, ni dejáis entrar a los que están entrando. (Mateo 23: 13).

¡Ay de vosotros, escribas y fariseos, hipócritas! "porque devoráis las casas de las viudas", y como pretexto hacéis largas oraciones; por esto recibiréis mayor condenación. (Mateo 23: 14).

¡Ay de vosotros, escribas y fariseos, hipócritas! Porque recorréis mar y tierra para hacer un prosélito, y una vez hecho, lo hacéis dos veces más hijo del infierno, que vosotros. (Mateo 12: 15).

¡Ay de vosotros guías ciegos! Que decís: Si alguno jura por el templo, no es nada; "pero si jura por el oro del templo" es deudor.

Entonces el Espíritu de Dios vino sobre Zacarias hijo del sacerdote.

Pues el que jura por el altar, jura por él, y por todo lo que está sobre él; y el que jura por el templo, jura por él, y por lo que lo habita; y el que jura por el cielo, jura por el trono de Dios, y por aquel que está sentado en el. (Mateo 23: 16/22).

¡Ay de vosotros, escribas y fariseos, hipócritas! Porque diezmáis la menta y el eneldo y el comino, y <u>"dejáis"</u> lo más importante de la ley: <u>la justicia, la misericordia y la fe.</u>

*Esto era necesario hacer sin dejar de hacer aquello.
¡Guías ciegos, que coláis el mosquito, y tragáis el camello!
(Mateo 23: 23/24)*

¡Ay de vosotros, escribas y fariseos, hipócritas! <u>porque limpiáis lo de fuera del vaso del plato</u>, pero por dentro del vaso y del plato, pero por dentro estáis llenos de robo y de injusticia.

¡Fariseo ciego! Limpia primero lo de dentro del vaso y del plato, para que también lo de fuera sea limpio. (Mateo 23: 25/26).

¡Ay de vosotros, escribas y fariseos, hipócritas! Porque sois semejantes a sepulcros blanqueados, que, por fuera, a la verdad, <u>se muestran hermosos</u>, más por dentro están llenos de huesos muertos y de toda inmundicia.

Así también vosotros por fuera, a la verdad, <u>os mostráis justos</u>, a los hombres, pero por dentro estáis llenos de hipocresía e iniquidad. (Mateo 23: 27/28).

¡Ay de vosotros, escribas y fariseos, hipócritas! Porque edificáis sepulcros a los profetas y adornáis los monumentos de los justos, y decís: Si hubiésemos vivido en los días de nuestros padres, <u>no hubiéramos sido sus cómplices</u>, en la sangre de los profetas.

Así que dais testimonio contra vosotros mismos, de que sois hijos de aquellos que mataron a los profetas.

Vosotros también llenad la medida de vuestros padres.

¡Serpientes! ¡Generación de víboras! ¿Como escapareis de la condenación del infierno? (Mateo 23: 29/33).

Por tanto, he aquí yo os envío profetas y sabios y escribas y de ellos, a unos mataréis, y a otros azotaréis en vuestras sinagogas, y perseguiréis de ciudad en ciudad; para que venga sobre vosotros toda la sangre justa que se ha derramado sobre la tierra, desde la sangre de Abel el justo hasta la sangre de Zacarías hijo Berequías (Joiada), <u>a quien matasteis entre el templo y el altar.</u> De cierto os digo que todo esto vendrá sobre esta generación. (Mateo. 23: 34/ 36).

Como ya hemos notado, aquello que el Señor condena, son las acciones de hipocresía, y no el predicamento de ellos. Siguiendo en el desarrollo de este tema, podemos concluir en que:

La levadura de los fariseos tiene que ver
*¡Con el **hacer**, no con el **ser**!*

¡Hagamos otro alto!

Este *"alto"* será un poco más prolongado que el anterior.

Si pretendemos *"aprender"* el tema de este módulo, sin duda lo haremos.

<u>Aplicación.</u>

Ya sabemos de memoria que dice:
"un poco de levadura leuda toda la masa"

¡Señor, muéstrame!: ¿Cuál es mi levadura?

Nuestro propósito, no es solo añadir conocimiento, para eso hay muchísimos y más excelentes trabajos, realizados por siervos mucho más capacitados.

Nuestro propósito es propiciar un tiempo de autorreflexión, por eso dijimos:

Es una invitación a que usted mismo vaya ante el trono del Padre con un corazón adecuado a las circunstancias personales de cada uno, y le diga:

"Padre mío, muéstrame cómo tú me vez"

Ayes de Jesús, sobre los siervos impenitentes.

Impenitente: Del italiano antiguo–(che non si pente) Refiere a aquellos que han sido expuestos a la palabra de Dios y no manifiestan arrepentimiento.

Cuando Jesús dice: **¡*Ay de ti!*** No se refiere a la persona, se refiere a las actitudes de tales personas. Dicho de otra manera, sería: **¡*Ay de ti, mira lo que estás haciendo!***

Todos los siervos de Dios tenemos sobrados motivos
para tener un corazón agradecido con El.
Mas, también tenemos sobradas razones para guardar
nuestro corazón de manera responsable.

¡*Un corazón agradecido, es un corazón responsable!*

Hoy nos convoca a aplicar esta verdad del Reino, a nuestras vidas como siervos de Dios.

**Porque la hipocresía en el servicio trae consigo:*

Cerrar el reino de los cielos
Devorar las casas de las viudas
<*son beneficiarias de los diezmos. Deuteronomio. 14:29*>

Las doctrinas de error generan discípulos en error
Jurar o hablar de cosas que no comprendemos
<*Vea esto en el contexto de 2 Pedro 2: 10/12*>

Dejar la justicia, la misericordia y la fe
Priorizar las apariencias
Ser cómplice de lo malo
Cometer asesinato entre cosas santas

<analice la verdad contextual a continuación>

Entre el templo y el altar.

Es oportuno desarrollar esta última mención del Señor, ya que, en alguna medida engloba todas las demás.

Entonces el Espíritu de Dios vino sobre Zacarías hijo de; sacerdote Joiada; y puesto en pie, donde estaba más alto que el pueblo, les dijo: Así ha dicho Dios:

¿Por qué quebrantáis los mandamientos de Jehová? No os vendrá bien por ello; porque por haber dejado a Jehová, él también os abandonará.

Pero ellos hicieron conspiración contra él, y por mandato del rey lo apedrearon hasta matarlo, en el patio de la casa de Jehová.

Así el rey Joás no se acordó de la misericordia que Joaida padre de Zacarías había hecho con él, antes mato a su hijo, quien dijo al morir:

¡Jehová lo vea y lo demande! (2 Crónicas. 24: 20/23).

Lo narrado en el segundo libro de las crónicas, en su capítulo veinticuatro y sus versículos veinte a veintidós, es una historia real, que el propio Señor Jesucristo, en este texto, trajo a memoria de los destinatarios de este mensaje, para ilustrar en qué cruel manera:

"La hipocresía mata, lo santo de Dios, "mentirosamente", en el nombre de Dios"

"La hipocresía es la levadura de los fariseos"

Tengamos la certeza, que cuando el Señor nos escogió para que pongamos nuestros pies en sus altares, indefectiblemente la congregación nos mira.

Tengamos la certeza, que cuando el Señor nos escogió para llevarnos a Su secreto y contarnos Su palabra, indefectiblemente la congregación nos escucha.

Tengamos la certeza, que cuando el Señor nos escogió para confiarnos la ministración de las cosas santas a su pueblo, indefectiblemente *"la congregación lo sabe"*.

Tengamos también la certeza, que cuando nos movemos un ápice de el foco de su Espíritu Santo, *"la congregación lo nota"*.

Tengamos también la certeza, que, si pasa esto, y la congregación *"no lo nota"*, indefectiblemente la congregación, así como Zacarías, entra en riesgo de morir por *"piedras con santa apariencia, pero en su interior traen una semilla concebida por el enemigo"*.

Texto focal principal.

¡Jerusalén, Jerusalén, que matas a los profetas, y apedreas a los que te son enviados!

¡Cuántas veces quise juntar a tus hijos, como la gallina junta a sus polluelos debajo de sus alas, y no quisiste!

He aquí vuestra casa es dejada desierta.

Porque os digo que no me veréis, hasta que digáis:

¡Bendito el que viene en el nombre del Señor! (Mateo 23: 37/39).

Consiervos, he aquí el corazón de Dios derramado, viendo su santa ciudad sumergida en incredulidad e hipocresía, sumergida en su propia falta de cordura, dándole cruelmente la espalda.

"La Palabra del corazón de Dios"

Nosotros, siendo gentiles, no podemos caer en el error de decir:

¡Ah, esos fueron los hebreos!

Estoy seguro de que no hay mejor manera de dar por terminado este tiempo juntos, con la convicción que nos haya servido de *"amorosa advertencia"*, leyendo a Pablo, el precioso apóstol que nos fue designado por voluntad divina, quien fuera rescatado como *"tizón encendido de en medio del fariseísmo"*.

Digo, pues: ¿Ha desechado Dios a su pueblo? En ninguna manera. Porque también yo soy israelita, de la descendencia de Abraham, de la tribu de Benjamín. No ha desechado Dios a su pueblo, al cual desde antes conoció.

¿O no sabéis qué dice de Elías la Escritura, cómo invoca a Dios contra Israel, diciendo: Señor, a tus profetas han dado muerte, y a tus altares han derribado; y sólo yo he quedado, ¿y procuran matarme?

Pero: ¿Qué dice la divina respuesta?

Me he reservado siete mil hombres, que no han doblado la rodilla delante de Baal. Así también aun en este tiempo ha quedado un remanente escogido por gracia. (Romanos 11: 1/5)

Entre los cuales, en su presencia, ¡está mi amado Pastor Jorge Gomelsky!

IDENTIDAD MINISTERIAL
"Por la locura de la predicación"
¡Buen día Atenas!

Siendo yo un preadolescente, recuerdo que cierta vez mi padre, refiriéndose a un hecho político, comentó: *"Nada más peligroso que un mono (chango) con navaja o un loco con poder"*

Mucho tiempo después, a mis veintinueve años, el Señor ya había empezado conmigo los preparativos para que ocurra mi regreso a casa.

En aquellos días de 1989, un pastor argentino, *Héctor Aníbal Giménez*, emitía cada noche un programa en televisión abierta predicando el evangelio, en horas cercanas a la medianoche.

Llamativamente yo lo miraba cada noche, no me perdía ni uno solo de sus programas; con vergüenza les cuento que veía el programa para insultar al siervo del Señor.

Hablaba solo frente al televisor, enojado con el Pastor Héctor.

No mucho tiempo después, el Señor usó ciertas circunstancias de mi vida para llevarme a entender: *¡Así no puedo seguir!*

El Espíritu Santo acrecentó su obra de convencimiento de pecado en mí, y tomé la iniciativa de acudir a una iglesia cristiana.

Claro, había un problema, la única que conocía y solo de nombre, era *"Ondas de amor y paz"* porque escuchaba cada noche que estaba en el ex Cine Teatro Roca, en la Ciudad de Buenos Aires.

Confieso que era todo muy extraño para mí, canciones que no conocía, expresiones del pueblo que no entendía, solo recuerdo que no podía parar de llorar acongojado y que muchísima gente venía a abrazarme.

Después de predicar el Pastor, muchos pasaban al frente, y como todos iban, *¡yo también fui!*

Ahora, ya con muchos años en Cristo, sirviéndole, sé que esa tarde, pasó algo muy especial de parte de Dios.

El Señor, contando con la sensibilidad de su siervo Héctor Giménez, bajó del escenario de ese cine/teatro y vino hacia mí, y cuando supo que era mi primera vez en una iglesia me presentó el plan de salvación, guiándome a Cristo.

Pero no se quedó ahí, me trato de "siervo" y me dijo parafraseando en primera persona, el siguiente texto

Por lo cual estoy seguro de que ni la muerte, ni la vida, ni ángeles, ni principados, ni potestades, ni lo presente, ni lo por venir, ni lo alto, ni lo profundo, ni ninguna otra cosa creada "te" podrá separar del amor de Dios, que es en Cristo Jesús Señor nuestro" (Romanos 8: 38/39).

Después de un tiempo, ya congregado con el Pastor Raúl Ameri, comprendí lo que había vivido.

Y leí por primera vez el siguiente pasaje bíblico:

Porque la palabra de la cruz es locura a los que se pierden; pero a los que se salvan, esto es a nosotros, es poder de Dios.

Porque está escrito:

Destruiré la sabiduría de los sabios, y desecharé el entendimiento de los entendidos. (1 Corintios. 1: 18/ 19).

Esta fue la segunda vez que había escuchado las palabras **"locura"** y **"poder"** en una misma frase.

También comprendí que insultar a un siervo del Señor, hablando solo, frente a un televisor, está expresado en este texto.

¡El loco era yo!

El Dios de los propósitos.

Dice, pues, el Señor: Porque este pueblo se acerca a mí con su boca, y con sus labios me honra, pero su corazón está lejos de mí, y su temor de mí no es más que un mandamiento de hombres que les ha sido enseñado.

Por tanto, he aquí que "nuevamente excitare" yo la admiración de este pueblo con un prodigio grande y espantoso; porque perecerá la sabiduría de sus sabios, y se desvanecerá la inteligencia de sus entendidos (Isaías. 29: 13/14).

¡La manera en la cual Dios decidió manifestarse a sus verdades, no es racional!

¡El plan de Dios de rescate a su creación, no es racional!

¡Que ese "plan de rescate" involucre a su Hijo, no es racional!

¡Que la "totalidad de Dios" quepa en un bebé, no es racional!

¡Que una muchacha "virgen" se haya embarazado, no es racional!

*¡Que José, María, el niño escapen
de un rey que los buscaba
montados en un burro, no es
racional!*

*¡Que el Hijo de Dios muriera, de la
manera más cruenta, no es racional!*

¡Que el que había muerto resucitara tres días después, no es racional!

*¡Que "todo esto", haya sido anunciado cientos de años antes, no
es racional!*

A la vista de todos – Oculto para muchos

Entonces comenzó a reconvenir a las ciudades en las cuales había hecho mucho de sus milagros, porque no se habían arrepentido, diciendo:

¡Ay de ti, Corazín! ¡Ay de ti Betsaida!

Y tú, Capernaúm, que eres levantada hasta el cielo, ¡hasta el Hades serás abatida! (Mateo. 11: 20; 21; 23). <parafraseado>

¡A lo suyo vino, y los suyos no lo recibieron! (Juan. 1: 11).

Esta es la prueba cabal que el plan de Dios lleva su sello, el cual anunció por boca del profeta Isaías. 29:14, decretando que:

Al camino establecido para la reconciliación, entre Dios y los hombres

no estaban invitados aquellos quienes pretendieron transitarlo

en sus propias capacidades, fuerzas y talentos especiales.

Te alabo, Padre, ¡Señor del cielo y de la tierra! Porque escondiste estas cosas de los sabios y entendidos, y las revelaste a los niños. ¡Si Padre, porque así te agrado!

(Mateo. 11: 25/ 26).

¡Porque no me avergüenzo del evangelio, porque es <u>poder de Dios para salvación a todo aquel que cree!</u> Al judío, primeramente, y también al griego.

<u>¡Porque en el evangelio la justicia de Dios se revela por fe y para fe!</u>

Como está escrito: "Mas el justo por la fe vivirá" (Romanos. 1: 16/17)

¡Maravilloso!

<u>Para meditar en el ministerio.</u>

- *¿Tengo conciencia del poder que desata la predicación del evangelio?*
- *¿Tengo conciencia que Dios me confió el elemento más poderoso de la creación?*
- *¿Tengo conciencia que a mí me ha confiado el mensaje de salvación?*

Buenos días Atenas, soy Pablo.

Entonces Pablo, puesto en pie en medio del Areópago, dijo: Varones atenienses, en todo observo que sois muy religiosas;

porque pasando y mirando vuestros santuarios, hallé también un altar en el cual estaba esta inscripción: AL DIOS NO CONOCIDO. Al que vosotros adoráis, pues, sin conocerle, es a quien yo os anuncio. (Hechos. 17: 22/23).

A modo personal considero que:

"Este es el mayor aporte hecho al evangelio en el nombre de la razón humana"

Ese altar griego, ese altar pagano, testifica algunas cosas que la razón conoce acerca de Dios, y muchas otras que no.

Y podemos encontrar un fuerte paralelismo con la gente de hoy en día.

*Saben que Dios existe
pero no saben quién es*

*Saben que es digno de un altar
pero no saben cómo es*

*Hay otros que le adoran
pero no saben por qué*

Entonces Pablo les dice:
"A este Dios que desconocen, les vengo a anunciar"

El resto del pasaje cuenta lo acontecido a Pablo en el Areópago de Atenas, diciendo:

Pero cuando oyeron de la resurrección de los muertos, unos se burlaban, y otros decían: Ya te oiremos acerca de esto otra vez...

Mas algunos creyeron, juntándose con él; entre los cuales estaba Dionisio el areopagita, una mujer llamada Damaris, y otros con ellos. (Hechos. 17: 32/34)

Y todo iba muy bien, hasta que oyeron acerca de que *"Jesús resucitó de los muertos"*.

Acostumbrados a procesar toda nueva información mediante el intelecto, rechazaron en el acto, la resurrección de los muertos.

Alguien al leer este pasaje puede deducir rápidamente: *¡La expedición de Pablo en el Areópago no fue fructífera!*

Tenemos cierta mala costumbre de *"evaluar ministerios"* con ligereza, y esto nos lleva a conclusiones rápidas y generalmente equivocadas.

- *Pablo estaba allí por mandato de Dios, cuando estando en Troas tuvo esta visión:*

Y se le mostró a Pablo una visión de noche: un varón macedonio estaba en pie, rogándole y diciendo: Pasa a Macedonia y ayúdanos.

Cuando vi la visión, enseguida procuramos partir para Macedonia, <u>dando por cierto que Dios nos llamaba para que les anunciemos el evangelio.</u> (Hechos. 16: 9/10).

Lo fructífero de un ministerio radica en *"cuán apegado está a la visión de Dios,"*

- *Pablo estaba donde Dios le pidió estar.*

> *Por la palabra de Dios sabemos que debemos*
> *"ir"*
> *La visión de Dios nos dice "para donde"*
> *Por el Espíritu Santo sabremos, "cuando"*

Cuando cada uno de nosotros estamos en la tierra de la visión, nuestros sentimientos se agudizan a tal punto que hasta nos cuesta esperar:

Mientras Pablo los esperaba en Atenas, su espíritu se enardecía viendo la ciudad entregada a la idolatría. (Hechos. 17: 16).

Atendiendo estas cosas, Pablo fue al Areópago y recogió el fruto que el Señor ya tenía predestinado. Ciertamente, en el corazón de Jesús estaba llamar a Dionisio, Damaris y los otros.

Ciertamente también, Pablo sembró el evangelio en Atenas

Varones atenienses

¡Es por el camino de la fe!

El camino de la locura.

¿Qué es la fe?

Es, pues, la fe; la certeza de lo que se espera, la convicción de lo que no se ve. Porque por ella alcanzaron buen testimonio los antiguos. (Hebreos. 11: ½).

Podemos concluir en que la fe es, la certeza que tenemos algo:

- *Tenemos algo que solamente pedimos*
- *Tenemos algo que lo estamos esperando a causa de que hemos creído*
- *Tenemos algo que aun no vemos, ni tocamos, ni oímos*

No mirando nosotros las cosas que se ven, sino las que no se ven; pues las cosas que se ven son temporales, pero las que no se ven son eternas. (2 Corintios. 4: 18).

Dios se manifiesta a quien quiere y como Él quiere.
Y honestamente, Pablo tiene razón, ¡esto es una locura preciosa!

"Por la locura de la predicación"

¿Como podemos pretender que los intelectuales de este tiempo nos entiendan?

¿Como podemos pretender que, al evangelizar, alguien nos comprenda?

Intente decirle a una persona algo como esto:

Usted señora no mire "lo que se ve".

Usted caballero, tiene que mirar "lo que no se ve"

Ustedes deben poner la mirada en lo eterno.

El evangelio es verdad, pero tal verdad está totalmente fuera del alcance del intelecto humano, es imposible procesarla por medio del razonamiento.

Pero quiso Dios que su plan sea desde el principio, con su sello.

A vosotros os es dado a conocer los misterios del Reino de Dios; pero a los otros por parábolas, para que viendo no vean, y oyendo no entiendan" (Lucas. 8: 10).

Viendo que el Señor ha dispuesto las cosas de esta manera

¿Quién podría gloriarse de algo?

Nuestra participación (por decirlo con cierto humor) se reduce al solo uso de nuestros pies para ir, y de nuestras cuerdas vocales para hablar lo que se nos da para hablar.

¿Por qué hay en la propia iglesia disputas por protagonismo?

Cierta vez los hermanos de Corinto quisieron plantear una competencia entre Apolos y Pablo. Y el apóstol les hace estas preguntas: *(1 Corintios 4: 7).*

- *¿Porque quién te distingue?*
- *¿Que tenéis que no hayas recibido?*
- *Y si lo recibiste, ¿Por qué te glorias?*
- *Preguntas muy vigentes todavía*

¿Entonces de cual virtud propia, alguno puede enorgullecerse?

¿De cómo predica?
¿De cómo ora?
¿De cómo aconseja?
¿De algún talento para cantar?
¿De algún otro talento con un instrumento?

El propio Señor Jesús nos pone en orden al enseñar:

Y cuando El Espíritu Santo venga convencerá al mundo:

De pecado – De justicia – De juicio

¿Cuándo se nos ha cruzado por la cabeza pensar o, peor aún, estar en la certeza que alguno de nosotros podría convencer de pecado a alguien?

¡A duras penas podemos tomar conciencia del pecado propio!

Testimonio ministerial y personal.

Alejandrina.

En el ejercicio del ministerio pastoral en *la* **"I.B. Cristo Poderoso"**, fui corregido por el Señor de una manera muy particular.

Me encontraba bastante ocupado, según mi opinión en la obra del Señor.

"Por la locura de la predicación"

Ocupado en la Obra del Señor

y no ocupado en el Señor de la obra

Un día cualquiera llegue a mi casa a la hora de almorzar, después de haber tenido una mañana muy ocupada en la visitación y demás quehaceres.

Mi esposa Patricia me dice:

- *Llamaron para un pedido de visitación de una ancianita de nombre Alejandrina que está hospitalizada, bastante grave.*

Mi respuesta: *¡Estoy muy cansado, tengo hambre y hace un calor tremendo! Vamos mañana.*

Pasó ese día, y el otro, y el otro; y yo seguía poniendo excusas, de todo tipo, y todas ciertas.

Todas eran excusas santas

Había pasado más de una semana delegando mis responsabilidades pastorales, hasta que un sábado, mi esposa me da el recado por enésima vez; a lo que yo respondo con una nueva y santa excusa.

Ella dijo algo que jamás olvidaré
¡Es un alma!
¡Vamos hoy por favor!

Después del mediodía, fuimos los dos a visitar a Alejandrina en el "Sanatorio San Ramon"

En mi ciudad de Quilmes, Buenos Aires.

Al llegar al sanatorio, subimos al elevador y llegamos a la habitación de Alejandrina.

Ahí estaba Alejandrina y otra señora, en la cama de al lado.

Cada una, bien acompañada y cuidada por un familiar.

Entonces, me enteré de que Alejandrina era **"totalmente sorda"**.

Me disculpe por la tardanza argumentando *"carnalmente"* que soy un pastor extremadamente ocupado, mientras hablaba meditaba en mi corazón:

¿Y ahora qué hago?
¿Como le predicó a esta señora sorda?

El Señor trajo a mi memoria el título de este estudio:

"Por la locura de la predicación"

Comencé a dirigirme a Alejandrina hablando y gesticulando como en cámara lenta. Y para mi sorpresa ella me levantó el pulgar cuando le pregunté si me entendía.

¡Gloria a Dios!

Ya un poco más confiado, añadí a mis palabras en cámara lenta unas señas para tratar de comunicarme aún mejor.

¡Alejandrina seguía levantando el pulgar y además sonreía!

Llegó el momento clave, tenía que hacerle la pregunta crucial

Alejandrina me interrumpió diciendo con gestos, Si, Si, Si

Como un tanto apresurada, me pareció.

Y sin que se lo pidiera me dijo con señas que le había pedido al Señor que viniera a su vida y que le recibía como su Salvador personal.

Además, también la otra señora que estaba enferma decidió por Cristo, y además, los familiares de ambas, todos recibieron al Señor como su Salvador personal esa tarde.

Me dije a mi mismo: ¡Que poderoso respaldo de Dios!

Saludamos a todos, con mucho gozo, salimos al pasillo del sanatorio. Esperamos por el elevador un rato, en el lobby alguien me saludó, y al llegar a la puerta de salida, timbró mi teléfono: ¡Alejandrina había partido a la presencia del Señor!

¡Impactante! Habrían pasado apenas diez minutos.

Esa misma noche el Espíritu del Señor me hizo ver que lo que **realmente** había pasado:

¡Alejandrina estuvo días esperándome!
¡Había actuado negligentemente!
¡Había actuado sin amor a las almas!

Llore y llore por muchos días.

¡Me rompía en llanto al intentar orar, sintiendo vergüenza!

La demora en el ministerio es "negligencia"

Suele ocurrir que recibimos una llamada de un hermano en necesidad y nosotros respondemos: *¡Le regreso la llamada hermano! ¡I will call you back!*

¡La necesidad, siempre es "ya"!

Quiera Dios que usted mi amado consiervo, si le fuere necesario aprender la lección **"no demores ante la necesidad"**, lo haga escuchando o leyendo, este, mi testimonio de tristeza.

Deseo que el Espíritu Santo no tenga que enseñarle a usted, como a mí.

Hasta el día de hoy, mientras escribo en mi computadora, me quiebro en llanto por Alejandrina.

A veces pienso:

¿Habrá sufrido a causa de mi negligencia?
Tendré que preguntárselo en el cielo

La historia de Alejandrina, Dios la usó para hacerme mejor persona primero, y mejor pastor después.

El propósito de Dios es usarlo a usted para cumplir promesas hechas

El usa infinidad de situaciones

Innumerable cantidad de personas

El Espíritu Santo trabaja incansablemente en unos y en otros.
La salvación de cada alma fue minuciosamente planeada

Y todos los que intervienen, tienen que hacer su parte

¿Qué hubiera pasado con Alejandrina si seguía demorando?

¡Quizás otro le hubiera predicado! ¡O no, pero iría al cielo con Cristo!

¿Qué hubiera pasado conmigo si ella partía antes que llegara?

¡Seguramente sería salvo! ¡Probablemente tendría otro oficio!

"Por la locura de la predicación"

EL CABALLO DE TROYA
"La odisea" Homero

Ilustración.

No pretendemos establecer acá si la historia de Troya fue real o fue mitológica, pero si usar la muy famosa del Caballo de Troya a modo de ilustración.

Cuenta el escrito del siglo VIII a. C. atribuido a Homero que la ciudad de Troya resistió sitiada durante diez años, el ataque por parte de la Grecia antigua y de sus aliados.

Finalmente, los soldados griegos dirigidos bélicamente por Odiseo (lat. Aquiles). Idearon dejar un *"aparente regalo como reconocimiento de su rendición"* el cual era un enorme caballo de madera. Tal caballo de madera no era más que una trampa para conquistar Troya, ya que en su interior estaban escondidos toda una tropa de soldados bajo las órdenes de Aquiles, llamados *"los mirmidones"*, que traducido es: Los hombres hormigas.

Fue un engaño de guerra para conquistar Troya. Durante diez años no pudieron conquistar la ciudad amurallada, entonces des dejaron el caballo a modo de ofrenda y los mismos troyanos lo metieron dentro de la ciudad.

En medio de la noche, salieron los soldados escondidos dentro del caballo de madera y lograron aquello que no pudieron hacer en la práctica de la guerra.

Valga este relato de Homero para ilustrar lo que pretendo hacer notar en el desarrollo de este tema.

Esta imagen viene a mi mente cuando aceptamos utilizar metodologías con fundamentos del mundo para el desarrollo de las cosas santas.

Es por la locura de la predicación
Es por el poder del Espíritu Santo

¿O abrimos las puertas de la iglesia a otras opciones?

Usar la razón, apoyados en algún método científico, como respaldo para un mensaje bíblico, es tristísimo. Pero además es *"totalmente ineficaz"*.

Usar métodos que incumben a ciertas ciencias para ministrar un alma en nombre de Dios, solamente alcanzara cierto nivel de las emociones; los sentimientos, la razón; pero *"jamás al espíritu"*.

Amados, realizar estas prácticas y/o metodologías, es una manera de decir que el Espíritu Santo necesita algún tipo de ayuda profesional.

Porque la palabra de Dios es viva y eficaz, y más cortante que toda espada de dos filos; y penetra hasta partir el alma y el espíritu, las coyunturas y los tuétanos, y discierne los pensamientos y las intenciones del corazón. (Hebreos. 4: 12)

AXIOMA

La palabra de Dios
El poder del Espíritu Santo
llevados al mundo
por los redimidos de Dios

PODEROSO COMO NINGUNA OTRA COSA
Sobre la faz de la tierra

<u>**La verdad de Dios es antigua, pero no ha pasado de moda.**</u>

Porque la palabra de la cruz es locura a los que se pierden; a los que se salvan, esto es, a nosotros, el poder de Dios, pues escrito está:

Destruiré la sabiduría de los sabios, y desecharé el entendimiento de los entendidos.

¿Dónde está el sabio? ¿Dónde está el escriba? ¿Dónde están los disputadores de este siglo? ¿No ha enloquecido Dios la sabiduría del mundo?

Pues ya que, en la sabiduría de Dios, el mundo no conoció a Dios mediante la sabiduría, agradó a Dios salvar a los creyentes por "La locura de la predicación", porque:

- *Los judíos piden señales.*
- *Los griegos buscan sabiduría.*
- *Pero nosotros predicamos a Cristo crucificado*
- *Para los judíos, ciertamente tropezadero.*
- *Para los gentiles, locura*
- *Mas para los llamados, así judíos como (salvadoreños, mexicanos, peruanos, hondureños o argentinos) como griegos:*

<u>Cristo poder de Dios y sabiduría de Dios</u>
(1 Corintios. 1: 18/ 24)

Aplicación final.

¿Y qué fue lo que contestó Pablo a los griegos del Dios desconocido?

Les predicó nueve sermones en uno

He aquí los títulos de los nueve sermones: (Hechos. 17: 24) – (Hechos. 17: 30/31)

- *El Dios que hizo el mundo y todas las cosas que en él hay.*
- *Siendo Señor del cielo y de la tierra.*
- *No habita en templos hechos por manos humanas.*
- *Ni es honrado por manos de hombre. (imágenes).*
- *Pero Dios, habiendo pasado por alto los tiempos de esta "ignorancia".*
- *Ahora manda, a todos los hombres, en todo lugar, que se arrepientan;*
- *Por cuanto ha establecido un día en el que juzgará al mundo con justicia.*

- *Por aquel varón a quien designó. ¡Jesucristo, su hijo!*
- *Dando fe a todos con haberle levantado de los muertos.*

¡Amen!

CAPÍTULO SEIS
La predestinación

TEMAS DE ESTE CAPÍTULO

Elección Divina
"Para ser adoptados hijos suyos"

Vislumbre del carácter de Dios
"En él, no hay sombra de variación"

Elegido para servirle
"El llamamiento de Dios I"

La gracia que conquista la justicia
"El llamamiento de Dios II"

PREDESTINACIÓN
"Vislumbre del carácter de Dios"
En él no hay sombra de variación

El carácter de Dios, *inconmovible*

Israel: ¡El pueblo predestinado!
En Él, no hay sombra de variación

¿Ha oído pueblo alguno la voz de Dios, hablando de en medio del fuego como tú la has oído, sin perecer?

¿O ha intentado Dios venir a tomar para sí una nación de en medio de otra nación, con pruebas y señales, con milagros y con guerra, y mano poderosa y brazo extendido, y hechos aterradores como todo lo que hizo con vosotros Jehová vuestro Dios en Egipto ante tus ojos?

A ti te fue mostrado, para que supieses que Jehová es Dios, y no hay otro fuera de él.

Desde los cielos te hizo oír su voz, para enseñarte; y sobre la tierra te mostró su gran fuego y has oído sus palabras de en medio del fuego.

Y por cuanto él amó a tus padres, "escogió a su descendencia después de ellos", y te sacó de Egipto con su presencia y con su gran poder, "para echar de delante de tu presencia naciones grandes y más fuertes que tú", y para introducirte y darte su tierra por heredad, como hoy.

Aprende pues, hoy, y reflexiona en tu corazón que Jehová es Dios arriba en los cielos y abajo en la tierra, y no hay otro. (Deuteronomio 4: 33/39).

Este pasaje de la Escritura a mi en lo personal, me resulta avasallante.

Es un pasaje que nos invita a una profunda reflexión, tal como el mismo Señor lo manda a todo Israel en el último versículo.

Es un pasaje de la Escritura donde Dios mismo nos da a conocer su carácter, su voluntad predestinadora, su elección tan especial y cuidadosamente efectuada, tan única sobre su pueblo, tan única sobre cada uno de nosotros.

Cuando llegan a mi vida ciertos momentos de desanimo, Dios, con mucho amor, me vuelve a llevar cada vez, ante a este versículo treinta y nueve; y reflexionar que Jehová es Dios arriba en los cielos, y abajo en la tierra, *y ciertamente no hay otro.*

Me hace bien leer este pasaje aplicándolo a mi vida, leyéndolo en primera persona, y con el mayor de los respetos decir mi nombre cada vez que Dios se dirige a Israel.

Porque tú eres pueblo santo (apartado) *para Jehová tu Dios; Jehová tu Dios te ha escogido para serle un pueblo especial, más que todos los pueblos que están sobre la tierra".*

No por ser vosotros más que todos los pueblos, os ha querido Jehová "y os ha escogido, pues vosotros erais el más insignificante de todos los pueblos", sino por cuanto Jehová os amó, y quiso guardar el juramento que juró a vuestros padres… (Deuteronomio 7: 6/8ª).

Vea la aplicación contextual en: 1 Corintios 1: 27/31

Aplicación de esta secuencia contextual:

Es carácter predestinador de Dios

La predestinación

Lugar: **Ur de los Caldeos**

Objetivo: **Taré**

(Génesis 11: 27/32)

Propósito: **Taré, designado para engendrar a Abram
Dios prometió a Abram: ¡Yo haré de ti una nación grande, y te bendeciré!**

Más que elegir un pueblo, Dios se hizo uno para sí, de la simiente de Abraham
**¿He tomado yo una nación de en medio de otra?
<Deuteronomio 4: 34>**

**A ti te fue mostrado para que supieses que y soy tu Dios y
no hay otro
<Deuteronomio 4: 35>**

**Por amor a tus padres, escogió su descendencia después de ellos
<Deuteronomio. 4: 37>
<Deuteronomio. 7: 7/8>**

**Y en la simiente de Abraham fueron benditas
todas las naciones de la tierra, por cuanto obedeció a la voz de Dios.
<Génesis 22: 18 parafraseado>**

La elección de Israel es la creación de un pueblo para Dios mismo, es un acto evidente del *"Soberano Dios del Universo"*.

***Desde Edén
(Génesis 1: 27)
A la Nueva Jerusalén
(Apocalipsis 21:27)***

Muchísimas cosas han tenido que suceder, y tendrán que seguir sucediendo hasta que,

"El plan de Dios sea cumplido".

¿Cuál es el propósito de dicha elección?

Bendito sea el Dios y Padre de nuestro Señor Jesucristo, que nos bendijo con toda bendición espiritual en los lugares celestiales en Cristo.

Según nos escogió en él, antes de la fundación del mundo para que fuésemos santos y sin mancha delante de Él. (Efesios. 1: 3/4).

Y creó Dios al hombre a su imagen, a imagen de Dios los creó. (Génesis 1: 27)

Santo y sin mancha

Santos y sin mancha para estar delante de él, para alabanza de la gloria de su gracia.

Cuando hemos aprendido acerca del plan de salvación, debemos comprender que hay un propósito aún, más allá de la salvación por sí misma.

Este es el *"propósito ulterior de la redención"* El cual es volver a estar ante su presencia, santos y sin mancha.

Un puente hecho por Dios, antes de hacer la tierra
En Abraham bendeciré a todas las familias de la tierra

Breve descripción del plan de salvación dicho por Pablo a los efesios:

Bendito sea el Dios y Padre de nuestro Señor Jesucristo, que nos bendijo con toda bendición espiritual en los lugares celestiales en Cristo.

Según nos escogió en él, antes de la fundación del mundo para que fuésemos santos y sin mancha delante de Él.

En amor habiéndonos predestinado para ser adoptados hijos suyos por medio de Jesucristo, según el puro afecto de su voluntad, para alabanza de la gloria de su gracia, con la cual nos hizo aceptos en el Amado, en quien tenemos redención por su sangre, el perdón de pecados según las riquezas de su gracia, que hizo sobreabundar para con nosotros en toda sabiduría e inteligencia, dándonos a conocer el misterio de su voluntad, <u>"según su beneplácito, el cual se había propuesto en si mismo" de reunir todas las cosas, en la dispensación de los tiempos, así las que están en los cielos, como las que están en la tierra.</u>

En él asimismo tuvimos herencia, habiendo sido predestinados conforme al propósito del que hace todas las cosas según el designio de su voluntad, a fin de que seamos para alabanza de su gloria, nosotros (los descendientes de Abraham según la sangre) *los que, primeramente, esperábamos en Cristo.*

En él, también vosotros (los gentiles que fueron añadidos por la fe), *habiendo oído la palabra de verdad, el evangelio de vuestra salvación, y que, habiendo creído en él, fuisteis sellados con el Espíritu Santo de la promesa, que es las arras de nuestra herencia <u>hasta la redención de la posesión adquirida para alabanza de su gloria.</u> (Efesios 1: 3/14).*

Seguidamente el apóstol Pablo nos dice que este plan de Dios ta ha tenido cumplimiento absoluto en Jesucristo el Señor.

Todo fue consumado por él en la cruz del Calvario; donde se nos es anunciado el cumplimiento total y la absoluta victoria de Jesucristo, para gloria de Dios Padre.

Porque él, (Jesucristo) es nuestra paz, que de ambos pueblos hizo uno, derribando la pared intermedia de separación, aboliendo en su carne las enemistades, la ley y los mandamientos expresados en ordenanzas, para crear en sí mismo de los dos un solo y nuevo hombre, haciendo la paz, y mediante la cruz reconciliar con Dios a ambos, en un solo cuerpo, matando en ella las enemistades.

Y vino y anunció las buenas nuevas de paz a vosotros que estabais lejos, y a los que estaban cerca; porque por medio de él, los unos y los otros tenemos entrada por un mismo Espíritu al Padre.

Así que ya no sois extranjeros ni advenedizos, sino ciudadanos de los santos, y miembros de la familia de Dios, edificados sobre el fundamento de los apóstoles y profetas, siendo la principal piedra del ángulo Jesucristo mismo, en quien todo el edificio, bien coordinado, va creciendo para ser un templo santo en el Señor, en quien vosotros, también sois juntamente edificados para morada de Dios en el Espíritu. (Efesios. 2: 14/ 22).

Pentecostés:
La confirmación de la obra redentora de Jesucristo es el haber sido sellados por el Espíritu Santo.

Y puestas las cosas en un pie de igualdad tanto para judíos como para gentiles, ¿Quedaron contentos y felices? *¡Claro que no!*

Momento clave del plan de Dios

La confirmación de que la elección no termina con Israel.

Pedro y Cornelio

Y (Pedro) tuvo gran hambre y quiso comer; pero mientras le preparaban algo, le sobrevino un éxtasis; y vio el cielo abierto, y que descendía algo semejante a un gran lienzo, que atado por las cuatro puntas era bajado a la tierra; en el cual había de todos los cuadrúpedos terrestres y reptiles y aves del cielo.

Y le vino una voz: Levántate, Pedro, ¡mata y come!

Entonces Pedro dijo: Señor, no; porque ninguna cosa común o inmunda he comido jamás.

Volvió la voz a él, la segunda vez: Lo que Dios limpió, no lo llames común.

Esto se hizo tres veces, y aquel lienzo volvió a ser recogido en el cielo. (Hechos 10: 10/16).

No llamemos común, a todo aquello que ha sido limpio por Dios
Valga esta verdad para que sea aplicada a tu fe como norma de Dios

El Espíritu Santo enseña a la iglesia

Pedro:

Oyeron los apóstoles y hermanos que estaban en Judea, que también los gentiles habían recibido la palabra de Dios.

Y cuando Pedro subió a Jerusalén, disputaban entre ellos con él, los que eran de la circuncisión, diciendo: Por qué has entrado en casa de hombres incircuncisos, ¿y has comido con ellos? (Hechos. 11: 1/3).

Si Dios, pues, les concedió también el mismo don que a nosotros que hemos creído en el Señor Jesucristo, ¿Quién era yo que pudiese estorbar a Dios?

Entonces oídas estas cosas, callaron, y glorificaron a Dios, diciendo:

¡De manera que también a los gentiles ha dado Dios arrepentimiento para vida! (Hechos. 11: 17/18).

Pablo:

Verdad digo en Cristo, no miento, y mi conciencia me da testimonio en el Espíritu Santo, que tengo gran tristeza y continuo dolor en mi corazón.

Porque deseara yo mismo ser anatema (maldito), separado de Cristo, por amor a mis hermanos, los que son mis parientes según la carne; que son israelitas, de los cuales son "la adopción" "la gloria" "el pacto" "la promulgación de la ley" "el culto" y "las promesas"; de quienes son los patriarcas, y de los cuales, según la carne, vino Cristo, el cual es Dios sobre todas las cosas, bendito por los siglos. Amen.

¡No es que la palabra de Dios haya fallado! (Romanos 9: 1/6ª).

Aquella luz verdadera, que alumbra a todo hombre, venía a este mundo. En el mundo estaba, y el mundo por él fue hecho, pero el mundo no le conoció.

¡A lo suyo vino, y los suyos no le recibieron! (Juan 1: 9/10).

¡Estos pasajes de la Escritura me resultan desgarradores!
¿Quién era yo que pudiera estorbar a Dios?
¡Desearía yo mismo ser anatema por amor a mis hermanos!
¡Pero no es que la palabra de Dios haya fallado!

Mas a todos los que le recibieron, a los que creen en su nombre, "les dio potestad de ser hechos hijos de Dios".

Los cuales no son engendrados de sangre, ni de voluntad de carne, ni de voluntad de varón, "sino de Dios". (Juan 1: 12/13).

No los que son hijos según la carne son los hijos de Dios, "sino los que son hijos según la promesa son contados como descendientes" (Romanos 9: 8).

Si el Espíritu Santo nos "revela" estos dos pasajes como uno solo
*Tendrá frente a usted: **"Una verdad arrolladora"***
"La certeza de quién es usted en Cristo, y el precio que fue pagado por su vida"

¿Es Israel la adopción?
¿Es Israel la gloria?
¿Es Israel el pacto?
¿Es por Israel promulgada la ley?
¿Es Israel el culto?

La predestinación

¿Son para Israel las promesas?
¿Es Israel el que no reconoció al Mesías de Dios?
¡Todas esas preguntas tienen una sola respuesta en común!
SI

¡Pero no es que la palabra de Dios haya fallado!
¡No es que Dios se equivocó al elegir a Israel por pueblo suyo!
¡No es que en Dios haya sombra de variación!
NO

Dos versículos fusionados en un mismo sentir
revelados a Pablo y a Juan
por un solo y único Espíritu Santo

<u>*<Romanos 9: 8 y Juan 1: 12/13>*</u>

No los que son hijos según la carne son hijos de Dios
Sino los que son hijos según la promesa
Son contados como descendientes
Porque a todos los que le recibieron
Todos los que creen en su nombre
Les dio potestad de ser hechos hijos de Dios
¡Los tales, son engendrados de Dios!
AMEN

PREDESTINACIÓN
"Elegidos para servirle"
A los que antes conoció

~~~~~~~~~~~~

Los llamamientos de Dios. <*Parte 1*>

Como mencionamos más arriba, hemos relacionado una doctrina de fe, con un atributo de Dios.

La predestinación o elección de Dios

Íntimamente relacionada con su Soberanía

No confundamos:

La *"Predestinación" o "Elección"* no la podemos abordar para su entendimiento por el *"Atributo Divino de la Presciencia"*, porque incurriríamos en un error.

Presciencia: *(Significado)* Conocimiento de las cosas o eventos, antes de que existan u ocurran. Expresa la idea de conocer la realidad antes que sea real.

Soberanía: *(Significado)* Capacidad de poner en acción Su santa Voluntad, Supremacía, Dominio, Preponderancia. Dios tiene poder ilimitado para hacer lo que haya resuelto hacer.

Porque a los que antes conoció, también los predestinó, para que fuesen hechos a la imagen de su Hijo, para que sea el primogénito entre muchos hermanos.

Y a los que predestinó, a éstos también llamó; y a los que llamó a éstos también justificó; y a los que justificó a éstos también glorificó. (Romanos 8: 29).

Entonces, veamos detenidamente este mensaje secuencial:

"A los que antes conoció"
Este es un acto de Dios mediante la acción de su *"Presciencia"*.

Predestinó, Llamó, Justificó, Glorificó
Estos son actos de Dios mediante la acción de su *"Soberanía"*

Que seríamos más buenos o más malos que otros. Todos los otros actos de Dios son hechos *"a pesar de habernos conocido"*.

La dificultad de saber cómo realmente somos a los ojos de Dios es absolutamente nuestra.

Pero al que obra, no se le cuenta el salario como gracia, sino como deuda; mas al que no obra, sino cree en Aquel que justifica al impío, su fe le es contada por justicia. (Romanos 4: 4/5).

Vale decir amigo, que aquello que Dios espera de nosotros es lo opuesto a aquello que hacemos más frecuentemente.

Dios se revela a todo aquel que reconoce su estado de impiedad. Ante esa condición del hombre, una vez asumida, es cuando Dios manifiesta su Gracia sobre los tales

<Romanos 3: 10/ 12>
No hay justo ni aun uno
No hay quien entienda
No hay quien busque a Dios
Todos se desviaron, a una se hicieron inútiles

No hay quien haga lo bueno, ni siquiera uno

Entonces podemos saber que cuando nos conoció, pues estas cosas son las que vio en cada uno.

Aun así, *y a pesar de vernos de esa manera,* por su voluntad que es buena, agradable y perfecta nos predestinó para ser hechos conforme a la imagen de su Hijo Jesucristo, el Señor.

Pues aún ni habían nacido, ni habían hecho aún ni bien ni mal, para que el propósito de Dios conforme a la elección permaneciese, no por las obras sino por el que llama.

El mayor servirá al menor. Como está escrito: A Jacob amé, más a Esaú aborrecí.

¿Qué pues diremos? ¿Qué hay injusticia en Dios? En ninguna manera.

Pues a Moisés dice: Tendré misericordia del que yo tenga misericordia, y me compadeceré del que yo me compadezca.

Así que no depende del que quiere, ni del que corre, sino de Dios que tiene misericordia (Romanos 9: 11/16).

Así que nadie puede decir: Porque me conoció, me predestinó

Por el contrario:

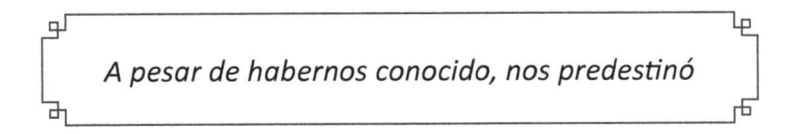

> A pesar de habernos conocido, nos predestinó

Bendito sea el Dios y Padre de nuestro Señor Jesucristo, que nos bendijo con toda bendición espiritual en los lugares celestiales en Cristo,

Según nos escogió en él, antes de la fundación del mundo, para que fuésemos hechos santos y sin mancha delante de él, en amor, habiéndonos predestinado para ser adoptados hijos suyos por medio del puro afecto de su voluntad, para alabanza de la gloria de su gracia, con la cual nos hizo aceptos en el Amado, en quien tenemos redención por su sangre, el perdón de pecados, según las riquezas de su gracia (Efesios 1: 3/7).

Los nombres escritos en el libro de la vida.

Como habrá notado con solo echar un vistazo por las iglesias que, hay diferencias ostensibles en cómo llevamos a la vida, la práctica de nuestra fe para salvación.

Diferentes hermanos en Cristo en todo el mundo, vivimos y confesamos nuestra fe de diferentes maneras, algunos con *"certeza de la salvación"*, otros *"no tanto"*, y otros con *"ningún tipo de certeza"*. y todo depende, según quién y cómo nos haya enseñado o predicado el Evangelio.

Otros creen que aún después de muertos tendrán un lugar reservado para terminar de santificarse para luego sí, pasar cerca de Jesús.

Algunos otros, creen que una vez allá, tendrán reservados un lugar privilegiado muy cerca del lugar donde se halle sentado el Cordero de Dios.

Y por último, algunos otros creen que van a estar sentados a la mesa del Señor, ocupando la silla que está en medio de Pedro y Pablo.

¡Como si ser parte de esa mesa, independientemente del lugar, no fuera suficiente!

Pero Dios, determinó que nadie nacido de hombre y mujer, puede ni siquiera aparecerse cerca de tal libro y dar una miradita; todo lo contrario:

Y vi un gran trono blanco y al que estaba sentado en él, de delante del cual huyeron la tierra y el cielo, y ningún lugar se encontró para ellos.

Y vi los muertos, grandes y pequeños, de pie ante Dios; y los libros fueron abiertos, y otro libro fue abierto, el cual es el libro de la vida;

y fueron juzgados los muertos por las cosas que estaban escritas en los libros, según sus obras.

Y el mar entregó los muertos que había en él; y la muerte y el Hades entregaron los muertos que había en ellos; y fueron juzgados cada uno según sus obras.

(Apocalipsis 20: 11/13).

Uno solo es digno de abrir el libro

"No es por los que uno diga de sí mismo"
"No es por lo que digan los hermanos de cada uno"
"No es porque haya hecho bastante bien, algo que le fuera encomendado"
"Dios nos proveyó una única manera inequívoca para darnos cuenta"

"Por sus frutos los conoceréis"

Hay amantes de la literalidad bíblica, y hay quienes amamos la literalidad bíblica aplicada conforme al Espíritu Santo guíe, según su propósito.

Jesús enseña una *"ley del reino de los cielos"*, la cual aplica en todos

¡Así, todo buen árbol da frutos buenos!
¡Pero el árbol malo da frutos malos!
¡No puede el buen árbol dar frutos malos!
¡Ni el árbol malo dar frutos buenos!

El llamamiento de Dios a toda criatura.

(Isaías 55: 1)

¡A todos los sedientos venid a las aguas!
¡Es la voz de Dios llamando a los hombres!

Es un llamado eterno de Dios, único y trascendente, crucial para el destino de su alma, pero no deja de ser un llamado.

¿Por qué pasa que hay personas que escuchan el mensaje de salvación, y al instante ponen su fe en Jesucristo como Señor y Salvador?

¿Y por qué ocurre también lo contrario?

"El justo por su fe vivirá"
<Habacuc 2: 4>

Es un llamado de Dios que no obliga a nadie a hacer absolutamente nada.

Dios llama, y el elegido corre a sus brazos.
¡Atráeme, en pos de ti correremos!
(Cantares 1: 4)

- *El elegido de Dios ya no será esclavo del pecado, sino que voluntariamente será esclavo (siervo) de Jesucristo.*
- *El que no acude a ese llamado, habrá de seguir siendo esclavo del pecado, mientras viva y aún después; hasta ese día en el cual la muerte y el Hades entregarán sus muertos para ser juzgados según sus obras*

Por tal razón, amados consiervos, les ruego, que ninguno diluya el mensaje del evangelio, porque ese ha sido el plan del enemigo a través de los tiempos.

(Compendio de la Historia del cristianismo – Robert A. Becker).

La lucha contra la disolución del cristianismo. *(Página 31 a 37).*

- *Intento de diluir con el legalismo.*
- *Intento de diluir con filosofía.*
- *Intento de diluir con otras religiones.*

¡La palabra de Dios, demanda respuestas!
"Que nuestra predicación de lugar a la respuesta del que oye"

Todos fueron convidados.

Verdad contextual.

Observando como escogían los primeros asientos a la mesa, refirió a los convidados una parábola, diciéndoles:

Cuando fueres convidado por alguno a bodas, no te sientes en el primer lugar, no sea que otro más distinguido que tú, esté convidado por él, y viniendo el que te convidó a ti y a él, te diga: Da lugar a este; y entonces comiences con vergüenza a ocupar el último lugar.

Mas cuando fueres convidado, ve y siéntate en el último lugar, para que cuando venga el que te convidó, te diga: Amigo, sube más arriba; entonces tendrás gloria delante de los que se sientan contigo a la mesa.

Porque cualquiera que se enaltece, será humillado; y el que se humilla, será enaltecido.

Dijo también al que le había convidado: Cuando hagas comida o cena, no llaméis a tus amigos, ni a tus hermanos, ni a tus parientes, ni a vecinos ricos; no sea que ellos a su vez te vuelvan a convidar, y seas recompensado.

Mas cuando hagas banquete, llama a los pobres, los mancos, los cojos, y los ciegos; y serás bienaventurado; porque ellos no te pueden recompensar; pero te será recompensado en la resurrección de los justos. (Lucas 14: 7/14).

¡Cuánta necesidad tiene la iglesia de estos tiempos, tener cabal conocimiento y conciencia de estas verdades dadas por el Señor!

El Señor Jesús, en una boda, simplemente veía como escogían todos, los primeros asientos. *¡Todos buscando un lugar de preeminencia!*

Esto mismo había pasado con sus discípulos, de camino a Capernaum. Entonces, sentado junto a sus discípulos les enseñó:

Y llegó a Capernaúm; y cuando estuvo en casa, le preguntó:

¿Qué disputabais entre vosotros en el camino? Mas ellos callaron; porque en el camino habían disputado entre sí, quién había de ser el mayor

Entonces él se sentó y llamó a los doce, y les dijo: Si alguno quiere ser el primero, será el postrero de todos, y el servidor de todos. (Marcos 9: 33/34).

Es un concepto similar a lo dicho en la *"Parábola de los convidados a la boda"*. ¡La misma situación, la misma solución de parte de Dios!

Entonces, oyendo uno de los que estaban sentados con él, a la mesa, le dijo algo que involucra *"El reino de Dios"*. Esto refiere a los elegidos, (llamados o convidados).

Excusas: El idioma de la carne.

Oyendo esto uno de los que estaban sentados con él a la mesa, le dijo: ¡Bienaventurado el que coma pan en el reino de Dios!

Entonces Jesús le dijo: Un hombre hizo una gran cena, y convidó a muchos.

Y a la hora de la cena envió a su siervo a decir a los convidados: ¡Venid, que ya está todo preparado!

Y todos a una comenzaron a excusarse. El primero dijo: He comprado una hacienda, y necesito ir a verla; te ruego que me excuses.

Otro dijo: He comprado cinco yuntas de bueyes, y voy a probarlos; te ruego que me excuses.

Y otro dijo: Acabo de casarme, y por tanto no puedo ir.

Vuelto el siervo, hizo saber estas cosas a su señor. Entonces enojado el padre de familia, dijo a su siervo: Ve "pronto" por las plazas y las calles de la ciudad, y trae acá a los pobres, los mancos, los cojos y los ciegos.

Y dijo el siervo; Señor, se ha hecho como mandaste, y aún hay lugar.

Dijo el señor al siervo: ve por los caminos y por los vallados, y fuérzalos a entrar; para que se llene mi casa.

Porque os digo que ninguno de aquellos hombres que fueron convidados, gustará mi cena. (Lucas 14: 15/24).

- ¿Quién compra una hacienda sin verla?
- ¿Quién compra bueyes para arar si ver si están sanos y fuertes?

No vamos a tomar tiempo comentando cosas que todos conocemos. *"Las excusas"* son usadas por nuestra carne en oposición a lo espiritual.

"Soy yo, negándome a ser crucificado juntamente con Cristo"

Lo que sí nos atañe de manera muy particular es aquello que, para bien nos edifica.

En el desarrollo de esta enseñanza del Señor, debemos poner especial atención en:

"Cuál fue la respuesta del Padre ante nuestras excusas"
Dijo a su siervo: Lo que voy a hacer, debes hacerlo en mi
Nombre, **¡pronto!**

Sabemos, que esta parábola se refiere a *"las excusas"* que ponemos los hombres ante el llamamiento de Dios. Pero en el próximo punto vamos a abordar con mucha autocrítica, a las que me gusta llamar: **"Las excusas del arado"** porque dijo el Señor esta ley del reino:

*Ninguno que poniendo su mano en el arado
mira hacia atrás es apto para el reino de Dios
(Lucas 9: 62)*

*"Vayan por las plazas y las calles de la ciudad"
¡Busquen a los despreciados, a los enfermos, a los pobres en espíritu!*

*Y habiendo aún lugar, dijo: Vayan por los caminos y por los vallados
y fuérzalos a entrar; para que se llene mi casa*

Esa expresión de Padre; *"fuérzalos"* se corresponde con la manera *"apostólica de predicar"*, de la cual la iglesia actual se ha apartado.

*Pedro predicó demandando respuestas
Pablo predicó demandando respuestas
El Señor Jesús demandó respuestas, siempre*

Por tal razón, y mirándonos en los espejos correctos, *"la iglesia postrera"* debe dejar a un lado los mensajes livianos, temerosos del que dirán, de alguna manera teniendo cuidado de una posición ministerial, la cual *"no le fue dado por la iglesia, sino por Dios que lo llamo"*.

*Usted es Siervo de Dios
porque la Cabeza lo llamó
no lo llamó el cuerpo*

<u>¿Quiénes estarán a su mesa en sus bodas?</u>

Y oí como la voz de una gran multitud, como el estruendo de muchas aguas, y como la voz de grandes truenos, que decía:

Aleluya, ¡porque el Señor nuestro Dios Todopoderoso Reina!

Gocémonos y alegrémonos y démosle gloria; porque han llegado las bodas del Cordero, y su esposa se ha preparado.

"Elegidos para servirle"

Y a ella se le ha concedido que se vista de lino fino, limpio y resplandeciente; porque el lino fino es las acciones justas de los santos.

Y el ángel me dijo: Escribe: Bienaventurados los que son llamados a la cena de las bodas del Cordero. Y me dijo: Estas son palabras verdaderas de Dios. (Apocalipsis 19: 6/9).

***Allí estará el Dios Trino
la esposa del Cordero
y toda creación celestial con acceso a su presencia***

*Bienaventurados los que una vez fuimos llamados
Y ese día glorioso seremos "Esposa"*

PREDESTINACIÓN
La gracia que conquista la justicia
El llamamiento de Dios II

Personal e irresistible

Spurgeon aborda este *"Llamamiento personal"* aportándonos claridad en los hechos ocurridos en ocasión de cuatro llamamientos personales.

Lázaro: (Extraído de Juan: Capitulo 11)

Jesús, profundamente conmovido otra vez, vino al sepulcro. Era una cueva, y tenía una piedra puesta encima.

> *Dijo Jesús: ¡Quitad la piedra!*
> *Marta dijo: ¡Señor hiede ya!*
> *¡Ven fuera!*

La palabra de Dios declara:

Antes de ser cristianos, ustedes estaban muertos para Dios a causa de sus delitos y pecados. (Efesios 2: 1) <NTV>

"Muertos" Absolutamente muertos, absolutamente imposibilitados para darnos vida por nosotros mismos.

"La justicia" Exige que el muerto sea enterrado delante de sí. ¡La muerte es insoslayable!

Busquen una cueva oscura
Pongan una piedra bien pesada
La gracia Soberana, clama: ¡Ven fuera!
El hedor ha llegado a la nariz de la justicia

La gracia soberana encuentra al pecador muerto
El pecador oye el llamado – Cree–Vive

A diferencia de los casos que expondremos a continuación debemos notar que el caso de Lázaro es muy particular y único.

No solo estaba muerto por causa de sus delitos y pecados, también estaba muerto físicamente, su cuerpo inerte envuelto en lienzos, su carne siendo corrompida, sin la más mínima expresión de sus sentidos, sin latidos de su corazón, sin sangre corriendo por sus venas, sin ningún vestigio de luz en su alma.

Entonces la voz del Hijo del Dios viviente exclamó: ¡Lázaro! ¡Ven fuera!

De pronto, aquel que estaba muerto oyó su nombre. La voz del Hijo pronunció su nombre, entonces se desató un poder inexplicable para los hombres. El que estaba muerto oyó el llamado de Jesucristo, irresistible.

El espíritu de Lazaro fue devuelto a su cuerpo, su pecho se expande por una bocanada de aire, su corazón late, su sangre corre, y la luz vuelve a su alma, tan solo porque Jesus lo llamó, y le fue imposible a Lazaro no acudir a la voz de su llamado.

Saulo de Tarso: *(Extractado de Hechos 9: 1/19).*

Saulo, aún respiraba amenazas y muerte contra los discípulos del Señor. (Hechos 9: 1).

Había un plan santo, ancestral, concebido por Dios:

¡Hay que detener a Saulo!
Pero lo excepcional de Saulo, hizo lo excepcional de Dios

El último apóstol.

Se me ocurren muchísimas maneras que el Señor pudo haber usado para atraer a Saulo de Tarso. La primera que viene a mi mente es que podría haber enviado a Pedro, que estaba lleno del Espíritu Santo.

O mejor aún, podría haber llevado a Pablo a Jerusalén ese día de Pentecostés. Bien pudo estar Pablo en medio de esa multitud que fuera conmovida en su espíritu por la presencia del Espíritu de Dios en las palabras de Pedro.

Bien pudo también provocar que Pablo y Santiago se cruzaran en alguna de las habituales reuniones de oración en el templo.

Juan y Jacobo, los hijos del trueno bien pudieron haberse cruzado con Pablo en algún camino y ser conmovido por la particular manera de ellos para compartir el evangelio. Pero no: *!Sus caminos no son como los nuestros!*

Jesús necesitaba que Pablo lo viera
y que lo viera "resucitado"
Jesús había elegido a Pablo para ser el apóstol a los gentiles
<Aplicación contextual: Hechos 1: 21/22–1 Corintios 15: 7/8)
Cerca de Damasco le rodeó un resplandor de luz del cielo
Saulo cayó a tierra y oyó la 'Voz de la gracia Soberana"

Saulo, Saulo, ¿Por qué me persigues?
¿Quién eres, Señor?

Yo soy Jesús, a quien tú persigues
Dura cosa te es dar coses contra el aguijón
(Hechos 9: 4/5)

Y para más muestra de *"Poder Soberano"* No solamente detuvo su persecución a sus siervos, sino que:

"Le plació usar su predicación elocuente y vehemente, sin igual, para Su reino"

Pero primero Saulo debió caer a tierra frente a Cristo

Zaqueo. *(Extractado de Lucas 19: 1/10)*

¡Qué ocurrencia!

¿A quién más que a Dios, se le pudo ocurrir elegir al peor hombre, el de peor fama y reputación de todo Jericó?

Zaqueo: Ficha personal

Profesión: Jefe de los publicanos
Condición Social: Rico
Características personales: Bajito de estatura. Muy curioso

Corrió para ver a Jesús, y subió a un sicomoro
Zaqueo ¡Date prisa y desciende!
Hoy necesito posar en tu casa
¡Hoy ha venido la salvación a esta casa!

Abraham. *(Extractado de Génesis Capítulo 12; 13; 14; 15; 16, y 17)*

¡El padre de los justos!

¡El padre de los desarraigos!
Vete de tu tierra y de tu parentela, y de la casa de tu padre
¿Dónde Señor?

A la tierra que yo te mostraré
(Génesis 12: 1)

Vete de Bet-el a Egipto
(Génesis 12: 10)

Vete de Egipto al Neguev
(Génesis 13: 1)

Vuelve a Bet-el

La gracia que conquista la justicia

(Génesis 13: 3)

Ahí no hay lugar suficiente, ve a Canaán
(Génesis 13: 6)

Alza ahora tus ojos, y mira
Toda la tierra que ves, la daré a ti y a tu descendencia
(Génesis 13: 14/15)

Algunos de nosotros, al buscar un espejo de referencia ministerial, miramos a Pablo; algunos otros, miramos a Pedro; otros ponen los ojos en Esteban o en Timoteo o en Bernabé.

En mi caso particular, hace tiempo que he puesto mi mirada en Abraham.

Sin duda alguna, es una característica ministerial, que el propio Señor, nos demande vivir constantemente dejando atrás cosas de nosotros mismos, y no me refiero a cosas nuestras de nuestro viejo hombre, porque eso es común a todos los santos; sino a cosas de nuestros afectos entrañables de la vida. Familia según la carne, familia espiritual, terruño, amistades, costumbres, gustos, y una lista interminable.

¡Y todo esto valió la pena, porque Jehová conduce los pasos de sus siervos!

"Servir a Dios es Servir a su propósito"

<u>**Meditación final.**</u>

Hermanos, yo mismo no pretendo haberlo ya alcanzado; pero una cosa hago: olvidando ciertamente lo que queda atrás, y extendiéndome a lo que está adelante, prosigo a la meta, al premio de supremo llamamiento de Dios en Cristo Jesús. (Filipenses 3: 13/14).

¿Es su llamamiento supremo?

Por tanto, hermanos santos, participantes del llamamiento celestial
(Hebreos 3: 1).

¿Eres participante de un llamamiento celestial?
¡No hecho por hombre alguno, sino por Dios!
¡Fiel es Dios, por el cual fuisteis llamados a la comunión
con su Hijo Jesucristo, nuestro Señor!
(1 Corintios 1: 9)

¿Pasas tiempo con él cada día?
¿Puedes cargar su cruz como te pidió?
¿Has estimado todo como pérdida por amor a Él?

<u>**El testimonio certero de nuestro llamado**</u>
¡No depende del concepto que usted tenga de sí mismo!
¡No depende del concepto que los hermanos tengan de usted!
¡No depende del testimonio que los de afuera tengan de usted!

Todo eso hay que buscar, pero esos testimonios pueden ser erróneos.
El testimonio que da el Espíritu de Dios
es consolidado con frutos
y estos son inequívocos

CAPÍTULO SIETE
Un abismo llama a otro abismo

TEMAS DE ESTE CAPÍTULO

Abismo soberano
"El desafío íntimo del hombre"

La mirada puesta en la tierra de Uz
"Delante de Jehová"

El cuarto hombre
"El joven de Dios"

Desde un torbellino
"Dios responde a Job"

UN ABISMO LLAMA A OTRO ABISMO
"Abismo soberano"
El desafío íntimo del hombre

En la concepción de mi razonamiento un abismo es un lugar tan profundo que es inaccesible para mí, pero tengo la certeza de que allí hay algo o alguien inmenso".

El Salmo 42 está escrito en un lenguaje repleto de profundidad. En lo personal, por mucho tiempo me pareció un salmo enigmático.

Este salmo plantea una realidad que a los hombres nos cuesta asumir:

> *Un abismo llama a otro a la voz de tus cascadas.*
> *Todas tus ondas y tus olas han pasado sobre mí.*
> *(Salmos 42: 7)*

- *Dios habita en un lugar "inaccesible" para los hombres (un abismo soberano)*
- *El ser interior del hombre es otro abismo (extremadamente limitado)*

Jehová, Dios, no mira lo que mira el hombre

El hombre mira lo que está delante de sus ojos

Dios mira el ser interior de los hombres (1 Samuel 16: 7)

Planteado en la palabra de Dios, en estos términos completamente inescrutables, nos revela una realidad, en la cual, "aparentemente", no hay una solución.

Entonces Dios, sabiendo que a los hombres nos es "imposible" mover un pie fuera del "abismo de nuestro ser interior"; Él se ha manifestado a sí mismo, dándose a conocer, por medio de Jesucristo, su Hijo, en la muestra de "amor misericorde más grande que jamás haya sido manifestada".

Tal manifestación es imposible reconocerla por ningún medio relacionado con los sentidos, las capacidades, los méritos, las sensibilidades y el razonamiento.

Jesucristo es Dios, pero no se quedó aferrado a eso,
viendo cómo su creación más preciada se apartó de Él,
vino a buscarnos al lugar donde cada uno nos encontramos
en medio de nuestros delitos y pecados
vino a mostrarnos el camino de regreso a casa
para eso se despojó a sí mismo de su Deidad
y se hizo semejante a los hombres
y siendo hombre se humilló a sí mismo
yendo obedientemente a la muerte en una cruz

Por esta razón, le fue dado un Nombre que es sobre todo Nombre
Y en el Nombre de Jesús
se doblará ante él, "toda rodilla"
"toda lengua" confesará que Jesucristo es el Señor
(Extracción parafraseada de Filipenses 2:5/11)

Nuestra naturaleza humana "cree equivocadamente" que todo lo que acontece, parte de una decisión personal.

Inclusive algunas creencias de error, muy sobrevaluadas, por cierto, predican y enseñan el concepto que todo procede "del libre albedrío de cada uno", que todo pasa por la razón que determina "la causa y el efecto"

El hacedor de toda creación es también el hacedor del plan de rescate.
El hacedor del plan de salvación
Determinó soberanamente
Darnos la gracia salvadora "gratuitamente"
A la cual solo se accede por medio de la fe.

"A todos los sedientos, venid a las aguas"
(Isaías 55:1)

Un abismo llama a otro
a la voz de tus cascadas
Todas tus ondas y tus olas
han pasado sobre mi
(Salmo 42: 7)

A todo esto, dice el salmista: "Las ondas y olas de Dios han pasado por encima de mi", por esto, nuestra razón se siente "ofendida" por no haber sido invitada a ser partícipe del plan de Dios, antes más bien, "deliberadamente excluida por Dios, habiendo sido relegada por la fe"; pretende volver al centro de la escena, manifestando su "ávido deseo de cuantificar lo que no es cuantificable".

En los dos siguientes pasajes bíblicos, en dos traducciones diferentes, podemos aprender de la actitud correcta del apóstol Pablo al procurar traer luz a la iglesia de las maravillas de Dios:

A mí, que soy el más pequeño de todos los santos, me fue dada esta gracia de anunciar entre los gentiles el evangelio de las inescrutables riquezas de Cristo, y de aclarar a todos cuál sea la dispensación del misterio escondido desde los siglos en Dios, que creó todas las cosas; para que la multiforme sabiduría de Dios sea ahora dada a conocer por medio de la iglesia a los principados y potestades en los lugares celestiales, conforme al propósito eterno que hizo en Cristo Jesús nuestro Señor, en quien tenemos seguridad y acceso con confianza por medio de la fe en él. (Efesios 3: 8/12) <RVR1960>.

Aunque soy el menos digno de todo el pueblo de Dios, por su gracia él me concedió el privilegio de contarles a los gentiles acerca de los tesoros inagotables que tienen a disposición por medio de Cristo.

Fui elegido para explicarles a todos el misterioso plan que Dios, el Creador de todas las cosas, mantuvo oculto desde el comienzo.

El propósito de Dios con todo esto fue utilizar a la iglesia para mostrar la amplia variedad de su sabiduría a todos los gobernantes y autoridades invisibles que están en los lugares celestiales.

Ese era su plan eterno, que él llevó a cabo por medio de Cristo Jesús nuestro Señor.

Gracias a Cristo y a nuestra fe en él, podemos entrar en la presencia de Dios con toda libertad y confianza. (Efesios. 3: 8/12) <Nueva Traducción Viviente>.

El plan de Dios es usar a su iglesia para dar a conocer a todo lo creado la amplia variedad de su sabiduría y para que esto ocurra eficazmente

Debemos sabernos a nosotros mismos, como Pablo se supo a sí mismo el menos digno de todos para tal tarea.

Por esta causa doblo mis rodillas ante el Padre de nuestro Señor Jesucristo de quien toma nombre toda familia en los cielos y en la tierra, para que os dé, conforme a las riquezas de su gloria, el ser fortalecidos con poder en el hombre interior por su Espíritu; para que habite Cristo por la fe en vuestros corazones, a fin de que, arraigados y cimentados en amor, seáis plenamente capaces de comprender con todos los santos cuál sea la anchura, la longitud, la profundidad y la altura, y de conocer el amor de Cristo, que excede todo conocimiento, para que seáis llenos de toda la plenitud de Dios.

Y aquel que es poderoso para hacer todas las cosas mucho más abundantemente de lo que pedimos o entendemos, según el poder

que actúa en nosotros a él sea gloria en la iglesia en Cristo Jesús por todas las edades, por los siglos de los siglos. Amen. (Efesios 3: 14/21) <RVR1960>.

Cuando pienso en todo esto, caigo de rodillas y elevo una oración al Padre, el Creador de todo lo que existe en el cielo y en la tierra.

Pido en oración que, de sus gloriosos e inagotables recursos, los fortalezca con poder en el ser interior por medio de su Espíritu.

Entonces Cristo habitará en el corazón de ustedes a medida que confíen en él.

Echarán raíces profundas en el amor de Dios, y ellas los mantendrán fuertes. Espero que puedan comprender, como corresponde a todo el pueblo de Dios, cuán ancho, cuán largo, cuán alto y cuán profundo es su amor.

Es mi deseo que experimenten el amor de Cristo, aun cuando es demasiado grande para comprenderlo todo. Entonces serán completos con toda la plenitud de la vida y el poder que proviene de Dios. (Efesios 3: 14/21) <Nueva Traducción Viviente>.

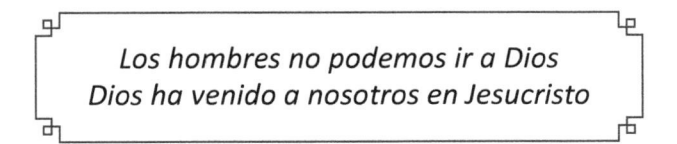

> Los hombres no podemos ir a Dios
> Dios ha venido a nosotros en Jesucristo

Ustedes no me eligieron a mí

Yo los elegí a ustedes (Juan 15: 16)

El poder de Su elección manifiesta su justicia

Sus escogidos son atraídos a Él por sus múltiples llamados

"Su voz, llamándonos, es irresistible"

Nadie ha sido elegido por mérito propio alguno

Fuimos elegidos según el beneplácito de su voluntad

Y por, sobre todo
Nadie, ha acudido a su llamado por ser perfecto

"Job"
"Aceptar Su soberanía, el desafío íntimo del hombre"

William Perkins. "El arte de profetizar" -1592-

La sabiduría humana tiene que ocultarse, porque la predicación de la palabra de Dios es el testimonio de Dios; y nos lleva al conocimiento de Cristo, y tal cosa, nunca ocurre por medio de alguna habilidad humana.

El desafío de esta "capacitación ministerial" no es aprender de manera sistemática el libro de "Job".

Hay muchos excelentes trabajos de estudio sobre este libro, todos ellos escritos por hermanos extremadamente preparados para hacerlo.

Entonces, aclarado esto, el desafío de este tramo en la capacitación ministerial" es adentrarnos en el "Atributo Soberano de Dios".

Tomaremos varios hechos detallados sucedidos a los integrantes de lo acontecido en el libro de Job.

Conceptos de soberanía

Si bien en la actualidad hay naciones bajo "El Sistema Monárquico de Gobierno", prefiero referirme a aquellas historias de las monarquías sucedidas en la Edad Media.

Por ejemplo: Ricardo I de Inglaterra estableció el siguiente lema; "Dieu et mon droit"

Que significa: "Dios y mi derecho".

Pero hoy nos convoca el estudio de "La Soberanía del Único y Verdadero Dios Soberano"

Por tal razón comenzaremos este estudio por el final del libro de Job, donde Dios se hace presente, para contestar todas las argumentaciones de Job.

"Dios que no admite cuestionamientos"

El único que tiene todas las respuestas para los hombres.

Sin embargo, ante el intento de los hombres de creer que tenemos el derecho a cuestionar,

Dios se manifiesta a su siervo Job con las siguientes preguntas:

¿Quién es ese que oscurece el consejo?
Job 38: 2ª

¡Ahora, cíñete como varón tus lomos! ¡Tú me contestaras!
Job 38: 3

¿Dónde estabas tú cuando formaba la tierra?
Job 38: 4ª

¿Has mostrado al alba su lugar?
Job 38: 12b

¿Has visto las puertas de la sombra de la muerte?
Job 38: 17b

¿Enviaras tú los relámpagos para que ellos vayan?
Job 38: 35

¿Es sabiduría contender con el Omnipotente?
Job 40: 2ª

¿Invalidaras tú también mi juicio?
Job 40: 8ª

¿Me condenarás a mí, para justificarte tú?
Job 40: 8b

¿Sacaras tú al Leviatán con anzuelo?
Job 41:1

Una sola vista al Leviatán y se desmayarán
Job 41: 9b

Nadie hay tan osado que lo despierte
Job 41: 10ª

¿Quién, pues, podrá estar delante de mí?
Job 41: 10b

La respuesta de Job

Yo hablaba lo que no entendía
de oídas te había oído
más ahora mis ojos te ven
(Job 42: 3/5)

- Cada palabra escrita en el libro de Job "trabaja en mí", como la detallada manifestación de la "Soberanía de Dios".
 En el lenguaje de las expresiones cristianas, a todos nos es familiar decir u haber oído decir, "Mi Dios es soberano".
- Cosas que están incorporadas a nuestro lenguaje, pero el incorporarlas a nuestra fe, lleva toda una vida de aprendizaje.
- Y dije "toda una vida", deliberadamente. Es imposible aprender este "atributo soberano de Dios" por medio de la comprensión.

Aceptamos Su Soberanía mientras maduramos en El. Su atributo soberano es añadido a nuestra fe, mientras aprendemos, a vivir por fe.

*He aquí que aquel cuya alma no es
recta se enorgullece
más el justo, por su fe vivirá
(Habacuc 2: 4)*

Todos los hombres y mujeres de todos los tiempos, hemos creído tener el derecho propio a cuestionar a Dios ante las muchas circunstancias que ofrece la vida.

Claro que la mayoría de los tales, se acuerdan de Dios a la hora de los cuestionamientos que derivan de la certeza de tener derecho a cuestionar a Dios".

Esto es precisamente lo que pasó con Job.

Y debo ser honesto en decir que las actitudes de Job, me representan en algunas etapas de mi vida, y asumo que también representan a la mayoría de los lectores.

Aplicación final.

Cuan necesario es que los siervos de Dios, los cuales cada vez más toman partido con la erudición bíblica, aprendamos y enseñemos que es de buenos cristianos aprender a decir: "no se la respuesta a esto".

"El pueblo de Dios jamás fue llamado a entenderlo todo, fuimos llamados a creerlo todo"

UN ABISMO LLAMA A OTRO ABISMO
"La mirada puesta en la tierra de Uz"
¡Delante de Jehová!

El comienzo.

Hubo en la tierra de Uz un varón llamado Job; y era este hombre perfecto y recto, temeroso de Dios y apartado del mal. (Job 1: 1).

Un día vinieron a presentarse delante de Jehová los hijos de Dios, entre los cuales vino también Satanás.

Y dijo Jehová a Satanás: ¿De dónde vienes?

Respondiendo Satanás a Jehová, dijo: De rodear la tierra y de andar por ella.

Y Jehová dijo a Satanás: ¿No has considerado a mi siervo Job, que no hay otro como él, en la tierra, varón perfecto y recto, temeroso de Dios y apartado del mal?

Respondiendo Satanás a Jehová, dijo:

¿Acaso teme Job a Dios de balde?

¿No le has cercado alrededor a él y a su casa y a todo lo que tiene?

Al trabajo de sus manos has dado bendición; por tanto, sus bienes han aumentado sobre la tierra. Pero extiende ahora tu mano y toca todo lo que tiene, y verás si no blasfema contra ti, en tu misma presencia.

Dijo Jehová a Satanás: He aquí, todo lo que tiene está en tu mano; solamente no pongas tu mano sobre él. Y salió Satanás de delante de Jehová. (Job 1: 6/12).

Delante de Jehová.

Cuando hablamos de "Soberanía de Dios", debemos admitir que es un atributo de Dios del cual podemos observar, "solamente" la superficie de ese abismo, del que muy poco, o casi nada podemos explicar.

Solamente nos ha sido concedido el haber sido escogidos para creerlo.

Lo narrado en el libro de Job, aconteció por lo ocurrido *"delante de Jehová"*; una especie de reunión, en su presencia, la cual pareciera ocurrir bastante más frecuentemente de lo que los hombres imaginamos.

Los hijos de Dios "Los ángeles" se presentan *"delante de Jehová"*, lo cual, para expresar cómo son las cosas "delante de Jehová" solo disponemos de lo narrado por aquellos pocos a los que se le permitió ver, estando en el Espíritu.

- *Juan. (Apocalipsis 4; 1.6; 20: 11)*
- *Moisés, Aaron, Nadab, Abiú y los setenta ancianos. (Éxodo 24: 9/11)*
- *Micaías. (1 Reyes 22:19)*
- *Isaías. (Isaías 6: 1/13)*
- *Daniel. (Daniel 7: 9/14)*

Respecto al relato de lo ocurrido *"delante de Jehová"*, el dialogo que Jehová Dios y Satanás tienen respecto a Job, hay quienes opinan que está referido por el autor del libro, en un lenguaje figurativo, al estilo de una parábola.

Trazando un paralelismo escritural entre este pasaje y: Lucas 22: 31/32; me inclino a creer que lo narrado en el libro de Job, es totalmente literal.

Lucas 22: 31/32[a]

Dijo también el Señor: Simón, Simón, he aquí Satanás os ha pedido para zarandearos como a trigo; pero he rogado por ti, que tu fe no falte…

NOTA PARA CONSIDERAR.

Hay dos vertientes teológicas respecto de este hecho narrado en el libro de Job.

Una de ellas se basa en que aún continúan esta especie de reuniones de ángeles de ambos reinos se presentan delante de Jehová para reportar sus actividades y pedir permiso al Padre para realizarlas.

Obviamente el foco de atención es si aún hoy Satanás se presenta delante de Jehová a solicitar permiso para influenciar la vida de alguien en particular, ya sea *"por sí mismo"* o por alguno de sus emisarios de menor rango y poder.

La otra vertiente teológica afirma que este tipo de reuniones y pedidos de permisos *"delante de jehová"* acabaron en el momento de la muerte y resurrección de Jesucristo, dado que la rotunda victoria ya se hubo consumado.

Son varios lo pasajes de la Escritura que respaldan esta segunda afirmación de la teología

Ahora es el juicio de este mundo; ahora el príncipe de este mundo será echado fuera. (Juan 12: 31).

Despojando a los principados y a las potestades, los exhibió públicamente, triunfando sobre ellos en la cruz. (Colosenses 2: 15).

Entre muchos otros.

Llegan malas noticias.

El siguiente pasaje es "devastador", uno tras otro, llegan los mensajeros trayendo noticias de desgracias a la vida de Job.

Extracción: Job 1: 13/ 19

- *Robaron sus bueyes y sus asnas, y dieron muerte a sus criados.*
- *Sus ovejas y sus pastores fueron muertos aparentemente por un rayo.*
- *Ciertos caldeos arremetieron y robaron sus camellos y mataron a sus criados.*
- *Un gran viento azotó la casa donde estaban sus hijos e hijas y murieron.*

Hemos comenzado el libro de Job por su final.

En este punto es donde podrían tener lugar muchas preguntas que los hombres pueden tener para a Dios, a modo de cuestionamientos:

Si Dios existe ¿Por qué le pasan cosas malas a la gente buena?

¿Por qué a mí?

¿Por qué Dios no intervino?

Realmente no se ni siquiera con que letra, empezar a referirme sobre la muerte de los hijos.

Por la misericordia de Dios, no lo he vivido. Tampoco sé, que seguir escribiendo ahora.

Amado, si has vivido eso, solamente puedo poner mi mano sobre tu hombro y no emitir palabra alguna.

Sin embargo, el Espíritu Santo me ha guiado a comenzar por aquellas preguntas que Dios le hizo a Job, y quizás, en este día hacerlas extensivas a cada uno de nosotros.

Dios nos propone una relación en la que debemos aceptar su "faz soberana" en aquellas cosas que nos duelen hasta casi la muerte, como pasó con Job.

¡Ahora, cíñete como varón tus lomos! ¡Tú me contestaras!
(Job 38: 3)

¿Quién es el que oscurece el consejo sin entendimiento?
(Job 42: 3)

- *Yo hablaba lo que no entendía*
- *De oídas te había oído*
- *Mas ahora mis ojos te ven*

Primera aplicación.

Una invitación a interactuar mediante opiniones o vivencias propias.

- *Ponga ejemplos de: "Oscurecer el consejo por falta de entendimiento"*
- *Ponga ejemplos de la secuencia de la respuesta de Job*
  a) *Hablaba lo que no entendía*
  b) *De oídas te había oído*
  c) *Mas ahora mis ojos te ven*

Job no era alguien nuevo en la fe, de hecho, lo llama: Mi siervo Job.

- *Dios no pregunta estas cosas a alguien que no lo conocía*
- *Estas son preguntas pertinentes a todos los que ya hemos andado a su lado*
- *Preguntas de Dios a los que "fuimos soberanamente elegidos" para caminar a su lado.*
- *Preguntas habituales de Dios a sus siervos*

¿Quién es el que oscurece el consejo sin entendimiento?

Cada vez que hablamos en nombre de Dios ocurre que el Espíritu Santo ha decidido usar su espada; y eso quiere decir que cada vez que usted se pare frente a un púlpito, ante el pueblo escogido por Dios ocurre que el Espíritu Santo ha decidido:

- *"Testificar a Cristo"*
- *"Guiar a su pueblo"*
- *"Traer esperanza y certeza a su pueblo"*
- *"Redargüir a su pueblo"*
- *"Consolar a su pueblo"*
- *"Convocar a su pueblo"*
- Y tantísimas cosas más según su soberana voluntad, usándolo a usted.

<u>Otra vez delante de Jehová.</u>

Y Jehová dijo a Satanás: ¿No has considerado a mi siervo Job, que no hay otro como él, en la tierra, varón perfecto y recto, temeroso de Dios y apartado del mal, y que todavía retiene su integridad, aun cuando tú me incitaste contra él para que lo arruinara sin causa?

Respondiendo Satanás, dijo a Jehová: Piel por piel, todo lo que el hombre tiene dará por su vida. Pero extiende ahora tu mano, y toca su hueso y su carne y verás si no blasfema contra ti en tu misma presencia.

Y Jehová dijo a Satanás: He aquí, él está en tu mano; más guarda su vida. (Job 2: 4/6).

En este punto es propicio que nos apartemos un momento del libro de Job y miremos el óleo de Dios en toda su expresión.

El cuestionamiento de Satanás a Dios es racional.

La respuesta de Dios es consecuente con su modelo relacional entre Él, y sus escogidos.

Para reflexionar.

*Y si los creyentes nunca enfermaran
¿Habría alguien que no fuese creyente?*

*Y si todos los creyentes fuésemos multimillonarios
¿Habría alguien que no fuese creyente?*

*Y si a los creyentes jamás nos pasara algo malo
¿Habría alguien que no fuese creyente?*

Aplicación filosófica.

Si las cosas fuesen así:

- *Desaparecerían las Escrituras por falta de sentido.*
- *Ni Nicodemo ni nadie tendría que nacer de nuevo.*
- *Cristo jamás hubiera venido por nosotros.*
- *Nunca se hubiese predicado "El sermón del monte".*
- *Simón Pedro hubiera sido pescador de peces hasta su muerte.*
- *No existirían los bienaventurados.*
- *El mundo sería la iglesia.*
- *Habría solo dos los crucificados en el calvario aquel día.*
- *No existiría la sana doctrina.*
- *La iglesia de Jesucristo no existiría.*
- *El viento recio en Pentecostés hubiera sido una brisa.*
- *Saulo de Tarso no hubiera tenido a quien perseguir.*
- *¿Qué sentido tendría tener certeza de lo que espera?*
- *La esperanza sería una vergüenza.*
- *La carne y el Espíritu serían grandes amigos.*
- *Los ángeles no acamparían alrededor de nadie.*
- *Los demonios estarían buscando empleo.*

Este es un momento para hacer esta oración.

En primera persona.

*Padre del cielo, te ruego que no me quites del mundo,
hasta que sea tu día, te pido que me guardes del mal,
así como tú, no soy de este mundo,*

> *santifícame en tu verdad, tu palabra es verdad,*
> *así como enviaste a tu Hijo al mundo ahora sé,*
> *que tú me enviaste también a mi*
> *santifícame en tu verdad tu palabra es verdad,*
> *por Cristo Jesús, Señor de mi vida*

La palabra de Dios tan eficaz como siempre

Especialmente en medio de la aflicción.

Sin embargo, se oyen ciertas predicaciones respecto a: "Parar de sufrir"; "Prosperado y en victoria", "Sea positivo" en lugar de "Sea obediente", y muchos etcéteras.

Amados, no os sorprendáis del fuego de la prueba que os ha sobrevenido, como si alguna cosa extraña os aconteciese (1 Pedro 4: 12).

Como desearía que Dios se prepare para sí, un ejército de predicadores con estos mensajes. Porque estos mensajes son los que predicaba Santiago:

Hermanos míos, tened por sumo gozo cuando os halléis en diversas pruebas, sabiendo que la prueba de vuestra fe produce paciencia.

Mas tenga la paciencia su obra completa, para que seáis perfectos y cabales, sin que os falte cosa alguna. (Santiago 1: 2/4).

Y si a los creyentes jamás nos pasara algo malo

¿Habría alguien que no fuese creyente?

Entonces le dijo su mujer: ¿Aún retienes tu integridad? Maldice a tu Dios y muérete (Job 1: 9)

> *¿Que? ¿Recibiremos de Dios el bien y el mal no lo recibiremos?*
> *¡Y Job, en todo esto no pecó con sus labios!*
> *(Job 1: 10)*

Llegan visitas para Job.

Siete días y siete noches de silencio

Y tres amigos de Job, Elifaz temanita, Bildad suhita, y Zofar naamatita, luego que oyeron todo el mal que le había sobrevenido, vinieron cada uno de su lugar; porque habían convenido en venir juntos para condolerse de él, y para consolarlo.

Los cuales, alzando los ojos de lejos, no lo conocieron, y lloraron a gritos; cada uno de ellos rasgó su manto, y los tres esparcieron polvo sobre sus cabezas hacia el cielo.

Así se sentaron con él, en tierra por siete días y siete noches, y ninguno le hablaba palabra, porque veían que su dolor era muy grande. (Job 2: 11/ 13)

Job maldice el día de su nacimiento.

Por cuanto no cerró las puertas del vientre donde yo estaba.

Ni escondió de mis ojos la miseria.

¿Por qué no morí yo en la matriz o expiré antes de salir del vientre? (Job 3: 10/11).

Pues ahora estaría yo muerto, y reposaría; dormiría, y entonces tendría descanso. (Job 3: 13).

Aplicación de vida.

- *¡Las quejas siempre llegan a los oídos de Dios!*
- *¡Las quejas son maldiciones encubiertas!*
- *¡Las quejas apagan el Espíritu!*
- *Job expresa una queja, maldiciendo "el hecho de haber venido al mundo".*

- *Ya sea por expresión, o por meditación, es una queja que no nos resulta desconocida.*

> *¡Mejor muerto antes que en esta miserable vida!*
> *Pobre de mí*

Estad siempre gozosos. Orad sin cesar. Dad gracias a Dios en todo, porque esta es la voluntad de Dios para con vosotros en Cristo Jesús.

¡No apaguéis el Espíritu! (1 Tesalonicenses 5: 18/19).

El temor, puerta de los males (Job 3: 25/26)

Sin duda alguna que el enemigo de nuestras almas hace su tarea de investigación previa.

> *Solo Dios puede ver el corazón de los hombres.*
> *Satanás, oye atentamente nuestras quejas*
> *Mira atentamente nuestras reacciones*

- *Porque el temor que me espantaba me ha venido.*
- *Y me ha acontecido lo que yo temía.*
- *No he tenido paz.*
- *No me aseguré ni estuve reposado*
- *No obstante, me vino turbación*

Aplicación para reflexionar.

- *Luego Job confiesa a sus amigos "haber temido" la pérdida de su descendencia*
- *El temor es un espíritu que se manifiesta paralizando nuestra fe*
- *No viene sin que hayamos predispuesto nuestro espíritu a la duda*

En el amor no hay temor, sino que el perfecto amor echa fuera el temor; porque el temor lleva en sí castigo. De donde el que teme, no ha sido perfeccionado en el amor. (1 Juan 4: 18/19).

> *El que teme, no ha sido perfeccionado en el amor*
> *la duda llega al dar lugar a nuestras concupiscencias*
> *el temor trae duda, y esto es un proceder que*
> *denota inmadurez*

Resulta muy controversial el hecho que tal como fue prometido, el Espíritu Santo nos habita, y aun manteniendo una vivida relación con El, el enemigo encuentra alguna zona resquebrajada de nuestra naturaleza humana para sembrar temor. "La concupiscencia"

Someteos, pues, a Dios; resistid al diablo, y huirá de vosotros. (Santiago 4: 7)

Primera conclusión para aplicar

> *El temor lleva en sí, castigo, pero en el*
> *amor no hay temor someteos,*
> *pues a Dios*
> *(Introspectivamente, ponga su vida ante este espejo)*

Elifaz y el argumento de la causa y el efecto.

Habiendo escuchado muy atentamente "la queja de Job, expresada en palabras de maldición", interviene el primero de sus tres amigos; Elifaz.

Entonces respondió Elifaz temanita, y dijo: Si probáremos a hablarte, te será molesto; pero ¿Quién podrá detener las palabras?

He aquí, tú enseñabas a muchos, y fortalecías las manos débiles; al que tropezaba enderezaban tus palabras, y esforzabas las rodillas que decaían.

¡Mas ahora que el mal ha venido sobre ti, te desalientas!

¡Y cuando ha llegado a ti, te turbas!

¿No es tu temor a Dios tu confianza? ¿No es tu esperanza la integridad de tus caminos?

¡Recapacita ahora! ¿Qué inocente se ha perdido? ¿En dónde han sido destruidos los rectos? (Job 4: 1/ 7).

Causa y efecto: Definición: Es una "teoría" filosófica que argumenta que, "Toda acción, provoca una reacción, una consecuencia o resultado." "El principio de la causalidad"

Desde ya, este es un razonamiento opuesto a la "Soberanía de Dios".

Lo que Elifaz le dice a Job, más allá que no está en dudas sus intenciones, muestran una profunda "incapacidad" para el consejo.

- *Si te lo digo, te va a molestar*
- *¿Quién puede detener las palabras?*
- *Tú enseñabas a muchos*
- *Fortalecías las manos débiles*
- *Esforzabas las rodillas que decaían*
- *Y ahora, reaccionas quejándote*

La "causa y efecto" es una doctrina del mundo.

Sagradas Escrituras 1569.

Porque todo lo que hay en el mundo que es la concupiscencia de la carne, y la concupiscencia de los ojos, y la soberbia de la vida, no es del Padre, mas es del mundo. (1 Juan 2: 16).

Les he querido traer este pasaje y en esta traducción, tan hermosa y particular para abordar este tema desde aquí.

"Todos los que hemos llegado al Señor, obviamente provenimos del mundo"

La palabra de Dios describe claramente que es "El nuevo Nacimiento" en el pasaje de *(Juan 3: 1/ 21).*

> *Pero también la palabra de Dios nos describe también claramente*
> *que es **"el nuevo crecimiento",***
> *y lo encontramos a lo largo de cada epístola del "Nuevo Testamento",*
> *más enfáticamente, en las pastorales*

"Este nuevo crecimiento" lo vamos a detectar más claramente viendo los *"Procesos de Santificación". "Enseñanza fundamental de los apóstoles"*

La Santificación es el proceso práctico de vivir apartado para Dios siendo obediente "siempre" a la palabra de Dios

Todo cristiano está viviendo este proceso y cada uno está en algún punto de este "proceso en común."

¡Santifícalos en tu verdad; tu palabra es verdad!
¡Como tú me enviaste al mundo, así yo los he enviado al mundo!
¡Por ellos yo me santifico a mí mismo,
para que también ellos sean santificados en la verdad!
(Juan 17: 17/ 20).

Si la misma palabra de Dios describe a la santificación como "un proceso", al mismo tiempo dice que "no es algo instantáneo".

Elifaz no estaba aconsejando a su amigo Job, antes bien, lo estaba juzgando:

¡Recapacita ahora!
¿Qué inocente se ha perdido?
¿En dónde han sido destruidos los rectos?
(Job 4: 7)

La exhortación, o consejería, o funciones especiales dentro del cuerpo relacionadas con estas, son sin duda alguna *"Dones del Espíritu Santo"*.

Hace algunos años, se emplea algo denominado *"sanidad interior"*, que introduce a la iglesia ciertas "técnicas" a mi modo de ver, "extrañas".

Particularmente me refiero a "misticismos", "visualizaciones", "regresiones", "transferencias", "viajes de oración", y muchísimos etcéteras. Analice en el contexto apropiado: (Levítico 10: 10 en adelante).

Nadab y Abiú, hijos de Aarón.

Breve aplicación.

Los ministerios que Dios da, el ejercicio de los dones espirituales que Dios da, precisamente los da, para edificación del cuerpo de Cristo. *(1 Corintios 14:26)*.

No debería la iglesia, representada por los ministerios que Dios ha dado, con las manifestaciones de los dones que Dios ha dado, *"apresurarse para el consejo"*.

Ahora bien, hay diversidad de dones, pero el Espíritu es el mismo. Y hay diversidad de ministerios, pero el Señor es el mismo. Y hay diversidad de operaciones, pero Dios, que hace todas las cosas en todos es el mismo. Pero a cada uno les es dada la manifestación del Espíritu para provecho. (1 Corintios 12: 4/8).

La palabra de Dios aborda estos temas de manera muy amena, muy edificante, muy esclarecedora. Sin embargo, hay en estos temas diversidad de opiniones y de aplicaciones en cuanto a su funcionamiento y desarrollo.

<u>Conceptos básicos sobre los Dones Espirituales.</u>

- *Los dones espirituales se manifiestan en las personas.*
- *Los dones espirituales no son propiedad de ninguna persona.*
- *Los dones espirituales son para "la edificación del cuerpo".*
- *Los dones espirituales no son para hacer alarde de ellos.*
- *La manifestación continua y recurrente de algún don del Espíritu Santo en usted, pone de manifiesto su ministerio.*

Hay algo que pasa muy seguido en las iglesias de todo el mundo, y es algo triste.

Métodos de la ciencia para sanar el alma.

Métodos empresariales de liderazgo para levantar líderes de Dios.

Métodos para ser prosperados según el mundo.

No vea como algo provisto por Dios
algunos métodos nacidos en el mundo sin Dios

Veintisiete capítulos del libro de Job son más que suficientes para aprender esto

Aconsejar a los hijos de Dios es un ministerio de Dios
se manifiestan dones del Espíritu Santo
para que los hijos sean edificados en los preceptos de Dios

Yo dije a Jehová, ten misericordia de mí; sana mi alma, porque contra ti he pecado. (Salmos 41: 4).

El Señor es mi pastor nada me faltará, El confortará mi alma; me guiará por sendas de justicia, por amor de su nombre. (Salmos 23: 1 y 3).

Bendice alma mía, a Jehová, y no olvides ninguno de sus beneficios.

Él es el que perdona todas tus iniquidades; el que sana tus dolencias,

El que rescata del hoyo tu vida.

El que te corona de favores y misericordias. (Salmos 103: 2/ 4).

Clamaron a Jehová en su angustia, y los libró de sus aflicciones.

Envió su palabra, y los sanó, Y los libró de su ruina. (Salmos 107: 19/ 20).

Hijo mío, está atento a mis palabras; inclina tu oído a mis razones.

No se aparten de tus ojos; guárdalas en medio de tu corazón; porque de él, mana la vida. Porque son vida a los que las hallan, y medicina a todo su cuerpo. (Proverbios 4: 20/ 22).

> *Las personas llegan a Cristo,*
> *con todas "las consecuencias de sus pecados".*
> *Jamás el Señor, dejó sin considerar su*
> *dolor, angustia y padecimientos.*

Es notable escuchar a cientos de hermanos que recitan versículos con una memoria prodigiosa, y que al mismo tiempo no han meditado en esa verdad más profundamente.

Hay muchísimos ejemplos de esto.

> *Gozaos con los que se gozan*
> *Llorad con los que lloran*
> *Unánimes entre vosotros*
> *No altivos, sino asociándose con los humildes*

"La mirada puesta en la tierra de Uz"

(Romanos 12: 15/ 16ª)

En casos de pérdidas, es propicio "dar nuestras condolencias".

Condolerse = Dolerse con

También en esos casos se dicen cosas, frases hechas como ser "lo acompaño en el sentimiento".

¿Como se hace eso?
¿Como se llora con el que llora?

Llorar con el que llora, es estar con él.
No es el momento de explicarle cómo canalizar ese dolor por medio de la fe.
No es el momento de dar consejos que no puede oír
No hagamos lo mismo que Elifaz

Si te hablo te será molesto, pero igual te hablo
<Job 4: 2> parafraseado

No altivos, asociándose con el que sufre

Hay ocasiones en que la mejor manera de ejercer el ministerio es estando en silencio

Para concluir con este tramo de "la Capacitación Ministerial" podemos concluir que lo más eficaz de la visita de los amigos de Job, fueron los siete días y las siete noches que estuvieron en absoluto silencio.

En esos días y noches, los amigos de Job sirvieron a Dios siendo amigos, estuvieron al lado de Job. Lloraron con él, ninguno de ellos hablaba una sola palabra porque veían su dolor,

El consejo eficaz viene de la palabra de Dios
bajo la guía del Espíritu de Dios

UN ABISMO LLAMA A OTRO ABISMO
"El cuarto hombre"
¡El joven de Dios!

De pronto, aparece en escena un joven, de quien no había registro previo de que estuviera presente; Eliú, hijo de Baraquel buzita, de la familia de Ram; quien, de alguna manera, prepara el camino de Jehová.

Cabe mencionar que no es una cristofanía, (aparición pre encarnada de Jesucristo) sino por el contrario, la palabra de Dios instruye sobre esto agregando su linaje; hijo de Beraquel buzita de la familia de Ram.

Entonces Eliú hijo de Baraquel buzita, de la familia de Ram, se encendió en ira contra Job, por cuanto "se justificaba a sí mismo más que a Dios".

Asimismo, se encendió en ira contra sus tres amigos, porque no hallaban qué responder, aunque habían condenado a Job. (Job 32: 2/ 3).

Justificarse a sí mismo más que a Dios, fue el pecado de Job

Condenar a Job sin saber, fue el pecado de los tres amigos

Y respondió: Yo soy joven, y vosotros ancianos; por tanto, he tenido miedo, y he temido declararos mi opinión.

Yo decía: ¡Los días hablarán, y la muchedumbre de años declarará sabiduría! (Job 32: 6/ 7).

El joven Eliú, con buena educación y respetuoso en extremo, supuso que:

"los años declararán sabiduría"
(Escriba su propio ensayo sobre cómo aplicar este principio hoy en día).

En cambio, la sabiduría que viene de lo alto es, ante todo, pura; y además, pacífica, benigna, y conciliadora; está llena de misericordia y dispuesta a hacer el bien; es imparcial y sincera. (Santiago 3: 17).

El joven Eliú da su primera certeza:

*A Job lo vence Dios, no el hombre
Los tres amigos se espantaron y no respondieron más
Se les fueron sus razonamientos
<Job 32: 13b/ 15>
Parafraseado*

"El diagnóstico preciso"

Aplicación ministerial.

A modo de ejemplo digamos que cualquiera de nosotros vamos al médico a causa de cierta afección que nos molesta o nos provoca dolor.

Una de las peores cosas que nos puede pasar es que el médico equivoque el diagnostico de lo que nos acontece. Tal error deriva en un sin fin de acontecimientos todos ellos muy malos para nosotros.

Desde tomar la medicina equivocada, a que tal medicina nos enferme de otra cosa, y lo más obvio, no nos quita el dolor por el cual fuimos a visitar al médico.

Este ejemplo muy poco deseable, trasládelo a cualquier otra área de la vida. Pero si lo aplicamos a las cosas de Dios, a las espirituales el problema se agiganta,

En cuanto a la consejería ocurre demasiado a menudo el equivocar el diagnóstico del problema que un hermano o hermana viene por consejo a fin de corregirlo. Por tal razón, enfatizo en lo santo.

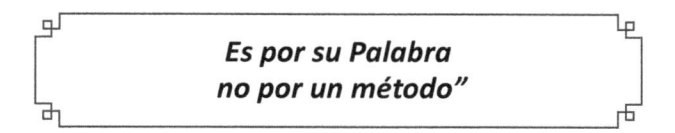

> **Es por su Palabra no por un método"**

¿Cuántas veces más ocurrirá lo de Job y sus tres amigos?

Eliú era joven, prudente y sin la experiencia de los años pero es a quien Dios usó para que Job comience la corrección

Hay diversidad de ministerios, pero el Señor es el mismo (1 Corintios 12: 5)

El Señor nos escoge para el ministerio, pero eso no nos convierte en imprescindibles; lo verdaderamente imprescindible, es la manifestación del don del Espíritu Santo en cada uno, y esto no para vanagloria personal sino *para beneficio del cuerpo de Cristo el cual es la iglesia.*

Y cuando el Espíritu Santo venga, convencerá al mundo de pecado, de justicia y de juicio. (Juan 16: 8).

La obra del Espíritu Santo en Job

De cierto tú dijiste a oídos míos, y yo oí la voz de tus palabras que decían:

Yo soy limpio y sin defecto soy inocente, y no hay maldad en mi he aquí que El, (Dios) buscó reproches contra mí y me tiene por su enemigo. (Job 33: 8/10)

La respuesta de Eliú contra los dichos de Job no se tarda; y ponen en evidencia la insensatez de Job ante "la Soberanía de Dios"

Mayor es Dios que el hombre
¿Por qué contiendes contra Él?
¡Porque Él no da cuenta de ninguna de sus razones!
(Job 33: 12b/ 13)

¡Pues la palabra del rey es con potestad!
¿Y quién le dirá: ¿Qué haces?
(Eclesiastés 8: 4)

Es oportuno recordar lo dicho al comienzo cuando hablamos de *"Soberanía de Dios"*, debemos admitir que es un atributo de Dios del cual podemos observar, "solamente" la superficie de ese abismo, del que muy poco podemos explicar.

Solamente nos ha sido concedido el haber sido escogidos para creerlo.

Además, dijo Eliú:

¡Oíd, sabios! mis palabras ¡Y vosotros, doctos, estadme atentos! Porque el oído prueba las palabras, como el paladar gusta de lo que uno come. (Job 34: 2/ 3).

¡De nada servirá al hombre confrontar su voluntad a Dios! (Job 34: 9).

Aplicación ministerial.

Cuando el Señor me brindó su confianza para escribir y compartir *"Corazón de Siervo"* con ustedes, siempre me ha dirigido a priorizar lo siguiente.

La virtud extraordinaria de Dios por
sobre los errores infaltables en
los hombres
Priorizar siempre la gracia por sobre
el pecado

"El cuarto hombre"

Priorizar el corazón de Dios por sobre el nuestro

¿Puede reconocer el corazón del Padre obrando en Eliú?

- *Su sabiduría está puesta bajo la soberanía de Dios*
- *Viene de lo alto, por lo tanto, edifica*

**Es pura, pacifica, benigna
es conciliadora, llena de misericordia
dispuesta a hacer el bien es imparcial y sincera
(Santiago 3: 17)**
<Parafraseado>

Job expresaba en medio de quejas, que era "injusto todo lo que estaba viviendo".

A lo que el joven Eliú responde:

*Si, por cierto, ¡Dios no hará injusticia!
¡El Omnipotente no pervertirá el derecho!
(Job 34: 12)*

*¿Gobernará el que aborrece juicio?
¿Condenarás tú, al que es tan justo?
(Job 34: 17)*

*Por eso Job abre su boca vanamente
multiplica palabras sin sabiduría
(Job 35: 16)*

*Truena Dios maravillosamente con su voz
El hace grandes cosas que nosotros no entendemos
(Job 37: 5*

*En Dios hay una majestad terrible
Él es Todopoderoso
grande en poder*

En juicio y en multitud de justicia, no afligirá
lo temerán por tanto los hombres
El no estima a ninguno que cree en su propio corazón, ser sabio
(Job 37: 22b/ 24)

Aplicación.

En este punto, es de buen siervo detener mis propias palabras, mis argumentaciones, mis opiniones de mí mismo, y "Aplicar este libro de Dios, tan lleno de preguntas" y tomar para mí, muchas de esas preguntas e ir con ellas delante de Dios. Solo así podremos incorporar a nuestra fe los conceptos soberanos.

El libro de las mil preguntas se hace vivo en mí y en ti solamente, si llevamos nuestra fe al altar de los sacrificios

Estoy preparado para "añadir" a mi fe

¡La virtud de Su Soberanía!

¿Quién es ese que oscurece el consejo?
(Job 38: 2ª)

¡Ahora, cíñete como varón tus lomos! ¡Tú me contestaras!
(Job 38: 3)

¿Dónde estabas tú cuando formaba la tierra?
(Job 38: 4ª)

¿Has mostrado al alba su lugar?
(Job 38: 12b)

¿Has visto las puertas de la sombra de la muerte?

(Job 38: 17b)

¿Enviaras tú los relámpagos para que ellos vayan?

"El cuarto hombre"

(Job 38: 35)

¿Es sabiduría contender con el Omnipotente?
(Job 40: 2ª)

¿Invalidaras tú también mi juicio?
(Job 40: 8ª)

¿Me condenarás a mí, para justificarte tú?
(Job 40: 8b)

¿Sacaras tú al Leviatán con anzuelo?
(Job 41: 1)

Una sola vista al Leviatán y se desmayarán
(Job 41: 9b)

¿Quién, pues, podrá estar delante de mí?
(Job 41: 10b)

Aplicación final.

Medite a solas con El.

Las mil preguntas hechas a Job, puestas hoy delante de tu faz.

Mucho tiempo después, el Señor Jesucristo habiendo ya resucitado, consideró llevar a su siervo Simón Pedro y hacerle todas estas preguntas resumidas en una sola:

Simón, hijo de Jonás, ¿me amas más que estos?

¡Apacienta mis corderos!

Y otra vez: Simón hijo de Jonás, ¿me amas?

¡Pastorea mis ovejas!

Y una tercera vez: Simón hijo de Jonás, ¿me amas?

Pedro se entristeció de que le dijese la tercera vez, y le respondió:

¡Señor tú lo sabes todo; tú sabes que te amo!

¡Apacienta mis ovejas!

Pondré mi nombre a su servicio, para que luego, usted a solas, cambie mi nombre por el suyo propio:

Daniel, ¿me amas?
¡Apacienta mis ovejas!

El Señor espera por nuestra respuesta cada día

UN ABISMO LLAMA A OTRO ABISMO
"Desde un torbellino"
Dios responde a Job

Entonces en un torbellino habló Jehová a su siervo.

Entonces respondió Jehová a Job, desde un torbellino, y dijo:
¿Quién es ese que oscurece el consejo con palabras sin sabiduría?

Ahora ciñe como varón tus lomos
Yo te preguntaré y tú me contestarás
(Job 38: 1/ 3)

A partir de su aparición, el Señor le hace a su siervo un sin número de preguntas, a las cuales no hay hombre alguno que pudiera contestar, tan solo una de ellas.

¿Acaso Dios habrá querido abrumar o avergonzar a su siervo Job?

¡No!

Dios declara una verdad a su siervo. No es dado a los hombres razonar su soberanía.

Su atributo soberano, solamente puede ser creído

Corazón de Siervo

Un abismo llama a otro abismo
En la voz de tus cascadas
Todas tus ondas y tus olas
Han pasado sobre mi
(Salmo 42: 7)

Ahora yo te preguntaré y tú me contestarás

¿Dónde estabas tú cuando yo fundaba la tierra?

¿Quién ordenó sus medidas, si lo sabes?

¿Quién extendió sobre ella el cordel?

¿Sobre qué están fundadas sus bases?

¿Quién puso su piedra angular, cuando alababan todas las estrellas del alba, y se regocijaban los hijos de Dios?

¿Quién encerró con puertas el mar, cuando se derramaba saliéndose de su seno, cuando puse yo las nubes por vestidura suya, y por su faja oscuridad, y establecí sobre él mi decreto, le puse puertas y cerrojo, y dije: ¡Hasta aquí llegarás, y no pasarás adelante, y ahí parará el orgullo de tus olas?

¿Has mandado tú a la mañana en tus días?

¿Has mostrado al alba su lugar para que ocupe los fines de la tierra, y para qué sean sacudidos de ella los impíos?

¿Has entrado hasta las fuentes del mar, y has andado escudriñando el abismo?

¿Te han sido descubiertas las puertas de la muerte, y has visto las puertas de la sombra de muerte?

¿Has considerado tú hasta las anchuras de la tierra?

¿Por dónde va el camino a la habitación de la luz y donde está el lugar de las tinieblas, para que las lleves a sus límites y entiendan las sendas de su casa?

¿Has entrado tú en los tesoros de la nieve o has visto los tesoros del granizo, que tengo reservado para el tiempo de angustia, para el día de la guerra y de la batalla?

¿Por qué el camino se reparte la luz, y se esparce el viento solano sobre la tierra?

¿Quién repartió el conducto al turbión, y el camino a los relámpagos y truenos, haciendo llover sobre la tierra deshabitada, sobre el desierto, donde no hay hombre, para saciar la tierra desierta e inculta, y para hacer brotar la tierna hierba?

¿Tiene la lluvia padre?

¿Quién engendró las gotas del rocío?

¿De qué vientre salió el hielo?

¿Quién engendró la escarcha del cielo

¿Pondrás tu lazo a las Pléyades, o desatarás las ligaduras de Orión, o guiarás a la Osa Mayor con sus hijos?

¿Supiste tú las ordenanzas de los cielos?

¿Dispondrás tú de su potestad en la tierra?

¿Alzarás tú a las nubes tu voz para que te cubra muchedumbre de aguas?

¿Enviarás tú los relámpagos para que ellos vayan?

¿Te dirán los relámpagos?: ¡Henos aquí!

¿Quién puso la sabiduría en el corazón, o quien dio al espíritu inteligencia?

¿Quién puso por cuenta los cielos con sabiduría?

¿Quién hace inclinar los odres del cielo?

¿Cazarás tú la presa para el león?

¿Saciarás el hambre de los leoncillos cuando estén echados en las cuevas, o se están en sus guaridas para acechar?

¿Quién prepara al cuervo su alimento cuando sus polluelos claman a Dios y andan errantes por falta de comida?

-¿Sabes tú el tiempo en que paren las cabras monteses?

¿Miraste tú las ciervas cuando están pariendo?

¿Contaste tú el tiempo de su preñez, y sabes el tiempo cuando han de parir?

¿Quién echó libre al asno montés y quién soltó sus ataduras?

¿Querrá el búfalo servirte a ti o quedar en tu pesebre?

¿Atarás tú, al búfalo con coyunda para el surco?

¿Labrará los valles en pos de ti?

¿Confiarás tú en él por ser grande su fuerza y le fiaras tu labor?

¿Fiarás de él para que recoja tu semilla y la junte en tu era?

¿Diste tú hermosas alas al pavo real, o alas y plumas al avestruz?

¿Diste tú al caballo su fuerza?

¿Vestiste tú su cuello con crines ondulantes?

¿Vuela el gavilán por tu sabiduría, y extiende hacia el sur sus alas?

¿Se remonta el águila por tu mandamiento y pone en lo alto su nido?

"Desde un torbellino"

¿Es sabiduría contender con el Omnipotente?

¡El que disputa con Jehová responda esto!

Entonces respondió Job a Jehová, y dijo:

"He aquí que yo soy vil; ¿Qué te responderé?

Mi mano pongo en mi boca

Una vez hablo, mas no responderé

Aún dos veces, más no volveré a hablar

(Job 40:2/5)

Después de que Dios le hiciera a Job cuarenta y cinco preguntas, con la intención de hacerle notar que Él sabe lo que está ocurriendo con su vida, que sigue al control, así como, sigue al control de todo lo creado, se detuvo y repentinamente lanza un desafío:

¡El que disputa con Dios responda eso!

Note que el desafío de Dios es para todo aquel que disputa con Dios

No crea que es solamente para Job

Un nuevo desafío para Job.

Un nuevo desafío para todos.

Las preguntas que Dios hará a Job, como primer destinatario, son extensivas a todos. Las cuarenta y cinco preguntas primeras estaban dirigidas a la razón.

¡He aquí que yo soy vil!

¿Qué responderé a todas tus preguntas?

¡Mi mano pongo sobre mi boca!

La nueva iniciativa de Dios nos da a meditar que, no quedó conforme con la respuesta de Job.

El nuevo desafío preparado paa Job y para todos está absolutamente dirigido a su espíritu.

El Padre deja muy en claro que nadie puede entender por la razón su Soberanía, por tal razón habla con su siervo, ahora en el plano espiritual/relacional, diciendo:

No puedes entender mi condición soberana

Cree solamente; ¡Confiadamente!

Cíñete (una vez más) como varón tus lomos

¡Yo te preguntaré y tú, me contestarás!

¿Invalidarás tú también mi juicio?

¿Me condenarás a mí, para justificarte tú?

¿Tienes tú un brazo como el de Dios?

¿Truenas con voz como la suya?

Adórnate ahora de majestad y de alteza, y vístete de honra y hermosura.

Derrama el ardor de tu obra; mira a todo altivo y abátelo.

"Desde un torbellino"

Mira a todo soberbio, y humíllalo, y quebranta a los impíos en su sitio.

Encúbrelos a todos en el polvo, encierra sus rostros en la oscuridad, y yo también te confesaré que podrá salvarte tu diestra. (Job 40: 1/ 14).

¿Quién, pues, podrá estar delante de mí

¿Quién me ha dado a mi primero, para que yo restituya?

¡Todo lo que hay debajo del cielo es mío!
(Job 41: 10b/ 11)

Respondió Job a Jehová, y dijo:

Yo conozco que todo lo puedes

Y que no hay pensamiento que se esconda de ti

¿Quién es el que oscurece el consejo sin entendimiento?

Yo, por tanto, hablaba lo que no entendía

Cosas demasiado maravillosas para mí, que yo no comprendía

Oye, te ruego, y hablaré

Te preguntaré y tú me enseñarás

De oída te había oído

Mas ahora mis ojos te ven

Por tanto, me aborrezco

Y me arrepiento en polvo y cenizas
(Job 42: 1/ 6)

Aplicación ministerial.

¿Qué cambio en Job?

¿A qué se debe tal cambio?

Dejar la mediocridad de las quejas

a vivir una adoración madura, estable y confiable

"Es lo que las congregaciones esperan del liderazgo"

"Del liderazgo en todas sus versiones y/o ministerios"

Esto necesitan ver tus hermanos, en tí y en mí.

Y aconteció que después que habló Jehová estas palabras a Job, Jehová dijo a Elifaz temanita:

Mi ira se encendió contra tí y tus dos compañeros; porque no habéishablado de mí lo recto, como mi siervo Job.

Ahora, pues, tomaos siete becerros y siete carneros, e id a mi siervo Job, y ofreced holocausto por vosotros, y mi siervo Job orará por vosotros, porque de cierto a él atenderé para no trataros afrentosamente, por cuanto no habéis hablado de mí con rectitud, como mi siervo Job.

Fueron, pues, Elifaz temanita, Bildad suhita y Zofar naamatita, e hicieron como Jehová les dijo; y Jehová aceptó la oración de Job. (Job 42:7/ 9).

Y quitó Jehová la aflicción de Job, cuando él hubo orado por sus amigos; y aumentó al doble todas las cosas que habían sido de Job.

Y vinieron a él todos sus hermanos y todas sus hermanas, y todos los que antes le habían conocido, y comieron con él pan en su casa, y se condolieron con él, y le consolaron de todo aquel mal que Jehová había traído sobre él; y cada uno de ellos le dio una pieza de dinero y un anillo de oro.

Y bendijo Jehová el postrer estado de Job más que el primero; porque tuvo catorce mil ovejas, seis mil camellos, mil yuntas de bueyes y mil asnas, y tuvo siete hijos y tres hijas.

Llamó el nombre de la primera Jemima, el de la segunda, Cesia, y el de la tercera Karen-hapuc.. Y no había mujeres tan hermosas como las hijas de Job en toda la tierra; y les dio su padre herencia entre sus hermanos.

Después de esto vivió Job ciento cuarenta años, y vio a sus hijos y a los hijos de sus hijos, hasta la cuarta generación.

Y murió Job viejo y lleno de días.

Oramos para que Dios confirme su Palabra en cada uno de sus siervos. ¡Amen!

CAPITULO OCHO
Avivamientos

La restauración de los púlpitos

TEMAS DE ESTE CAPÍTULO

El avivamiento de Bet-el (parte I)
"Altares donde derramarse"

El avivamiento de Bet-el (parte II)
"Hombres de confianza"

El avivamiento a los gentiles (parte I)
"Almas cambiando de reino, no de iglesia"

El avivamiento a los gentiles (parte II)
"El estado natural de la iglesia"

AVIVAMIENTOS
La restauración de los púlpitos

"Avivamiento en Bet-el"
Altares donde derramarse

El siglo XIX se caracterizó por ser un tiempo donde el Señor se derramó sobre su iglesia con varios y muy significativos "avivamientos". La relación entre hermanos de la iglesia de América y de Europa generó que Dios se mueva de manera muy especial.

¡Las iglesias bautistas de ese entonces fueron el motor de estos avivamientos!

Estos avivamientos dieron a luz a dos de los predicadores más significativos del cristianismo; el bautista Charles Heddon Spurgeon y el metodista William Booth. Este último fue el fundador del ministerio: "Ejército de Salvación".

Charles Spurgeon le dijo una vez a la congregación del London Metropolitan Tabernacle": "No vengan el domingo próximo." ¡No alcanzan los lugares para los que vienen a buscar un encuentro con el Señor!

¡Esto es un avivamiento!

Al consultarles sobre cuál sería el mayor desafío de la iglesia del siglo XX, ambos concluyeron en que "La ausencia de predicaciones sobre el infierno"

Y no se equivocaron, ya que prácticamente no se comparte ese tema en las iglesias de hoy en día, habiendo pasado 23 años del siglo XXI.

Los discursos del mundo se los considera muy buenos cuando son "políticamente correctos".

¿Existen los mensajes cristianamente correctos?

En lo personal siempre me ha costado predicar en fechas donde lo obvio es predicar de lo que se celebra:" *Día de los Enamorados", "Día de la Madre", "Día del Padre", "Día del Niño",* etc.

¿Será que Dios realmente quiere que hagamos tal cosa?

Soy de aquellos que creen que Dios concede "en confianza" "a un siervo" "un mensaje", "para un pueblo", "para hoy".

Predicamos de Jesús, en todos los momentos de su vida, de recién nacido en ese pesebre, de niño ante los maestros de la Ley, predicando en un monte, en una barca, ante los fariseos, en el Templo, desbaratando las afueras del Templo, calmando tempestades, llorando frente a la tumba de Lázaro, orando en el Monte de los Olivos, siendo entregado, ante el Sanedrín, Frente a Pilatos, en los azotes, en el Vía Crucis, en la Cruz, ocupándose de su madre, expirando, llevado a la tumba, resucitado.

Predicamos de los reyes de Oriente, del amor, del matrimonio, del noviazgo, del Espíritu Santo, del Aposento alto, y muchas más, cada domingo, cuando el Señor así nos manda.

Reflexionando con Spurgeon y Booth:

¿Que estamos haciendo si no le decimos a la gente que Jesús vino a instaurar el Reino de los Cielos?

¿Que estamos haciendo si no le decimos a la gente que, sin Jesucristo, está viviendo en el reino de las tinieblas y que Satanás es su padre?

- *Si Cristo es el vencedor: ¿Quién es el vencido?*
- *Si predicamos de Salvación, ¿De qué es rescatado el salvado?*

- *Si a los que creemos nos espera el Cielo: ¿Que les espera a los incrédulos?*

"Había un hombre rico, que se vestía de púrpura y de lino fino, y hacía cada día un banquete con esplendidez.

Había también un mendigo llamado Lázaro, que estaba echado a la puerta de aquel, lleno de llagas, y ansiaba saciarse de las migajas que caían de la mesa del rico; y aun los perros venían y le lamían las llagas.

Aconteció que murió el mendigo, y fue llevado por los ángeles al seno de Abraham; y murió también el rico, y fue sepultado. Y en el Hades alzó sus ojos, estando en tormentos, y vio de lejos a Abraham, y a Lázaro en su seno.

Entonces él, dando voces, dijo: Padre Abraham, ten misericordia de mí, y envía a Lázaro para que moje la punta de su dedo en agua, y refresque mi lengua; porque estoy atormentado en esta llama.

Pero Abraham le dijo: ¡Hijo, acuérdate! que recibiste tus bienes en tu vida, y Lázaro también males; pero ahora éste es consolado aquí, y tú atormentado.

Además de todo esto, una gran sima está puesta entre nosotros y vosotros, de manera que los que quisieren pasar de aquí a vosotros no pueden, ni de allá pasar acá.

Entonces le dijo: Te ruego, pues, padre, que le envíes a la casa de mi padre, porque tengo cinco hermanos, para que les testifique, a fin de que no vengan ellos también a este lugar de tormento.

Y Abraham le dijo: A Moisés y a los profetas tienen; ¡óiganlos! El entonces le dijo: No, padre Abraham; pero si alguno fuere a ellos de entre los muertos, se arrepentirán.

Mas Abraham le dijo: Si no oyen a Moisés y a los profetas, tampoco se persuadirán, aunque alguno se levantase de los muertos. (Lucas 16: 19/31)

Hijo, acuérdate que recibiste tus bienes.

No está demás aclarar que el rico NO fue al Hades a ser atormentado por ser rico, ni por vestir de púrpura y lino fino; ni por hacer banquetes con esplendidez.

Tampoco está demás aclarar que Lázaro NO fue al seno de Abraham por haber sido pobre, ni por estar lleno de llagas, ni por pasar hambre.

¡Aún en el Hades se predica el Evangelio de Jesucristo!

¿Que conforman los bienes de una persona?

Cuando hablamos de "bienes", es difícil encontrar una definición general de los mismos. Vamos a encontrar definiciones desde diferentes perspectivas, como ser:

- *Perspectiva económica*
- *Perspectiva familiar*
- *Perspectiva personal*
- *Bienes adquiridos*
- *Etc.*

Este pasaje de la Biblia, en particular, se refiere a los "Bienes dados por Dios", bienes dados a creyentes, y bienes dados a injustos.

> ***Dios hace salir su sol sobre buenos y malos,***
> ***y hace llover sobre justos e injustos.***
> ***(Mateo 5: 45)***

Menciono esto porque seguramente, muchas de las personas que aún no creen, piensan que nada recibieron del cielo, lo cual no es verdad.

Independientemente de su concepción de fe

Si cree en Dios o no

"Usted recibió sus bienes, de parte de Dios, en vida"

¡La palabra de Dios es un "bien" dado a la humanidad!

¡El bien más preciado de todos!

¡Hijo, acuérdate!

Hijo, acuérdate, te dije: los de junto al camino son los que oyen, y luego viene el diablo y quita de su corazón la palabra, para que no crean y se salven. *(Lucas 8: 12).*

Hijo, acuérdate, te dije: Si vuestro padre fuese Dios, ciertamente me amarías…. ¿Por qué no entendéis mi lenguaje? ¡Porque no podéis escuchar mi palabra! *(Juan 8: 42/43).*

Hijo, acuérdate, ¡que yo os digo la verdad! Os conviene que yo me vaya; porque si no me fuera, el Consolador no vendría a vosotros; más si me fuere, os lo enviaré. Y cuando él venga, convencerá al mundo de pecado, de justicia y de juicio. *(Juan 16: 7/8).*

Hijo, acuérdate, que como novilla indómita se apartó Israel; ¿Los apacentará ahora Jehová como a corderos en lugar espacioso?

Efraín es dado a los ídolos; ¡déjalo! Su bebida se corrompió; fornicaron sin cesar; sus príncipes amaron lo que avergüenza. El viento los ató en sus alas, y de sus sacrificios (ofrendas, acciones para Dios) serán avergonzados. *(Oseas 4: 16/19).*

Mientras todo esto acontece, mientras Dios nos advierte diciéndonos: ¡Hijo acuérdate!

Las religiones del mundo occidental proponen una especie de relación sin ningún tipo de compromisos. Lo cual genera "creyentes nominales" que nada tienen que ver con todo aquello que Jesucristo demanda para ser llamados sus discípulos.

Más aún, vale hacernos la siguiente pregunta:

Las personas que dicen creer en Dios y no son discipulados, ¿En que Dios creen?

Sentimentalismos.

- *Navidad les da ternura por el niño en el pesebre en brazos de su madre.*
- *Pascua les da tristeza por los padecimientos y crucifixión de Jesús.*
- *Entre Navidad y Pascua, viven en la más absoluta indiferencia*

__Pero entre aquel pesebre y aquella cruz__
__Jesús habló a los hombres__

Muchas personas permanecen indiferentes a su voz
Indiferentes hasta la próxima fiesta
"Mi predicación no ha de ser cómplice de esto"

Oh, Jehová, he oído tu palabra y temí.
Oh, Jehová, aviva tu obra en medio de los tiempos.
En medio de los tiempos hazla conocer.
En la ira acuérdate de la misericordia. (Habacuc 3: 2).

¿Cómo aplicar lo dicho por el profeta, en los tiempos de hoy?

Un avivamiento de Dios
se reconoce con almas que cambian de reino

He mencionado la palabra "reconocer" porque tenemos muchísimas cosas que reconocer en estos tiempos.

Un avivamiento de Dios no tiene ningún otro comienzo que el mencionado por el profeta Habacuc en el primer renglón de sus dichos inspirados:

Oh, Jehová, ¡he oído tu voz y temí!

La restauración de los púlpitos.

Altares de Jesucristo

Hay conceptos extremadamente básicos del evangelio que han sido olvidados, o dejados de lado para no confrontar a las personas con el pecado.

El tiempo se ha cumplido
El reino de Dios se ha acercado
Arrepentíos
Creed en el evangelio
(Marcos 1: 15)

- *Decirle a la gente que Dios ha decidido acercarse a ellos, es una "buena noticia"*
- *Decirle a la gente que deben arrepentirse de su pecado porque es lo que Dios espera de ellos, "es una buena noticia enterarse que espera Dios de ellos"*
- *Decirle a la gente que crean con todas sus fuerzas en estas buenas noticias, "es la mejor de las noticias"*

Si estas cosas no pasan entonces no es
un Avivamiento nacido del Dios de los cielos

*Es simplemente, almas cambiando de iglesia, no de reino,
siguiendo una moda*

Entonces, *¿Qué es un avivamiento?*

- *"Debiera ser el estado natural de la iglesia de Cristo"*
- *"Debiera ser el fruto cotidiano de nuestro servicio a Cristo"*
- *"El avivamiento sí, es la evidencia de la obra y el fruto del Espíritu Santo"*

Por la fe, Abraham, siendo llamado, obedeció para salir al lugar que había de recibir como herencia, y salió sin saber adónde iba.

Por la fe habitó como extranjero en la tierra prometida como en tierra ajena, morando en tiendas, como también Isaac y Jacob, coherederos de la misma promesa; porque esperaba la ciudad que tiene fundamentos, cuyo arquitecto y constructor es Dios.

Por la fe también Sara, siendo estéril, recibió fuerza para concebir; y dio a luz aún fuera de tiempo de la edad, porque creyó que era fiel quien lo había prometido.

Por lo cual también, de uno, y ese ya casi muerto, salieron como las estrellas del cielo en multitud, y como la arena innumerable que está a la orilla del mar.

Conforme a la fe murieron todos éstos sin haber recibido lo prometido, sino mirándolo de lejos, creyéndolo, y saludándolo, y confesando que eran extranjeros y peregrinos sobre la tierra. Porque los que esto dicen, claramente dan a entender que buscan una patria; pues si hubiesen estado pensando en aquella de donde salieron, ciertamente tenían tiempo de volver. Pero anhelaban una mejor, esto es, celestial; por lo cual Dios no se avergüenza de llamarse Dios de ellos; porque les ha preparado una ciudad. Por la fe Abraham, cuando fue probado, ofreció a Isaac; y el que había recibido las promesas ofrecía a su unigénito, habiéndosele dicho: En Isaac te será llamada descendencia; pensando que Dios es poderoso para levantar aun de entre los muertos, de donde, en sentido figurado, también le volvió a recibir. (Hebreos 11: 8/19)

Todo lo que detalla el pasaje en este capítulo hasta el final, es el detalle del fruto de la obediencia a niveles "extremos", de Abraham, fruto de la fe de Abraham, de la voluntad y convicción de Abraham.

Resulta impactante leer esta lista de verdades

- *Como extranjero en la tierra prometida*
- *Esperando aquella ciudad cuyo arquitecto es Dios*
- *Murió sin haber recibido lo prometido*
- *Vivió viéndolo de lejos, creyéndolo, saludándolo, confesándolo*
- *Buscaba una patria, y jamás consideró volver a aquella otra de donde salió*
- *Por estas cosas, Dios no se avergüenza llamarse a sí mismo: "Dios de ellos"*
- *No titubeó en ofrecerle a Dios su "unigénito prometido como descendencia"*

Porque los que esto dicen, claramente dan a entender que buscan una patria; pues si hubiesen estado pensando en aquella de donde salieron, ciertamente tenían tiempo de volver.

Pero anhelaban una mejor, esto es, celestial; por lo cual Dios no se avergüenza de llamarse Dios de ellos; porque les ha preparado una ciudad. Hebreos 11: 15/16

Muchas son las razones por las que Abraham fue llamado amigo de Dios, pero la principal de todas es que nunca consideró la posibilidad de volver a la tierra de donde salió.

¡Por lo cual Dios no se avergüenza de llamarse Dios de ellos!

¿Por cuales razones Dios no se avergüenza de llamarse el Dios nuestro?

¡El Dios suyo, El Dios mío!

Medite en su corazón estas verdades contextuales.

¿Cuándo Dios dice esto de mí?

- *Cuando al poner nuestras manos en el arado no miramos atrás, entonces seremos aptos para el reino de Dios. (Lucas 9: 62).*
- *Cuando una cosa hacemos, olvidando lo que queda atrás y nos extendemos a lo que está delante. (Filipenses 3: 13).*
- *Cuando ya dejamos de recordar el pescado que comíamos gratis en Egipto (en el mundo). (Números 11: 5).*
- *Cuando andamos en nuestras propias deliberaciones y terquedades de nuestro malvado corazón, yendo hacia atrás y no hacia adelante. (Jeremías 7: 24).*

Habló Isaac: Padre mío, he aquí el fuego y la leña; más, ¿Dónde está el cordero para el holocausto? Y respondió Abraham: ¡Dios se proveerá de cordero para el holocausto, hijo mío! E iban juntos. (Génesis 22: 7/8)

Por la fe alcanzaron buen testimonio los antiguos. (Hebreos 11:2)

Abraham creyó y le fue contado por justicia y fue llamado, "amigo de Dios"

El hincapié en la enseñanza de las virtudes de ellos, *"es acorde al Espíritu de la Palabra"*, y esto sí, suma conocimiento, y fe, y carácter a la nueva generación de pastores y líderes de la iglesia.

Hebreos 12:1/2 dice que Abraham es uno de los testigos que miran si correremos la carrera que tenemos por delante.

Dichosos nosotros, que hemos puesto nuestros ojos en Cristo, el autor y consumador de la fe.

Si queremos comprender que mira Dios al derramar un avivamiento

miremos la vida y obediencia extrema de Abraham porque eso miró Dios

Miremos la cantidad de altares que edificó para Dios incluso aquel, en el que ofrecería a Isaac.

Yo y el muchacho iremos hasta allí y adoraremos y volveremos.
(Génesis 22: 5)

Y en todos esos altares oyó la voz de Dios, temió y obedeció.
¡Y eso miró Dios!

Abraham. (Genesis 12: 1/4)

Y Dios llamó a Abram para que vaya a un lugar que le diría después

¿Cuándo? Ya mismo

¿A qué? A que se convierta en una nación grande.

¿Por qué? Porque quiso bendecirlo y engrandecer su nombre.

¿Para qué? Para que sean benditas en él, todas las naciones de la tierra.

¿Como? ¡Mientras andas! Y se fue Abram, como Jehová le dijo.

Y apareció Jehová a Abram, y le dijo: A tu descendencia daré esta tierra. Y edificó allí un altar a Jehová, quien le había aparecido.

Y luego pasó de allí a un monte al oriente de Bet-el, y plantó su tienda, teniendo a Bet-el al occidente y Hai al oriente; y edificó allí altar a Jehová, e invocó el nombre de Jehová. Y Abram partió de allí, caminando y yendo… (Génesis 12: 7/9ª)

Un escogido de Dios
+
Un llamamiento aceptado
+
Una promesa de Dios
+
Un altar edificado
=
El Avivamiento de Bet-el
"El cual, todavía no deja de seguir dando frutos"

Las cosas por su nombre

Bezaleel y Aholiab (Extractado de Éxodo 31: 1/11)

"Jehová habló a Moisés

yo lo he llenado de mi Espíritu

de sabiduría e inteligencia

en ciencia y en todo arte

para diseñar en oro, plata y bronce

en artificio para engastar piedras

en artificio de madera

Para que hagan todo lo que he mandado:

- *El Tabernáculo*
- *El Arca del Testimonio*
- *El Propiciatorio y los utensilios*
- *El Candelero*
- *El Altar del incienso*

- *Su Fuente y si base*
- *El Altar del holocausto*
- *Su Fuente y su base*
- *Los Vestidos del servicio*
- *Las Vestiduras santas para Aarón el sacerdote*
- *Las Vestiduras santas de sus hijos que ejerzan el sacerdocio*
- *El Aceite de la unción.*
- *El Incienso aromático para el santuario*

"Un altar edificado con todos los minuciosos detalles de la Santidad de Su Voluntad"

Las cosas por su nombre

Ezequías

E hizo venir a los sacerdotes y levitas y los reunió en la plaza oriental. Y les dijo: ¡Oídme, levitas! Santificaos ahora, y santificad la casa de Jehová el Dios de vuestros padres, y sacad del santuario la inmundicia. (2 Crónicas 29: 4/5)

E hizo pedazos la serpiente de bronce que había hecho Moisés, porque hasta entonces le quemaban incienso los hijos de Israel; y la llamó Nehustán. (2 Reyes 18: 4b).

Nehustán representa las bendiciones pasadas; vivir de las bendiciones pasadas quemarles incienso, como hicieron los hijos de Israel.

Es decirle al Señor: ¡Estamos cómodos, no avives nada!

En el nombre de Jesús. ¡Amen!

Las cosas por su nombre

Jacob

Salió pues Jacob de Beerseba, y fue a harán,

Y llegó a un cierto lugar, y durmió allí, porque ya el sol se había puesto; y tomó de las piedras de aquel paraje y puso a su cabecera, y se acostó en aquel lugar

Y soñó: Y he aquí una escalera que estaba apoyada en tierra, y su extremo tocaba el cielo; y he aquí ángeles de Dios que subían y descendían por ella.

Y he aquí, Jehová estaba en lo alto de ella, el cual dijo:

"Yo soy Jehová, el Dios de Abraham, tu padre, y el Dios de Isaac; la tierra en que estás acostado te la daré a ti y a tu descendencia".

Será tu descendencia como el polvo de la tierra, y te extenderás al occidente y al oriente, al norte y al sur; y todas las familias de la tierra serán benditas en ti y en tu simiente.

He aquí yo estoy contigo, y te guardaré por donde quiera que fueres, y volveré a traerte a esta tierra; porque no te dejaré hasta que haya hecho lo que te he dicho.

Y despertó Jacob de su sueño, y dijo: Ciertamente Jehová está en este lugar, y yo no lo sabía.

Y tuvo miedo, y dijo: ¡Cuan terrible es este lugar! No es otra cosa que casa de Dios, y puerta del cielo.

Y se levantó Jacob de mañana, y tomó la piedra que había puesto de cabecera, y la alzó por señal, y derramó aceite encima de ella.

Y llamó el nombre de aquel lugar Bet-el, aunque Luz era el nombre de la ciudad primero. (Génesis 28: 10/ 19)

Ante la urgente necesidad de redefinir

el significado de "Avivamiento"

Por tanto, así dijo Jehová: Si te convirtieres, yo te restauraré, y delante de mi estarás; y si entresacares lo precioso de lo vil, serás como mi boca. Conviértanse ellos a ti, y tú no te conviertas a ellos. (Jeremías 15: 19).

- *Un avivamiento del Dios de los cielos indefectiblemente tiene el componente "trinitario".*
- *Un avivamiento del Dios de los cielos indefectiblemente derramado por medio de hombres "confiables" elegidos por Dios para tal fin.*
- *Un avivamiento del Dios de los cielos indefectiblemente involucra todo lo creado por Dios, ángeles y hombres.*
- *Un avivamiento del Dios de los cielos indefectiblemente tiene el solo propósito de atraer las almas de los escogidos, tanto judíos como gentiles.*
- *Un avivamiento del Dios de los cielos es el cumplimiento de lo dicho por Jesús, expuesto en Juan 12: 32: "Y yo, dice el Señor, si fuere levantado de la tierra, a todos atraeré a mí mismo"*
- *Un avivamiento del Dios de los cielos indefectiblemente es la prueba indubitable de que Dios se ocupa de los suyos, en todo tiempo, tal como lo ha prometido desde siempre.*

Un altar donde derramarse

Simón Pedro

Elección del hombre en quien confiar
Simón hijo de Jonás ¿Me amas?
¡Apacienta mis ovejas!
(Juan 21: 17)

Características del elegido.

- *Impulsivo*
- *Impetuoso*
- *Confrontativo*
- *Aptitud de liderazgo*

Pedro: Tarea específica asignada:

Le dijo la tercera vez: ¿Me amas? Y Pedro le respondió: Señor, tú lo sabes todo, tú sabes que te amo. Jesús le dijo: ¡Apacienta mis ovejas! (Juan 21: 17)

Y estando juntos, les mandó que no se fueran de Jerusalén. (Hechos 1: 4)

Pedro: Primera decisión como apóstol.

Entonces Pedro les dijo: Es necesario, pues, que de estos hombres que han estado junto a nosotros todo el tiempo que el Señor Jesús entraba y salía entre nosotros, comenzando por el bautismo de Juan hasta el día en que de entre nosotros fue recibido arriba, uno sea hecho testigo con nosotros, de su resurrección. (Hechos 1: 21/22)

Pedro: Líder que preserva la unidad del Espíritu

Cuando llegó el día de Pentecostés, estaban todos unánimes juntos. (Hechos 2: 1)

Pedro: predicación de los fundamentos escriturales.

Oh, Jehová, he oído tu palabra y temí.

Oh, Jehová, aviva tu obra en medio de los tiempos. (Habacuc 3: 2)

El tiempo se ha cumplido, el reino de Dios se ha acercado a ustedes. (Marcos 1: 15)

Entonces Pedro, poniéndose en pie con los once, alzó la voz y le habló. (Hechos 2: 14)

Mas esto es lo dicho por el profeta Joel:

Entonces, después de hacer todas esas cosas

Derramare de mi Espíritu sobre toda la gente

Sus hijos e hijas profetizaran

Sus ancianos tendrán sueños

Y sus jóvenes tendrán visiones

En esos días derramaré mi Espíritu

Aun sobre los sirvientes

Hombres y mujeres por igual

Y haré maravillas en los cielos y en la tierra

(Joel 2: 28/30)

Dios elige apacentadores.

Las cosas por su nombre

Transcurridos unos años, Dios escoge a otro de sus siervos para una tarea similar, y a este le revela el misterio de algo que debía de ocurrir antes que el "Avivamiento de Bet-el" culminará en Su Soberana voluntad.

Mis amados hermanos gentiles, quiero que entiendan este misterio para que no se vuelvan orgullosos de ustedes mismos.

Parte del pueblo de Israel tiene el corazón endurecido, pero eso sólo durará hasta que se complete el número de gentiles que aceptarán a Cristo.

Y entonces el remanente de Israel será salvo. Como dice la Escritura:

El que rescata vendrá de Jerusalén

y apartará a Israel de la maldad

y mi pacto con ellos es

que quitaré sus pecados

(Romanos 11: 25/27) <NTV>

AVIVAMIENTOS
La restauración de los púlpitos

"El avivamiento a los gentiles"
Hombres de confianza

Entonces uno llamado Ananías, varón piadoso según la ley, que tenía buen testimonio de todos los judíos que allí moraban, vino a mí, y acercándose me dijo: Hermano Saulo, recibe la vista. ¡Y lo miré!

Y él dijo: El Dios de nuestros padres te ha escogido para que conozcas su voluntad, y veas al Justo, y oigas la voz de su boca.

Porque serás testigo suyo a todos los hombres, de lo que has visto y oído. Ahora, pues, ¿Por qué te detienes? Levántate y bautízate, y lava tus pecados, invocando su nombre.

Y me aconteció, vuelto a Jerusalén, que orando en el templo me sobrevino un éxtasis. Y vi que me decía: Date prisa, y sal prontamente de Jerusalén; porque no recibirán tu testimonio acerca de mí.

Yo dije: Señor, ellos saben que yo encarcelaba y azotaba en todas las sinagogas a los que creían en tí; y cuando se derramaba la sangre de Esteban tu testigo, yo mismo también estaba presente, y consentía en su muerte, y guardaba las ropas de los que le mataban.

Pero me dijo: ¡Ve, porque yo te enviaré a los gentiles! (Hechos 22: 12/21).

Las cosas por su nombre

Hombres de confianza

¿Y por qué Pablo?

- *Judío, Nacido en Tarso, criado en Jerusalén. (Hechos 22: 3)*
- *Fariseo, de padres fariseos. (Filipenses 3: 5/6).*
- *Luego de celebrar su "bar mitz-vah": Instruido a los pies de Gamaliel. (Hechos 22: 3)*
- *En cuanto al celo de Dios: (Hechos 22: 4).*
- *Hablaba griego: (Hechos 21: 37).*
- *Hablaba hebreo: (Hechos 22: 2).*
- *Presumiblemente latín: (Por confesas intenciones de ir a Roma y a España)*
- *Ciudadanía romana de privilegio: (Hechos. 22: 27/29).*

Esta lista llenaría largamente las expectativas de cualquier persona. Cualquiera que presente ese "resume" tendría el puesto asegurado.

Pero Dios que busca exhaustivamente en el corazón de los hombres predestinados a servirles, busca una cualidad determinante: ¡El siervo de Dios debe ser confiable!

Porque el mensaje del evangelio es de Dios

El mensajero elegido debe ser confiable a los ojos de Dios

¡Pablo, hombre de confianza!

Pues habiendo antes padecido y sido ultrajado en Filipos, como sabéis, tuvimos denuedo en nuestro Dios para anunciaros el evangelio de Dios en medio de gran oposición ... según fuimos aprobados por Dios, para que se nos confiase el evangelio, así hablamos; no como para agradar a los hombres, sino a Dios, que prueba nuestros corazones. (1 Tesalonicenses. 2: 2/4).

Llamados a anunciar el evangelio de Dios.

La mayoría de quienes estamos aquí, hoy, reunidos en su nombre, hemos sido llamados al ministerio para: "Anunciar las virtudes de Jesucristo, quien nos llamó de las tinieblas a su luz ¡Admirable!"

Pablo añade, que hicieron esto en medio de gran oposición, lo cual era totalmente previsible.

- *Ante tamaño ministerio, "vital" para la vida de la iglesia*
- *Era de prever que el enemigo levantara una férrea oposición.*

Pablo nos lleva a un lugar mucho más profundo del corazón de Dios, diciendo:

¡Fuimos aprobados por Dios para que se nos confiase el evangelio!

Las cosas por su nombre

Hombres de confianza

Cual fruto maduro, el llamamiento, pasa a ser un ministerio, y este ministerio, al madurar, es aprobado por Dios para "confiarle" las profundidades del evangelio.

No se está refiriendo a que Dios comparte sus misterios con un grupo selecto de siervos en estos tiempos, y a lo largo de la historia; sino por el contrario, se refiere a ciertas actitudes de los siervos, las cuales Dios exige ver, evaluar, y decretar su aprobación, o no, "para otorgar su confianza".

Dios demanda fidelidad en todas las áreas del ser

La fidelidad es un concepto básico de la relación de los hombres con Dios.

Innumerable cantidad de citas bíblicas, refieren a la demanda de fidelidad de parte de Dios; y a la promesa de fidelidad por parte de Dios.

La fidelidad, junto a otros, es un ingrediente indispensable de toda relación, mucho más, cuando Él es parte.

El punto planteado por el apóstol es que, él y su equipo pastoral fueron:

Aprobados por Dios para que se les confiase el evangelio

Este es un patrón que se repite en cada iglesia, de cualquier lugar del mundo, cualquier domingo y en cada predicación del evangelio.

Dicho de otra manera, Pablo nos revela cierto aspecto de la relación del Padre con el siervo; y que cada mensaje, de cualquier domingo, en cualquier iglesia, en cualquier lugar del mundo, se cumple un "Patrón secuencial"

*Dios aprueba a alguien
en quien depositará confiadamente
su mensaje, para Su pueblo
no para agradar a los hombres
sino a Dios
quién probará el corazón
del que fuese digno de Su confianza*

Algo extremadamente hermoso y simple

Algo extremadamente complicado para los hombres.

Hay muchísimos casos que podría comentar a este efecto, pero recordaremos uno muy emblemático:

"El avivamiento a los gentiles"

Jonás.

Levántate y ve a Nínive, aquella gran ciudad, y pregona contra ella, porque ha subido su maldad delante de mí.

Y Jonás se levantó para huir de la presencia de Jehová a Tarsis. (Jonás. 1: 2/ 3).

Secuencia.
Dios aprobó a Jonás
se le confió el evangelio
Jonás lejos de ir a Nínive
fue a Tarsis y luego a Jope
después al barco y luego al vientre del gran pez

Segunda oportunidad para Jonás
Otra vez se le confió el evangelio
predicó Jonás el "arrepentimiento"
se arrepintió, desde el rey hasta el más humilde ninivita
Dios cumplió su propósito
Jonás se enojó
¿?

- ¿Quién es el buen predicador?
- ¿Por qué algunos mensajes no nos son de bendición como otros?
- ¿El mismo predicador es de bendición, solo a veces?
- ¿Dios da un mensaje con amor? Nosotros decimos: ¡No mi Dios, mejor lo hago más duro!
- ¿Dios da un mensaje exhortativo? Nosotros decimos: ¡No mi Dios, mejor lo hago más blando, que tal vez se molesten!
- *Cuando aquello que predico está viciado por mí mismo*
- *Somos Jeremías diciendo: Tu palabra me ha sido para afrenta*
- *Somos Pedro diciendo: Ten misericordia de ti*
- *Somos Marta diciendo; Hiede ya*
- *Somos la madre de Juan y Jacobo, buscando privilegios*
- *Somos Pedro empuñando una espada*
- *Somos Tomás metiendo los dedos en la herida*

- *Y, el que piensa estar firme, mire que no caiga. (1 Corintios. 10: 12)*

Cada uno según el don que ha recibido, minístrelo a los otros, como buenos administradores de la multiforme gracia de Dios.

Si alguno habla, hable conforme a las palabras de Dios. Si alguna ministra, ministre conforme al poder que Dios da, para que en todo sea Dios glorificado por Jesucristo, a quien pertenecen la gloria y el imperio por los siglos de los siglos. Amen.

Amados, no os sorprendáis del fuego de la prueba que os ha sobrevenido, como si alguna cosa extraña os aconteciese, sino gozaos por cuanto sois participantes de los padecimientos de Cristo, para que también en la revelación de su gloria os gocéis con alegría. (1 Pedro. 4: 10/ 13)

<u>Ilustración</u>

Un padre que está edificando su casa, ya llego al tiempo de los arreglos finales, pero debe irse.

Le pide a su hijo: Hijo, en mi ausencia pinta la puerta de entrada de la casa con un tono verde, "que se vea agradable", y que la gente la reconozca por su color.

El joven adolescente va al negocio de pinturas, y pide: Deme pintura verde como plumas de loro, fosforescente, que mi padre me pidió pintar la puerta de la casa y quiero sorprenderlo.

- *Ciertamente es la puerta de la casa correcta*
- *Es la puerta de entrada*
- *Es verde*
- *¿Se cumplió la voluntad del Padre?*

Aplicación.

El Padre nos aprobó, y depositó su confianza en nosotros.

Tú y yo ante la responsabilidad de predicar en la iglesia
"decidimos" que sería mejor compartir aquello que leí en un libro
aquello que aprendí en la escuela bíblica
aquello que escuché de tal predicador
¡porque me siento más seguro! ¡porque ya se cómo hacerlo!

¿Son todas cosas buenas? Por supuesto que sí.

¡Lo bueno es enemigo de lo supremo!
Dios se está proveyendo de Siervos fieles
que prediquen con fidelidad aquello que les ha confiado

Nunca es decisión de hombre alguno
que cosa predicar en nombre de Dios
al pueblo de Dios

¡Avivamiento!
El altar reservado para los confiables de Dios

*El estado natural de la iglesia
obediente a "La palabra de Dios"
en el poder "Del Espíritu Santo"*

Las cosas por su nombre

Hombres de confianza

Mensaje de Dios a Pablo y de Pablo a ti.

Quiero que sepáis, hermanos, que las cosas que me han sucedido han redundado más bien para el progreso del evangelio, de tal manera que mis prisiones se han hecho patentes en Cristo en todo el pretorio, y a todos los demás. *Y la mayoría de los hermanos, cobrando animo en el Señor con mis prisiones, se atreven mucho más a hablar la palabra sin temor. (Filipenses 1: 12/14).*

Porque para mí el vivir es Cristo y el morir es ganancia. Mas si el vivir en la carne resulta para mí en beneficio de la obra, no se entonces que escoger. (Filipenses 1: 22)

Pues a ustedes se le dio no solo el privilegio de confiar en Cristo sino también el privilegio de sufrir por él.

Estamos juntos en esta lucha, Ustedes han visto mi lucha en el pasado y saben que aún no ha terminado. (Filipenses 1: 29/30) <NTV>

Cuestión de agenda.

- *Casi terminado el calendario del año próximo, el Pastor propone la realización de una Cruzada Evangelística.*
- *Alguien sugiere: Que no sea en invierno porque el hielo nos puedejugar una mala pasada.*
- *Otro sugiere: Que no sea en verano porque muchos vacacionan en esas fechas.*
- *Otro sugiere que sea un fin de semana de primavera pero que no sea feriado ni viernes ni lunes.*
- *Amen, dicen todos: Llamémosla "Cruzada de Avivamiento en la Ciudad"*

Alguien puede creer que:

¿Un avivamiento, puede ser agendado por los hombres?

Avivamiento a los gentiles
Hombres de confianza a los ojos de Dios

Dios eligió el hombre en el cual confiar la tarea

"El avivamiento a los gentiles"

Dios lo eligió por sus características y a pesar de sus características

- *Saulo de Tarso: Conocedor de la ley de Moisés*
- *Saulo de Tarso: Perseverante e inquebrantable*
- *Saulo de Tarso: Espíritu conquistador*
- *Saulo de Tarso: Extraordinaria vocación de servicio*
- *Saulo de Tarso: Locuaz y fervoroso*
- *Saulo de Tarso: Confiable y fiel*

Tarea especifica asignada

Entonces, después de hacer todas esas cosas
Derramare de mi Espíritu sobre toda la gente
Sus hijos e hijas profetizaran
Sus ancianos tendrán sueños
Y sus jóvenes tendrán visiones
En esos días derramare mi Espíritu
Aun sobre los sirvientes
Hombres y mujeres por igual
Y hare maravillas en los cielos y en la tierra
(Joel 2: 28/30)

Lugar y alcance de este avivamiento
De Damasco a Roma
de Dios a usted

Aprox. 3626 km de ida, más la vuelta: 7252 km
Antioquía (Hechos 13:1/3)
Seleucia – Chipre – Salamina – Pafos (Hechos 13:4/12)
Pafos – Atalía – Perge – Antioquía de Pisidia (Hechos 13: 13/52)
Antioquía de Pisidia – Iconio – Licaonia – Listra – Derbe
(Hechos 14:1)
Antioquía
Derbe – Listra – Misia – Troade (Hechos 15: 14 a 16:10)
Troade – Samotracia – Neapolis – Filipos (Hechos 16: 11/40)

Tesalonia = Berea (Hechos 17: 1/5)
Atenas (Hechos 17:16/34)
Corinto – Efeso – Cesarea – Antioquía (Hechos 18: 1/22)
Antioquía
Frigia – Región de Galacia – Éfeso (Hechos 19: 1/40)
Éfeso – Corinto – Durazzo – Nicopolis – Gracia – Filipos – Troade
(Hechos 20:1/5)

Antioquía – Jerusalén – Mileto – Patara – Tiro –
Ptolemaida – Cesarea
(Hechos 20:13/38)

Cesarea – Lasea – Fenice – Sidón – Mira – Creta – Fenice
(Hechos 27: 1/13)
Naufragio
Isla de Malta (Hechos 28: 1/10)
Siracusa – Pozzuoi – Roma (Hechos 28:11/31)

Así que quiero que sepan que esta salvación de Dios también se ha ofrecido a los gentiles, y ellos la aceptaran.
Y cuando hubo dicho esto. Los judíos se fueron, teniendo gran discusión entre ellos. Hechos 28: 28/29 <NTV>

Durante los dos años siguientes, Pablo vivió en Roma pagando sus gastos el mismo (renta de la casa), y recibía a todos los que le visitaban.
Y proclamaba con valentía el reino de Dios y enseñaba acerca del Señor Jesucristo, y nadie intentó detenerlo. (Hechos 28: 30/31).

Y nadie intentó detenerlo
del griego: <akolutos>
¡Imparable! ¡Imparable! ¡Imparable!

Un avivamiento del Dios de los cielos, lo reconocerá muy fácilmente. Usted podrá notar que tiene característica única, con el sello de Dios.

La Salvación de Dios es enviada
La gracia de Dios es fuertemente manifestada

"El avivamiento a los gentiles"

Es irresistible, es imparable
Lo reconocerá porque mucha gente dirá:
Señor, he oído tu palabra, y temí
Señor he conocido que tú te has acercado a mí
Por lo tanto, me arrepiento de mi pecado
Y creo en el evangelio de la gracia

Milton Keynes UK
Ingram Content Group UK Ltd.
UKHW051332260524
443099UK00005B/301